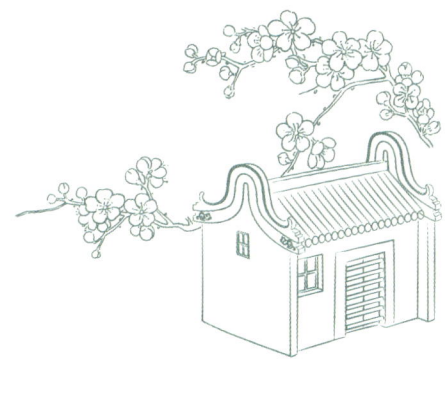

广府人联谊总会 广东省广府人珠玑巷后裔海外联谊会 广东人民出版社 合编

寻芳十香园

吕兆球 著

图书在版编目（CIP）数据

寻芳十香园 / 吕兆球著. — 广州：广东人民出版社，2023.11
（广府文库）
ISBN 978-7-218-17062-6

Ⅰ.①寻… Ⅱ.①吕… Ⅲ.①地方文化—研究—广州 Ⅳ.① G127.651

中国国家版本馆 CIP 数据核字（2023）第 206140 号

Xunfang Shixiangyuan
寻芳十香园

吕兆球　著　　　　　　　　　　　　　　　版权所有　翻印必究

出 版 人：肖风华

策划编辑：夏素玲
责任编辑：谢　尚
封面设计：亦可文化
版式设计：广州六宇文化传播有限公司
责任技编：吴彦斌　周星奎

出版发行：广东人民出版社
地　　址：广州市越秀区大沙头四马路 10 号（邮政编码：510199）
电　　话：（020）85716809（总编室）
传　　真：（020）83289585
网　　址：http://www.gdpph.com
印　　刷：广州市豪威彩色印务有限公司
开　　本：787mm×1092mm　1/16
印　　张：18.5　　　字　　数：228 千
版　　次：2023 年 11 月第 1 版
印　　次：2023 年 11 月第 1 次印刷
定　　价：98.00 元

如发现印装质量问题，影响阅读，请与出版社（020-85716849）联系调换。

《广府文库》编纂委员会

顾　　问：伍　亮　　谭璋球　　邵建明

主　　任：陈耀光
执行主任：吴荣治　　肖风华
副 主 任：陆展中　　黄少刚　　钟永宁
　　　　　陈海烈　　谭元亨

主　　编：陈海烈
副 主 编：何晓婷　　谭照荣　　夏素玲

《广府文库》编辑部

主　　任：夏素玲
副 主 任：罗小清
编　　辑：谢　尚　　易建鹏　　饶栩元

《广府文库》学术委员会

（按姓氏笔画为序）

王美怡　　司徒尚纪　　李权时　　张荣芳

陈忠烈　　陈泽泓　　陈俊年　　郑佩瑗

总　序

广府文化，一般是指以珠江三角洲为中心的粤中，以及粤西、粤西南和粤北、桂东的部分地区使用粤语的汉族住民的文化，是从属于岭南文化范畴的中华文化重要组成部分。

先秦时期已有不少游民越五岭南下定居；秦朝大军征服南越后，不少秦兵留居岭南，成家立业，可以说是早期的南下移民；唐代以降，历代中原一带战乱频仍，百姓不远万里，相率穿越梅岭，经珠玑巷南下避难。这些早期的南下移民和其后因战乱而南来的流民分散各地，落地生根，开基创业。其中在珠江三角洲一带与原住民融洽相处、繁衍生息的，也就逐渐形成具有相同文化元素的广大族群，他们共同认可和传承的文化便成为多元的、别具一格的广府文化。

广府文化可圈可点的形态和现象繁多，若从中华民族发展的历史来看，广府核心地区最大贡献应该在于历代的中外交往，这种频密的交往，使近代"广府"成为西方先进事物传入中国、中国人向西寻求救国真理的窗口。西方文化是广府文化得以不断丰富和发展的重要来源，也成就了广府文化的鲜明特色。广府核心地区是中国民主革命的发源地。在近代以后，广府人与中国民主革命的关系特别密切。广府文化是中国民主革命发源于广东、广东长期成为中国民主革命中心地区的重要基础，而革命文化又成为广府文化最为耀目的亮点之一。孙中山和他的亲密战友们的著作、思想，以及康梁的维新思想从广义看来也应属民主革命思想范畴，他们的思想形成于广府地区，同样是讨论广府文化应予重视的内容。近代广州，是马克思主义早期传播的重要地区，又是中国共产党早期活动的重要舞台，可见广府文化与红色文化一直存在着千丝万缕的特殊关系。

上述数端，都是讨论广府文化时应予优先着眼的重中之重。

广府文化中的农耕文化也很值得称道。广府农耕文化是广府人的先祖为后人留下的一笔具有重大价值的遗产。曾经在珠江三角洲，特别是顺德、南海一带生活过的上了年纪的广府人，大都应该记得自己少小时代家乡那温馨旖旎的田园风光吧？昔日顺德、南海一带，溪流交织如网，仰望丽日蓝天，放眼绿意盈畴，到处是桑基、鱼塘、蕉林、蔗地。人与大自然的和谐相处，在这片平展展的冲积平原上表现得再鲜明不过了。从前人们在这里利用洼地开水塘，养家鱼；在鱼塘边种桑，用桑叶饲蚕；又把经过与鱼粪混凝的塘泥，厚上塘边的桑基作肥料培育桑枝，成熟的桑叶又成为蚕儿的食粮。真是绝妙的废弃物循环再利用！从挖塘养鱼到肥鱼上市；还有桑葚飘香、蚕茧缫丝的整个过程，就是一堂生动而明了不过的农耕文化课。那是先祖给子孙们一代复一代上的传统农耕文化课，教育子子孙孙应当顺应物质能量循环的规律进行生产。这千百年来不知道曾为多少农家受益的一课，如今已在时代进程中，在都市文化和时尚文化的冲击、同化与喧嚣中逐渐淡化以至消隐了，但先祖那份遗产的珍贵内涵，还是值得稳稳留住的，因为"人与自然的和谐相处"，永远是我们必须尊重、敬畏和肃然以对的课题。

广府人，广府事，古往今来值得大书特书者不知凡几！

广府人的先民来自以中原为主的四面八方，移民文化与原住民文化日渐相融，自然形成了异彩纷呈的多元性文化。例如深受广府地区广大观众喜爱的粤剧，就是显著的一例。据专家考究，粤剧是受到汉剧、徽剧以及弋阳腔、秦腔的影响而成为独具特色的剧种的。孕育于辛亥革命前后的广东音乐（亦称粤乐）也是突出的一例。这种源于番禺沙湾，音调铿锵、节奏明快的民族民间乐曲，也是历史上来自中原的外来音乐文化与广府本土音乐文化相结合，其后又掺入了若干西洋乐器如提琴、萨克斯管（昔士风）等逐渐衍变和发展而成的音乐奇葩。

在教育和学术领域方面，历史上的广府也属兴盛之区，宋代广府即有书院之设；到了明代，更是书院林立，成效卓著。书院文化也堪称广府文化中炫目的亮点。湛若水、方献夫、霍韬等分别在南海西樵山设立大科、石泉、四峰、云谷四大书院讲学，使西樵山吸引了各地名儒，一时成为全国瞩目的理学名山，大大提升了岭南文化品位的高度。到了明神宗时期，内阁首辅张居正厉行变法革新运动，民办书院一度备受打压。其后，也因民办书院的办学宗旨和教学方针并非以统治者的意志为皈依，故仍常被官府斥为异端，频遭打压，但民间创办书院的热情依旧薪火相传。清乾隆五十四年（1789），南海西樵名士岑怀瑾于西樵山白云洞内的应潮湖、鉴湖、会龙湖之间倡办的三湖书院，名声远播、成效甚著，可见当时民办书院的强大生命力未因屡遭打压而衰颓。康有为、詹天佑、中国近代民族工业的先驱陈启沅、美术大师黄君璧与有"岭南第一才女"美誉的著名诗人、学者冼玉清都是从三湖书院出来的名家。

清代两广总督阮元在广州越秀山创办学海堂书院,其后朝廷重臣、洋务运动的重要代表人物张之洞,又设广雅书院于广州,这两所书院引进了若干西方的教育理念,培育了一批新式人才,在岭南教育事业从旧学制到新学制转型的过程中起了不容低估的积极作用。这都是很值得予以论述的。

广府在史上商业发达,由于广州曾长期作为中国唯一合法的对外贸易口岸,因而商贸繁盛,经济发达。十三行独揽中国对外贸易法定特权达85年之久。十三行商人曾与两淮盐商和山陕商帮合称中国最富有的三大集团。如此丰厚的商贸沃土,孕育出许多民族企业家先驱和精英,也就是顺理成章的了。马应彪、简照南、利希慎、何贤、马万祺、何鸿燊、霍英东、郑裕彤、李兆基、吕志和等,就是其中声誉卓著的代表人物;在改革开放大潮中涌现的英杰奇才,更是不胜枚举。广府籍的富商巨贾和华侨俊杰,在改革开放的伟业中表现出来的爱国热忱、赤子情怀感人至深。他们纷纷以衷心而热切的行动,表现对改革开放的拥护和支持,为祖国的各项社会主义建设事业不惜投巨资、出大力,作出了有目共睹的巨大贡献。

广府地区在文学艺术方面也是英才辈出,清初"岭南三大家"屈大均、陈恭尹、梁佩兰享誉全国;近人薛觉先、马师曾、千里驹、白驹荣、红线女等在粤剧界各领风骚;高剑父、高奇峰、陈树人高举"岭南画派"的大旗,为岭南绘画艺术的创新和发展另辟蹊径;冼星海的组曲《黄河大合唱》,以其慷慨激昂的最强音,气势磅礴,有如澎湃怒涛,大长数亿中国人民的志气和威风,鼓舞不愿做奴隶的人们敌忾同仇,在抗日战争中横眉怒目,跃马横刀,终于使入侵的暴敌丢盔弃甲,俯伏乞降……中国的近现代史,不知洒落过几许广府人的血泪！百年之前，外有列强的迫害和掠夺，内有反动统治者的欺压和凌虐。正是那许多苦难和屈辱，催生了广府人面对丑恶势力拍案而起的勇气，他们纵然处于弱势，仍能给予暴敌以沉重打击的悲壮史实，足以使人为之泫然。清咸丰年间，以扮演"二花面"为专业的粤剧演员鹤山人李文茂，响应洪秀全号召，率众高举反清义旗，占领三水、肇庆，入广西，陷梧州，攻取浔州府，改浔州为秀京，建大成国；再夺柳州，称平靖王。19世纪中叶那两场以鸦片为名的战争，向侵略者认输的只是大清朝廷龙座上的道光皇帝和咸丰皇帝；而让暴敌饱尝血的教训的，却是虎门要塞的兵勇和三元里的农家弟兄。他们以轰鸣的火炮、原始的剑戟以至锄头草刀，把驾舰前来劫掠的强盗们打得落花流水。1932年，十九路军总指挥东莞蒋光鼐、十九军军长罗定蔡廷锴，率领南粤子弟兵，与入侵淞沪的日军浴血苦战，以弱胜强，以少胜多。那撼人心魄的淞沪抗日之战，不知振奋过多少中国人民！在强敌跟前，不自惭形秽，不自卑力弱，真可谓广府人可贵的传统风格。试想想，小小一名舞台上的"二花面"，居然敢于揭竿而起，横眉怒目，与大清帝国皇帝及其千军万马真刀真枪对着干，那是何等气概！何等胸襟！何等情怀！

那许多光辉的广府人和广府事，真足以彪炳千秋，自应将之铭留于青史，以敬先贤，以励来者。

岭南文化的典型风格是开放、务实、兼容、进取；广府民系的典型民风是慎终追远、开拓奋斗、包容共济、敢为天下先。这都是作为广府人应该崇尚和发扬的光荣传统。为何广东成为民主革命的策源地？为何广东在改革开放大潮中成了先行一步的排头兵？为何经济特区的建立首选在南海之滨……这些都可以从上面的概述中得到合理的解释。

以上只不过是信手拈来的三数显例而已,广府文化万紫千红,郁郁葱葱。说工艺园林也好,说民俗风情也好,以至说建筑、说饮食、说名山丽水……都言之不尽,诉之不竭。流连其间,恍如置身于瑰丽庄严的殿堂。那岂止是身心的享受,同时还仿佛感受到前贤先烈们浩然之气渗入胸襟,情怀为之激越无已。

广府!秀美而又端庄的广府!妩媚而又刚毅的广府!历经劫难而又振奋如昔的广府!往事越千年,这里不知诞生过几许英杰,孕育过几许豪贤!在她的山水之间,也不知演出过几许震古烁今的英雄故事!我们无限敬爱的先人,在这四季飘香的热土上所创造的精神财富和物质财富,其丰硕繁赡是难以形容和无法统计的。那一切,都是无价之宝啊!要不将之永远妥善保存和传承下来,那至少是对广府光辉历史的无视和对先祖的不恭。

基于此,广府人联谊会与广东人民出版社决定联合出版《广府文库》丛书,用以保存和传承老祖宗所恩赐的诸多珍贵遗产。我们将之作为自己肩上的光荣责任和必须切实完成的庄严使命。

《广府文库》的出版宗旨,在于传承和弘扬广府文化、广府民系的正能量,力求成为一套既属文化积累,又属文化拓展,既有专业论著,又能深入浅出、寓学术于娓娓言谈之中的出版物,高度概括和总结具有悠久历史的广府民系风貌和广府文化精粹,传而承之,弘而扬之,使之在社会主义建设,在中华民族的伟大复兴过程中起应有的积极作用。选题范围涵盖有关广府地域的各方面;出版学术界研究广府文化的高水平专著,以及受广大读者欢迎的有关普及读物;同时兼顾若干经典文献和民间文献的出版,使之逐步累积成为广府文化研究不可或缺的知识库和资料库,以"整理、传承、研究、创新"为基本编辑方针。《广府文库》内容的时间跨度无上下限。全套丛书计划出版100种左右,推出一批具有较高学术价值的原创性论著,以推动广府文化学术研究的创新性发展。内容避免重复前人研究成果、与前人重复的选题,要求后来居上,做到"借鉴不照搬,挖掘要创新"。选取广府文化史最为经典、最具代表性的部分,从具体而微的切入口纵深挖掘,写细写透,从而凸显广府精神的内核和广府文化的神髓,积跬致远,逐步成为广受欢迎和名副其实的文化宝库。

2021年12月

目录

序　言	1
香风十里花无数	1
一路香风送入城	2
人日花埭赏牡丹	10
花洲散人居花洲	24
居锽乡居颂香国	33
白菊百诗奠文声	34
河南画派三足立	43
瑶溪二十四景诗	57
居巢题室花香远	73
隔山梅香今夕庵	74
樱桃转舍漓江畔	85
城北赁庑十香簃	94
东莞可园昔耶室	100
杨氏仿题十青簃	122
兄词弟画十香花	135
居廉据兄绘花图	136

居巢填词咏香花	162
不爱绚丽爱素淡	174
香花薰茶成上品	179
素馨茉莉指甲香	188

百年余韵十香园　199

隔山草堂牡丹香	200
杨其光题匾流传	227
陈树人颂园有功	237
园名芬芳此有源	251

附　录　269

结　语　274

序　言

有花，有家。

广州人爱花之情，触目皆是，漫步老城新区，阳台天棚，莫不被盆卉点缀，花繁叶茂；寻常人家，神台厅堂，摆放瓶花，芬馥盈室。爱花如痴的集体狂欢，清代有人日游花埭，当代有除夕逛花街。秦牧游广州除夕花市，除金桔、桃花、水仙传统年花三件套之外，更有琳琅满目的洋花七卉，"看着繁花锦绣，赏着姹紫嫣红，想起这种一日之间广州忽然变成了一座'花城'，几乎全城的人都出来深夜赏花的情景，真是感到美妙"。[①]广州由是有了"花城"的美称，遐迩闻名。

洋花，作为外洋进口花卉，伴随扬帆通海，根植于大洋之滨的广州人生活之中，由来已久。唐代，阿拉伯商船舶来水仙，唐段成式《酉阳杂俎》称之为捺祗，原产拂菻（东罗马帝国），其子侄辈段公路《北户录》称为水仙，是最早以汉名称之的可靠文献，是书据说著于广州，[②]同书记载耶悉弭花（素馨）、末利花（茉莉）、

[①] 秦牧：《花城》，《秦牧作品选萃》，花城出版社1993年版，第139页。
[②] 按：〔清〕《四库全书总目》卷七十《史部二十六·地理类三》载，《北户录》三卷，"是书当在广州时作，载岭南风土，颇为赅备，而于物产为尤详。"

指甲花等来自西亚的芳香花卉。十五世纪，欧洲人开启大航海时代，舶来欧洲、美洲奇花异卉。明末清初的岭南名士屈大均记录了广州人引种西洋莲，"其种来自西洋，广人多杂以玉绣球、蔷薇、凌霄等花，环植庭除，开时诸色相间，谓之天然锦屏"。[①]花城，不但在于繁花锦绣四季，更在于土卉洋花共荣，正所谓：姹紫嫣红，中外名卉集粤垣，争奇斗艳；香花芳草，晨昏吐芬似仙城，谈古说今。

十八世纪，人类社会进入全球化浪潮，与此同时，中国对外交往的大门收窄。清乾隆二十二年（1757），番舶禁泊江、浙、闽三大海关，欧美商人被限定在远离京城的岭南广州进行买卖，西洋人称之为Canton System（广州体制）。茶叶、陶瓷、丝绸等中国商品从广州出口，油画、水彩、水粉等西方画种在广州生根，推动广州成为中国第一商埠，并成为受到西方文化冲击最早的海港城市。

岭南，洋溢着温暖、热烈、蓬勃的气氛。原本能与欧美人士直接交往的江苏、浙江、福建沿海三省的商人、文人以及劳工，因海禁而纷纷南下寻找机遇，甚至落籍成为广州人。来自江苏扬州的居允敬，择吉而居，落籍番禺县河南隔山乡（今广州市海珠区隔山村）。"村居与素馨田接壤"[②]，窗外花田香风软，门前瑶溪流水闲，宛然置身于一幅闲适静谧的花田风景画中，无意间肇启岭南画派的源头。

居允敬，清乾隆三十三年（1768）举人，二子居棣华、三子居樟华，雅擅诗文，为时所称。居巢（1811—1865），居棣华之子，少承家学，风雅多能，工诗词，擅花卉。居廉（1828—1904），居樟华之子，继承堂兄居巢绘画衣钵，借镜欧洲画技，革新撞水、撞粉技法，以具有时代精神、水分淋漓的没骨花卉画闻名于世。

---

① 〔清〕屈大均：《广东新语》卷二十七《草语·西洋莲》。
② 〔清〕居巢：《画素馨》，《今夕庵题画诗》。

序言

  居廉设帐隔山乡隔山草堂，收徒传艺三十年，桃李满门。门生陈树人、高剑父及其胞弟高奇峰，并称"岭南三杰"，"折衷中西，融汇古今"，与时俱进地开拓绘画新格局，为同时代的艺术领域打开新视野，成为享誉中国画坛的折衷派。后人以地域划分称折衷派为岭南画派，与京津画派、海上画派三足鼎立，成为"现代中国画"的代表。

  隔山草堂在居廉与世长辞后雅称"十香园"，园名别具匠心，花香氤氲满园间，既上溯居巢广州城北十香籡室号，亦奉清初江南常州恽寿平没骨花卉画为正宗。十香园作为岭南画派祖庭，以此为题，将目光置于中外交往的时代背景，研究园名的渊源与传播，展现清代广州的芳香花卉文化以及瑶头乡杨永衍家族的影响，并连结到有价值的未来，持续开放、创新，为岭南画、岭南词、岭南花，乃至岭南文化的相承、发展，聊抒己见，是为本书的重点及难点，亦是本书可存在的空间与价值。

  对于十香园的研究，本人多年前在广州花木史公开讲座中曾有旁及，此后通过走访广州、东莞等居巢、居廉驻足的故址遗迹，辨香识花，网罗散佚，补加新知，钩稽同异，力求持之有故，言之成理。兹将积累之片言只语，结集成书，以飨读者史海求知、广博见闻之心。虽然心有宏愿，但是力有不逮，知识浅薄，难免疏漏，还望读者方家不吝指正，也望后来者添砖加瓦。

  谨以此书献给妻子陈仪慧、女儿吕咏。

  是为序。

吕兆球

2023 年 8 月 15 日

于广州市琶洲村芒果园

廣府文庫

香风十里花无数

一路香风送入城

> 娇又赞哩朵牡丹王,金菊芝兰喷鼻香。
> 夜合芙蓉堪玩赏,海棠金凤盒中藏。
> 琵琶玉笛皆欢畅,白蝉难及桂花香。
> 鸡冠灯盏人兴旺,百子莲登岁月长。
> 指甲弹崩空望想,百年同乐我地姊妹余双。
> 菊花朱锦诚心向,兰花相伴个位水仙娘。
> ——〔清〕佚名《七夕赞花》

岭南居巢、居廉以绘花鸟画著名,是源来有自,与其受到广州深厚的花卉文化有密切的关系。

广州的花文化很早就传唱于粤歌中。自明代起在广州传唱的《花笺记》、《二荷花史》等粤歌,以花为媒,以花会友,唱的是才子佳人的浪漫爱情故事。妇女边煮饭边哼唱,用粤语唱起来抑扬顿挫,富于节奏美感,一曲唱罢,米饭也就煮好了,心情愉悦,饭菜也显得特别香。

粤歌题材广泛,亦有唱时令习俗。曾到过广州的明代著名剧作家汤显祖,名剧《紫钗记》唱及七夕的热闹,"彩楼人语暗香飘",香景的营造是节庆的重要组成。每年七月初七的七夕节,俗称七姐诞,广州女生燃香点烛,悬挂素馨灯,备好瓜果拜七娘,唱出应节的粤歌《七夕赞花》,下卷开篇短短六句,不嫌麻烦地将十七种芳香花卉融入唱词:牡丹、金菊、芝兰、夜合、芙蓉、海棠、金凤、白蝉、桂花、鸡冠、灯盏、百子莲、指甲、菊花、朱锦、兰花、水仙等，各种花名让人眼花缭乱，女生口吐芬芳，绕梁三匝，向织女七姐许下女儿的美好心愿。

《七夕赞花》唱出的是广州人习以为常的香花，多样性的芳香花卉，得益于优越的自然环境及悠久的对外交往历史。广州地处亚热带，雨量充沛，河网交织，土地肥沃，四时花香。北方冬春气候寒冷，不适宜露天栽种大部分花卉；广州冬春季各类花卉仍然花枝招展，香飘四方，唐代诗人张籍《送侯判官赴广州从军》咏叹，"海花蛮草连冬有，行处无家不满园"。自由开放的人文环境同样重要，广州与岭北中原文化及海外异域文化有着悠久的交往历史，因此伴随商业、宗教等因素而引种于广州的花木，如茉莉花、鸡蛋花、曼陀罗花等，历千年而不衰，广州花木品种得以丰富。舶来奇花经过长时间的归化后，地域色彩日益强化，这体现了广州兼收并蓄的地方性格。

广州人对花卉的喜爱，由来已久，种花、买花、赠花、赏花、嗅花、食花、簪花，有花香处，生机盎然，既愉悦心境，又怡养性情。民众购买花卉，点缀家居生活，盆卉列阶前，瓶花置案上，芳香四溢，清新盈鼻。神诞节庆、婚红丧白，均少不了花卉身影，极大促进了花卉的销售，终年不衰的花卉需求，衍生出日常花市。

明末清初，广州各城门外均有花市，屈大均《广东新语》卷二《地语·四市》记载，"花市，在广州七门①，所卖止素馨，无别花，亦犹雒阳但称牡丹曰'花'也"。清初诗人王士禛吟咏，"昨上高楼望晴色，素馨花满五羊城"。广州城内处处是素馨花，花市品种以

---

① 按：明筑广州城，明洪武十三年（1380）设城门七座：正北（大北）、小北、正东（大东）、定海（小南）、正南、归德、正西。后明嘉靖、万历年间有增设城门。屈大均此处所言之"广州七门"指明初旧七座城门，又泛指广州城门。

素馨为主打。清代诗人陈坤诗，"素馨花市闹黄昏，抛掷金钱价莫论"，直接将花市称为素馨花市。花市每日的交易量巨大，浙江人吴震方《岭南杂记》云，"素馨较茉莉更大，香最芬烈，广城、河南花田多种之，每日货于城中不下数百担"。

肩挑盆栽的花贩
（蒲呱 Puqua 绘，广州，1790 年，图自英国维多利亚和阿尔伯特博物馆）

手提花篮的花贩（约 1801—1850，图自大英博物馆）

从五仙门南岸的花渡头批发花卉，分销至广州各城门前的花市，这种销售模式延续了近二百年。清光绪元年（1875），诗人潘永煊《羊城竹枝词》记，"素馨花放近清和，花渡头前唤渡河。担到七门花市去，卖花花债债无多"。[1] 进入城门，有谓"素馨花贩担头轻，一路香风送入城"[2]。随着花贩穿街过巷，花香弥漫城中，形象触目可见，时人绘入图画，图中可见以男性从业居多，戴帽赤足卷裤脚，既有在江河摇船销售盆卉，亦有在街巷肩挑贩卖盆栽、檐前手提花篮，花贩过处，立刻成为途人注目的焦点。诗人陈纪作《卖花翁》，以文字描绘出老年花贩肖像，表现了在"众香国里"奔走的辛劳：

筋力尚多好奔走，竟体如兰翁果否。

众香国里倏去来，群芳谱内记八九。

老眼繁华阅几何，一肩花趁蝴蝶多。

声声唤醒红楼梦，帘卷频呼绿黛娥。[3]

花贩在城中来回穿梭，如同卖唱瞽姬沿街高叫"有嘢唱"以招徕顾客，花贩的卖花声亦响彻街巷。清末诗人何渐鸿《羊城竹枝词》有精彩描述：

街街巷巷卖花声，无数名花不识名。

姑爱夜香侬夜合，夜熏郎梦到天明。[4]

同时期的诗人张秋槎《羊城竹枝词》描写卖花人携篮叫卖，"茉

---

[1] 龚伯洪编选：《广州古今竹枝词精选》，广东人民出版社2017年版，第44页。
[2] 〔清〕邓显：《羊城竹枝词》，龚伯洪编选：《广州古今竹枝词精选》，广东人民出版社2017年版，第43页。
[3] 〔清〕陈纪：《师竹山房诗钞》续集，清同治四年（1865）刊本。
[4] 龚伯洪编选：《广州古今竹枝词精选》，广东人民出版社2017年版，第94页。

莉蔷薇夹马樱，携篮叫卖一声声"。① 从何渐鸿、张秋槎诗可见，花贩售卖的有茉莉、蔷薇、马樱、夜香、夜合，以及无数不识其名的名花——不再局限于素馨。清代中后期，随着花卉栽培技术的提升及更多异国花卉的引入，供应广州花卉市场的花卉品种不断增加，从素雅主调转向百花争艳。

民国年间，流动花贩日趋少见，取而代之的是在固定地点营业的生花店，从旧城到西关，分布于花卉需求量大的城区。相对流动花贩，店面能售卖更多品种的花卉，填满了花架和墙脚。街角不经意的阵阵花香，让人忍不住停下脚步欣赏。即使不是特殊的节日，也能随手为家中带回几朵盎然的生气。

二十世纪二十年代，广州城中的生花店（James Dearden Holmes.）

---

① 龚伯洪编选：《广州古今竹枝词精选》，广东人民出版社2017年版，第92页。附注：广州词人廖恩焘《扣虱谈室集外词（乙酉）》《祝英台近》记，约民国34年（1945），寓居香港，凌晨闻卖花声事，"卖花声，深巷里，充满着诗意"。（卜永坚、钱念民主编，《廖恩焘词笺注》，广东人民出版社2016年版，第643页。）

"民国初期，广州市维新路（现起义路南段）出现经营'串生花'的生花店。民国十七年（1928年）全市有花店29间，除销售本地花卉外，还从福建、上海购进水仙鳞茎种球供春节应节。"① 激烈的市场竞争，使得部分生花店利用报刊广告进行宣传。

清代广州的七门花市相当于小型花圩，城内的双门底花市则是民众狂欢的节庆去处。清代随父游历广东的扬州人张心泰，在其所著的《粤游小志》中记录了双门底除夕花市的繁华，"每届年暮，广州城内双门底，卖吊钟花与水仙花成市，如云如霞，大家小户，售供坐几，以娱岁华"。广州府番禺县丞倪鸿（1829—1892），与居巢为书画好友，他以诗记录了双门底除夕花市情景，此起彼伏的鞭炮声，由夜及旦的卖花声，热闹非凡：

铜壶滴漏夜无声，爆竹如雷响满城。
贴罢挥春人小醉（俗呼桃符曰挥春），
卖花听唱到天明（除夕卖花声闻达旦）。②

双门底（今北京路与西湖路交界），清海军节度使刘隐始建于唐天祐三年（906），名清海军节度使府，俗称清海军楼，毁于南汉末年；北宋元符二年（1099）重建，南宋乾道六年（1170）以城楼形制有违礼制，改双阙为双门；清康熙二十五年（1686）重建，广东巡抚李士桢改名拱北楼，以示向北称臣，拥护中央。由于城门开有东西两门洞，故俗称双门底，位于广州城内中轴线之上，是广州重要的千年地标建筑，地位不亚于今日新广州中轴线上的广州塔。清代，双门底北通广东布政使司（简名藩署），南出正南门、永清门，直达珠江北岸

---

① 欧阳坦主编，广东省地方史志编纂委员会编：《广东省志·农业志》，广东人民出版社2002年版，第305页。串生花是用丝（棉）线把各种鲜花串起来，供商店、喜庆门楼、吊灯挂饰。这种手艺，在唐代广州已经见于记载，是将生花串成花灯、花篮、花蝴蝶、花璎珞等。
②〔清〕倪鸿：《退遂斋诗钞》卷三，《广州竹枝词》三十首之三十。

的迎送高级官员的天字码头。倪鸿诗中的"铜壶滴漏"，即为双门底城楼上制造于元延祐三年（1316）的计时器，以水流作为时间测量，英语称为 Water Clock，见证了广州与西方的文化交流。双门底在民国时期被拆，筑永汉路（1936年后更名汉民路，今为北京路），其作为广州历史悠久的商业中心街道，除夕花市延续清代传统。

民国初年，位于西关商业中心的桨栏街（初在十八甫）除夕花市后来居上，在每年年廿八到除夕炮仗响起的时刻，美成了花的海洋，游人如鲫，不避拥挤，"无人不道看花回"。民国37年（1948），陈思诚赋诗《除夕游广州花市》，"桨栏街与汉民路，香风十里花无数"[1]。雷鲁萍记同年的桨栏街除夕花市，"除夕下午，雨停天晴，到花市看热闹者，殆有水泄不通之概，但标价一亿元之桃花，则直至午夜仍无人问过！"虽然经济不景气，但无碍广州人万人空巷"逛花街"的热情，"逛花街"成为过新年的必备仪式，也是中国所独有的风俗。

1961年2月，作家秦牧对广州除夕花市写有优美的抒情散文："看着繁花锦绣，赏着姹紫嫣红，想起这种一日之间广州忽然变成了一座'花城'，几乎全城的人都出来深夜赏花的情景，真是感到美妙。"[2]通过描写花市盛况以及赏花感受，作家的生花妙笔，赋予了广州一个响亮的美名——"花城"。

花城，虽然因一时一地的除夕花市而得名，却形象地反映了广州的特质——丰润的雨水，灼热的阳光，使得洋花土卉，四季繁茂，充满蓬勃生机，不论是在街角或厅堂，均润物细无声地陪伴着广州人的寻常生活。花城，既是一个地理概念，也是一个人文符号，成为广州之美称，被广泛而迅速地传播。

---

[1] 陈思诚：《除夕游广州花市》，《粤汉半月刊》1948年第6期，第26页。
[2] 秦牧：《花城》，《秦牧作品选萃》，花城出版社1993年版，第139页。据秦牧记，《花城》一文，原标题为《南国花市》，后为出版社更改。

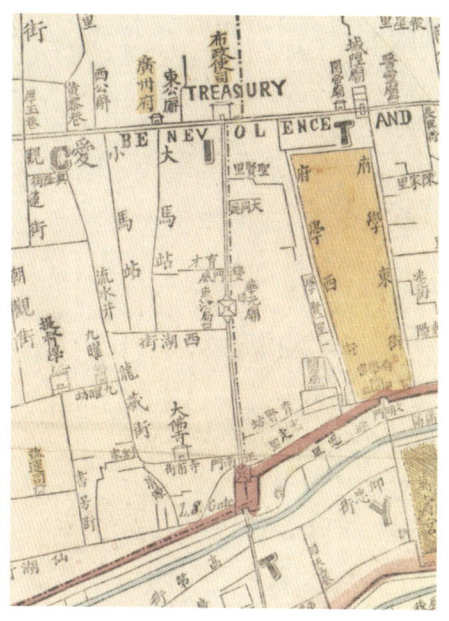

藩署前及双门底
(Map of the city and entire suburbs of Canton 局部, 1860 年)

民国 37 年（1948）桨栏街除夕花市[①]

① 雷鲁萍:《农历新年在广州》,《中美周报》1948 年第 279 期, 第 29 页。

人日花埭赏牡丹

> 花埭园林最大观,灵辰裙屐合盘桓。
> 孖舲艇子轻如叶,也替游人载牡丹。
> (原注:人日例为花埭之游,士女多买牡丹以归。)
> ——〔清〕倪鸿《广州竹枝词》三十首之二[1]

广州的花卉文化除了体现在城中的花卉买卖,城外花埭的花卉种植也是一道亮丽风景。

清乾隆《番禺县志》卷十七《风俗·花市》记载:"花市在广州,珠江之南有花地,以卖花为业者,数十百家,市花于城。"

花地,旧称花埭,位于广州西南隅,其范围,一说包括策头、寺岸、芳村三部分,一说为策头俗称。其东、北邻珠江,西依花地河,外有江环水绕,内为纵横河网,花农修建大量土坝堤堰围护花田,土坝称埭,故称花埭。[2] 经过世代挥锄,大片滩涂沼泽变成如画花田,卉木交长,花团锦簇,花埭由此成为广州最大的花卉产区,有"岭南第一花乡"的美称。英文译为 Fati 或 Fatee,地图上附注 Flower Gardens 或 Fatee Gardens,极为恰当地表达出地域特色。

花埭之东原是渺无人烟的河滩荒地,旧称荒村,后开荒种花,遍植花木,花果飘香,遂名芳村。花埭之西有菊树,涌边筑门楼,

---

[1]〔清〕倪鸿:《退遂斋诗钞》卷三。
[2] 按:花埭一名,或受福建移民影响。宋代,福建泉州人花琳善于栽花,贩卖海外,获利不菲,花琳后代更填海筑埭造花田,人称"花埭"。时人诗赞:"花埭名花万里香,一盆奇景竞飘洋。"

石匾题名"芙蓉菊树"①，未入其地，先闻其香。花埭、芳村、芙蓉菊树等一个个诗意地名，体现了花乡的风光旖旎，诉说着人与花的深厚渊源，是时代的印记。

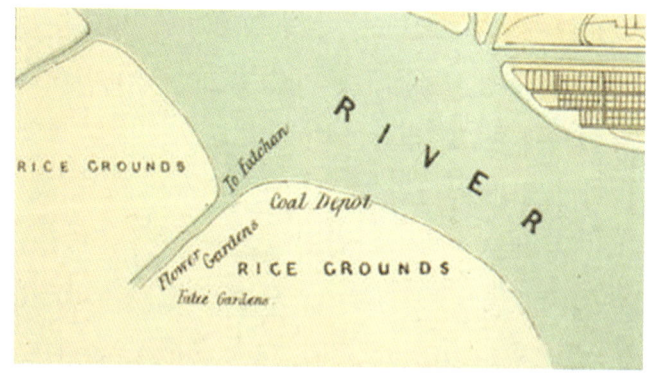

花埭（*Plan of the City of Canton* 局部，1875年）

花埭门楼"芙蓉菊树"

---

① 按：门楼已毁，石匾仍存。〔石匾横刻正楷阴文"芙蓉菊树"，上款刻阴文"光绪庚子（1900）谷日何敦本堂重修"，下款刻阴文"里人藻杨书"。〕芙蓉菊树村，由何姓人开村于明代，建有菊树书院和何氏大宗祠。画坛女杰、双清楼主何香凝，祖籍棉村，自署"棉村女士"，1958年秋回乡，题"菊树棉村，不饥不寒常饱暖"。芙蓉菊树村、棉村，今属广州市荔湾区海南村。

园林荟萃文人游咏

明清以后，广州对外贸易的外港移至黄埔港，花埭成为各式洋花土卉争奇斗艳的舞台。山东李文藻（1730—1778）《花地》诗序称，花埭"在大通寺旁，花园楼台数十，栽花木为业，岭南最幽趣处"。诗云："为圃何辞种树劳，洋花粤果满江皋。"[1] 此诗就提到了重要信息：最迟在十八世纪后半叶，作为舶来花卉的"洋花"已经被作为商业品种种植于花埭。

江南才子沈复（1763—约1808）于清乾隆五十九年（1794）游览花埭，感慨奇花佳木，难以尽数，连《群芳谱》都装不下，"十三洋行在幽兰门之西，结构与洋画同。对渡名花地，花木甚繁，广州卖花处也。余自以为无花不识，至此仅识十之六七。询其名，有《群芳谱》所未载者，或土音之不同欤？"[2] 可见花埭栽花木之业的旺盛。美国传教士裨治文（1801—1861）编纂的词典 Chinese Chrestomathy in the Canton Dialect（《广东方言汇编》，1841）专辟"名花类"一章，收录夜合花（Ye hop fa）、夜来香（Ye loi heung）、素馨花（Su hing fa）等123种花卉词汇，虽然只及《群芳谱》所载的四分之一，但也让欧美人对广州花卉的丰富程度有了相当直观的感知。

外来人感叹对花埭花卉不能全面分辨，而生于斯、长于斯的园艺学生则感叹花埭花木之盛、园林之多。民国20年（1931）5月3日，中山大学园艺研究会考察花埭，当时还是学生的著名农史学家梁家勉举目所见，"然百数十种初次结识之群花，殆可一见如故，能复一一认之，盖实胜痴读书本一星期矣！行行重行行，不觉遍历

---

[1]《岭海名胜记·海幢寺记》（卷之六下），〔明〕郭棐编撰，〔清〕陈兰芝增辑，王元林点校：《岭海名胜记增辑点校》上，三秦出版社2016年版，第573页。
[2]〔清〕沈复：《浮生六记·浪游记快》。幽兰门，或为油栏门之戏称。

全花埭所有花园之泰半，其中处处，各均春色满园，媚人欲醉；而其面积之较大者，则首推醉观园及留芳园为最。据之：'其每年贸易，竟可达二十万元。'以花埭一隅而言，花园之数无虑十六七，且附近之围口，多难历遍，故年中营业，实大有可观也"。

花埭一隅，园林极盛，星罗棋布。从1993年对花埭现存地名的统计可以管窥一豹，"今日花地一带用古花园名作地名的就达二十多处。如茂香园、杏芳园、广香园、荣香园、余庆园、同乐园、范家园、积善园、厚福园、万生园、万春园、厚成园、永隆园、长安园、惺园、鹤围圃、知道园、兄弟园、太湖园、两宜园、寿春园、迦南园等"。[1]留存的地名道尽清代中后期花埭花园兴衰更替。在清末民初众多园林之中，以醉观园、留芳园为"面积之较大者"，与群芳园、纫香园、新长春园、翠林园、余香圃、评红园，在当代被合称为花埭八大名园[2]，颇负盛誉。

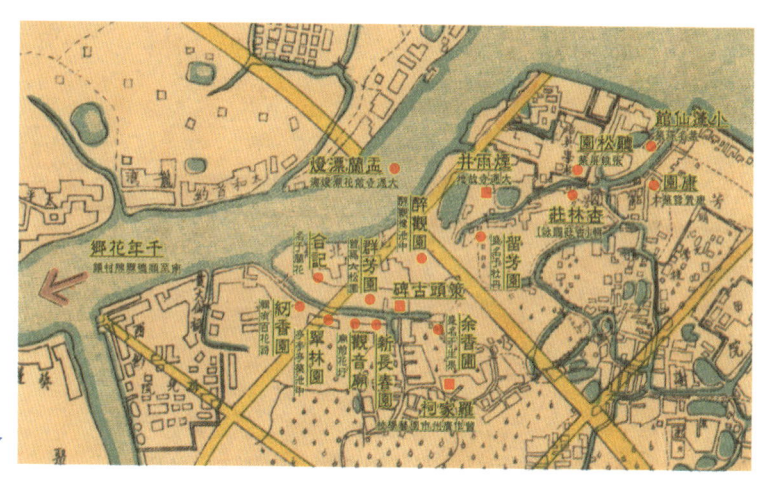

清代花埭园林示意图（作者制图）

---

[1] 赖宏添、梁深源：《芳村地名与花卉》，广州市芳村区地方志编纂委员会编：《岭南第一花乡》，1993年版，第162页。按：可补倚翠园，位于芳村大道东。
[2] 八大名园之说，渊源未详，最早可见于花埭花农谢璋著于1988年的《清代花地名园胜景》与1991年的《花地名园百年沧桑》，但两种说法相左。

盛世兴游赏。新春前后，除夕游城中双门底花市，人日游城外花埭园林，游人不绝，熙熙攘攘，赏花买花，置身百花香里，为新的一年带来憧憬。人日花埭的人潮汹涌，广州俗话戏谑"想死易过游花地"，意谓游人之多能挤死人。

名士谭莹（1800—1871）与好友人日游花埭园林，赋诗吟咏，"粤中名花无牡丹，开当人日人争看"[1]。产自北方的牡丹，以其国色天香，成为人日花埭"人人争看"的赏花对象。倪鸿游花埭，赋《广州竹枝词》，附注"人日例为花埭之游，士女多买牡丹以归"。士女争看牡丹姿容，虽然售价不菲，但无碍买得牡丹而归。清光绪二十八年十月廿九日（1902年11月28日），一幅摄于花埭园林的照片，清晰可见牡丹满园尽繁盛。来自山东菏泽的牡丹，既在本地销售，亦以此作为中转站销往港澳地区，出口东南亚，成为花埭园林主要收入来源，买花人既得"富贵"意头，卖花人更得"富贵"实利。除节庆牡丹外，花埭日常买卖亦被记录于文人日记中，清道光八年（1828）三月廿八日，名士谢兰生，"着阿庆到花埭买赤色凤兰，共得五枝，极妙，又买凤仙四盆，并茉莉花头"[2]。

中国，（广州）河南，在著名的花埭园林，1902年（图自美国国会图书馆）。

---

[1]〔清〕谭莹：《崔退庵司马、心斋孝廉昆仲人日招同游花埭各园林观牡丹》，《乐志堂诗集》卷二。
[2]〔清〕谢兰生著，李若晴等整理：《常惺惺斋日记（外四种）》，广东人民出版社2014年版，第243页。

翠林园是十九世纪花埭园林中的翘楚，清光绪十二年丙戌（1886）人日，居廉、杨永衍、何桂林、萧蘷常、伍德彝五人泛舟花埭，在翠林园见到罕有的豆蔻狖。据清光绪三十四年戊申（1908）伍德彝抚先师居廉《狖猴》图追忆，题跋画上以记二十三年前旧事："此兽状类小猴，高仅六寸，重不十两，头圆眼大，毛作黄金色，细密如绵絮，不食人间烟火。最奇者，饲之以果，则口中双舌并出，众所未睹，莫能举其名。"后有识者辨出其来自西亚波斯。居廉归而图之，多达数十页，形神毕肖，栩栩如生。

伍德彝题跋追忆先师的同年，《时事画报》也有描绘花埭正月初七日喧闹景况：在相邻的翠林园与纫香园前，河中画船如鲫，岸上衣冠塞途。画面与民国《番禺县志》卷四十一《古迹志二》所载相互印证：（花埭）"每岁人日，游屐画船，咸集于此"。而此时距居廉作古已过四年，翠林园热闹依旧。

居廉《狖猴》（1886年，中国国家博物馆藏）

《花花世界》①

  本地文人如谢兰生、张维屏等均有游翠林园的诗文。清道光五年乙酉（1825），两广总督阮元秋游翠林园，赋诗《游花田翠林园》："茉莉开初歇，秋田菊又黄。林巢生翡翠，池渡野鸳鸯。埋玉香成土，栽花土亦香。何须问园主，自看碧筼筜。"这既是翠林园的高光，更是花埭园林的高光。

  翠林园，也是外国人游花埭的必去之处。清光绪三年（1877），英国格雷夫人随丈夫在广州生活。格雷夫妇游花埭诸园，就是"从翠林园出来，……先去纫香园，然后再去群芳园"②。除了游园，格雷夫人其间身体不适，也曾听从医生嘱咐到花埭进行芳香疗法。用芳香辟秽，扶正祛邪，疾病在花香之中被治愈。

  纫香园在文化圈上的影响力未及相邻的翠林园，但是园主人同

---

① 《时事画报》，清光绪三十四年（1908），第 2 期。
② 〔英〕约翰·亨利·格雷著，〔美〕李国庆、邓赛译：《广州七天》，广东人民出版社 2019 年版，第 294 页。

样喜近文人，曾邀请诗人梁修留居。① 清光绪十一年（1885），梁修为纫香园主人作百花诗，以驰骋丰富的艺术想象，将园中奇花异卉一一题咏，结集为《花埭杂咏百首并序》，是花埭唯一流传于世的群芳谱，诗集以花埭最负盛名的牡丹为卷首，序曰："此花仍屈百花首，让与众香九五。"翠林园与纫香园，园以诗名，赏诗观花，成为当年花埭盛事。

花埭各园，重视题诗；亦重题联，标示园林特色，意境风雅。翠林园门联："翠竹风来凤凰舞，林花露滴海棠眠。"纫香园在抗战之后更名为仁香，门联："仁者之风，桃李馥郁；香兮其品，兰芷芬芳。"群芳园门联："群花春来红拂阁，芳草时到绿映堤。"余香圃门联则为"余地半弓闲插柳，香烟一缕自烹茶"，颇类岭南名园余荫山房门联"余地三弓红雨足，荫天一角绿云深"。在花埭园林的阵阵幽香之外，门联也可进一步渲染"香"的嗅觉美感，诱导游人的到来。

福林园②，亦作馥林园，虽然不在花埭八大名园之列，却与岭南画派、岭南盆景有着深厚渊源。周绍光（1874—1952），字朗山，为居廉入室弟子，留学日本，擅长书画，亦为盆景艺人。福林园园主苏卧农（1901—1975），原名文，以字行，为居廉再传弟子，与周绍光经历相似，同样留学日本，擅长书画，亦为盆景艺人，但是在园艺方面，更有深厚家学传承。

苏卧农祖上七代以栽花种果为业，因自小随父务农，苏卧农撰写福林园门联"福凝园内花千树，林映门前水一湾"，展现出二百

---

① 按："他（居廉）每年12月来花地'纫香园'居住数月，至明年3月春尽，百花开至蔷薇之后，方返隔山居住。他是纫香园主人，笛舟的老朋友。"（雷承影：《中国名画家全集 第2辑 苏卧农》，河北教育出版社2009年版，第101—102页。）未有居廉相关史料可证，存其说于此。
② 福林园旧址在广州市荔湾区东漖北路，包括今荔湾区少年宫及怡芳苑小区范围。

年老园的雅致清丽。由于对绘画有天分及兴趣，苏卧农成为高剑父的入室弟子。民国37年（1948），高剑父与门生卢传远、叶永青、李抚虹，写生于苏卧农家，合影于月季盆卉之前。身处花埭，熟谙花卉之性，苏卧农所绘花卉充满乡土气息，善于将画理融入盆景，所创作的盆景富有艺术意境。苏伦（1926—2012），苏卧农长子，受到父亲的绘画艺术及种植技术的熏陶，其盆景技法细腻，构图生动，具有国画风韵。1986年10月，英国女王伊丽莎白到访广州，广东省人民政府赠送与英女王同龄的"九里香传万里香"盆景，即为中国盆景艺术大师苏伦创作的佳构。

花埭除了有花卉种植园林，也是私人园林荟萃处。行商潘有为（1755—1820）筑六松园，亦名东园，清道光二十六年（1846）归行商伍崇曜所有，更名馥荫园。同年，流寓广州的四川画家田豫为行商潘仕成绘制《海山仙馆图》扇面，其后又为伍崇曜绘制《馥荫园图》。清咸丰八年（1858），西方人游馥荫园（Fuk-Yum-Uen），留下珍贵影像，园林大门与八边形景门之间的园路，两侧摆满各式盆栽，香花绿树，姹紫嫣红，充满盎然生机。

1948年，高剑父带弟子于花埭苏卧农家写生，合照于月季盆景前。
左起：卢传远，叶永青，李抚虹，高剑父，苏卧农。

Panorama of Canton 局部（北望，前方为花地河，后方为珠江）

1858 年，花埭伍氏馥荫园（加拿大皇家不列颠哥伦比亚省博物馆藏）

　　清代诗词家张维屏居住六松园多年，业权变更后不得不搬离，但爱花埭其地，清道光二十六年（1846）初夏，于大通寺之东筑听松园，地广十余亩，园中花木扶疏，亭台雅致，正如张维屏《园中杂咏》所咏，"五亩烟波三亩屋，留将两亩好栽花"，读书觞咏，至老不辍。

作为清道光年间广东最重要的词人，张维屏以园名其词作，著《听松庐词钞》三卷，其中有《海天霞唱》二卷、《玉香亭词》一卷。

邓大林，字荫泉，清道光进士，能诗能画。清道光二十四年（1844）筑杏林庄，北岸为好友张维屏听松园。园林不设园垣，环植竹柳，幽雅别致，园内移植北京红杏、白杏。对于园主，杏花有园主父亲谋生杏林以及园主本人进士身份的双重象征性意义。杏林庄的杏花经过六年培育，清道光三十年（1850）始花，是为岭南有杏之始，邓大林为此主持"杏林庄诗社"，黄培芳、张维屏、谭莹、熊景星、许玉彬、萧谦、杜游、潘恕、陈璞、颜薰、吴炳南、陈良玉等名流均互相唱和，诗词汇集成册，题为《杏林庄杏花诗》。

居巢曾三次拜访杏林庄。其中一次为邻村挚友杨永衍发起，潘恕、袁昊、雨臣、蓉坡、蒙而著同行，"鹅潭泛春，由大通寺过杏林庄，访荫泉主人不遇"，虽然与园主邓大林缘悭一面，但是见到杏花盛开，居巢由衷感叹，"岭南从古未有杏花，荫泉植之，竟得花放"[①]。清咸丰七年丁巳二月廿七日（1857年3月22日），罗天池、张敬修、居巢、居廉昆仲等十人集杏林庄作诗书画会，北京杏花正值花期，花埭红杏枝头已经结子，张敬修预嘱园丁接取杏种，以备种植于东莞可园，罗天池嘱居巢以徐崇嗣无骨法绘画水杏，画成，居巢填词《浣溪沙》以缀帧末：

浣溪沙

　　丁巳仲春，罗六湖观察邀同人杏林庄探杏，至，则阴成子满矣。六湖属仿徐承嗣水杏一枝寄意，因集句成此阕，以

[①]〔清〕居巢：《今夕庵诗钞·椒坪邀同鸿轩、颜卿、雨臣、蓉坡、子贞及予，鹅潭泛春，由大通寺过杏林庄，访荫泉主人不遇，口占一律奉怀》。按：梅、杏同属于蔷薇科，杏不耐高温潮湿，南方多梅花，北方多杏花，故有"南梅北杏"之说，居巢"岭南从古未有杏花"即谓此。

缀帧末。

　　自是寻春去较迟（杜牧）。但看绿叶与青枝（苏轼）。可能孤负艳阳时（黄姬水）。种处偏宜临野水（刘子翚），写生正自爱徐熙（郑氏允端）。一枝聊遣博新诗（张栻）。①

清同治元年壬戌三月十八日（1862年4月16日），杏林庄花期已过，李长荣邀请居巢等好友集杏林庄饯春并补祝明代名妓张乔生日，并记其事于居廉所绘《张丽人小像》立轴之上。

花果贸易源远流长

花埭不仅盛产花卉，亦盛产杨桃、龙眼、荔枝、黄皮、柑橘及山榄等岭南佳果，尤以杨桃知名，民国《番禺县续志》卷十二《实业志》记载，"近产石围塘、花地者，有蜜味，甘而清隽。产猎德者次之"。花埭杨桃的美味，连两广总督阮元品尝之后也赞不绝口，"谁知五棱桃，清妙竟为最"②。苏卧农儿子苏百揆回忆福林园，"当时里面种满了花地杨桃、丹桂等果树花木，都是从太公公那代种下的，几个人都抱不过来。……上世纪90年代房地产开发热潮的时候又全部被拆掉，……最可惜的是那些上百年的树，现在再也吃不到那么好吃的花地杨桃了"。③城市化进程，花田变高楼，花地杨

---

① 校："徐承嗣"，似为北宋画家"徐崇嗣"或清中画家"徐承熙"合称，二徐，居巢均有私淑，根据词句"徐熙"，为五代南唐杰出画家，词序所指当为其后人"徐崇嗣"。又："可能孤负艳阳时"当作"可能辜负艳阳时"，"种处偏宜临野水"当作"种处静宜临野水"，"写生正自爱徐熙"当作"写生政自爱徐熙"。见《粤东词钞二编》，〔清〕许玉彬、沈世良编，谢永芳校注：《粤东词钞》，凤凰出版社2012年版，第352页。
② 〔清〕阮元：《杨桃》，《揅经室续集·文选楼诗存第十二》（卷五）。
③ 《苏卧农（1901年—1975年）乡间一花农　淡然而终老》，《南方都市报》2009年12月16日。

桃难寻,故纸之中关于花地杨桃的美丽传说只能回味:

> 很久以前,银河七仙女降落白鹅潭,她们被远处飘来浓郁花香引到花地。听见花丛茅屋传来悲切的哭声。这是杨桃婶的家,她无儿无女。杨桃婶心灵手巧,能用茉莉花和素馨花,穿织成花蝴蝶、花鱼、花虾、花灯等各种花饰品。那年广东新巡抚上任,要为他的千金在七夕乞巧节荣耀一番,派人要杨桃婶做千件花饰限期完成,否则就要治罪。花摘早了要凋谢,迟了又赶不及,因而悲泣。七位仙女知道后很同情她,决定给她帮忙。她们借来天上的星星,把它挂在茅屋四周树上,又到田里采花,帮杨桃婶一起穿织花饰,天没亮就已经完成,仙女们回归天上,留在树上的星星都结成了果子,又甜又爽。这种奇特的果子,由于出现在杨桃婶茅屋的周围,人们就叫它杨桃。[1]

花地杨桃的神话故事,通过七姐诞民俗勾起了广州失传的串生花手艺,正如尘封的粤歌《七夕赞花》,广州地区的民间文学,以浓厚的花香气息,保存了关于香花、关于节令的民间文化记忆。

广州有两句俗话:"满天神佛","顺德祠堂南海庙",用以形容广州城乡庙宇密布。土地庙、观音庙、北帝庙是广州地区大多数乡村的庙宇三件套标配,并可以根据需求增加华光庙、关帝庙、金花庙等。花埭作为花田水乡,少不了祭祀掌管人间花卉的花神,也少不了祭祀掌管水路安全的天后。粤剧戏班在新戏棚或新戏院开戏之前,需要开演短剧《祭白虎》,以消除演出空间的煞气。与之相似的是,花埭花农在种植花卉之前,需要拜祭花神,祈求花木繁盛,

---

[1] 李古书:《花地杨桃》,广州市芳村区政协文史资料委员会编:《芳村文史》第2辑,1989年版,第120页。

带来好收成。农历二月十五花朝节，百花生日，花埭园林更有祭祀花神的神诞活动。[1] 因应花神祭祀，策头乡筑花神庙，其建设不晚于清同治十年（1871），村民邀请名士谭莹撰《栅头新建花神庙碑记》，碑文记载筑庙缘由，"栅头，在羊城以西，鹅潭之侧，素馨田护，黄木湾通。居民以种树为生，家世以贩花为业。环汀往渚，霏红雨而列村；单舸叠舟，簇香风而合市"[2]。

策头乡观音庙，坐落于翠林园与新长春园之间，既是花埭信众上香之庙，也是附近花农、花贩聚集之地。观音庙前枕花地河支流，庙前旷地停泊着一船船载满生花、生果的扁舟，切花、盆花、串生花（花蝴蝶、花鱼、花虾、花灯等花饰）任君选择，夜聚朝散，俗称花圩，又称天光圩。花贩收购花果，摇艇出花地河，运往广州各城门花市及西关各处出售。"每次看到东南亚风光照上那些满载鲜花和水果的小艇，心里都在说，这里本来也是这样。"[3] 广州作家黄爱东西所感慨的东南亚水上风光，在昔日广州也是这样的面貌，甚至有过之而无不及。清道光十八年（1838），张维屏"赁居花埭东园"，赋诗《花埭》："花埭接花津，四时皆似春。一年三百六，日日卖花人。"花埭花卉交易，终年不绝的盛况跃然纸上。策头乡祭祀三位女神的观音庙、花神庙、天后庙已经不复存在，原立观音庙前的"花地花墟"石碑至今保存完整，碑文记载了清光绪二十四年（1898）策头乡罗氏族人与外姓人之间的花果圩市经营纷争，圩市"已历数百年"，佐证了花埭花果交易的源远流长。

生花、生果以外，盆景亦为花埭规模可观的产业，可以并称花

---

[1] 广州市芳村区地方志编纂委员会编：《广州市芳村区志》，广东人民出版社1997年版，第471页。

[2] 〔清〕谭莹：《乐志堂文集》卷十七。按：《栅头新建花神庙碑记》写作年份不详，根据谭莹生卒（1800—1871），花神庙的建筑不晚于清同治十年（1871）。栅头村，称册头村，又称策头村。

[3] 黄爱东西：《西关花月夜》，花城出版社2013年版，第27页。

埭三件宝。民国《番禺县续志》卷十二《实业志》记载，"花埭诸园林，皆以卖花为业，多装设盆景"。因应城乡神诞附设的花局摆设，花埭园林多有盆景创作，由父而子，人才辈出。同书卷四十一《古迹志二》又记，"鹫峰寺，在花埭，地接鹅潭，风景澄淡。寺僧智度复喜莳植花药，菉荨皆有画理。骚人畸士多集于此"。菉荨，意指盆景，寺僧智度以画理创作盆景，也是花埭第一位被记入方志的盆景艺人。近代拆庙兴学、投变庙产等一系列活动中，神诞活动式微，花埭盆景艺人因应市场变化，将拟天神拟瑞兽的具象性盆景发展为艺术性盆景，例如，福林园园主苏卧农、苏伦父子，翠香园园主陆学明，以及因抗战避难花埭的孔泰初等人，各领风骚，享有时誉。花埭盆景艺人的传承有序，推动着岭南盆景的发展。

花洲散人居花洲

榕

榕树栖栖，长与少殊。

高出林表，广荫原丘。

孰知初生，葛藟之俦。

——〔东汉〕杨孚《异物志》

如果岭南花卉种植的渊源，可以追溯至花埭；那么岭南画派的渊源，可以追溯至花洲。

假设将广州比喻成一幅花卉拼图，珠江以北为花城，花城隔白鹅潭西南隅为花埭，那么，珠江以南的花洲就是不可缺失的一块。

珠江广州城区段，旧称省河，在古代江面宽阔如海，所以广州人将江边称作海皮，过江称作过海。① 隔江南望，为一大洲，四面环江，旧称南洲，亦称洲南；海珠涌潺流而过，将南洲划分为南北两个小洲，故又称双洲。洲上地势平坦开阔，风飘花香，清溪鱼跃，雅称花洲。

南洲更广为人知的俗称是：河南，英文音译为 Honam。河南一名，一说在省河南岸，是为河南；一说源于东汉杨孚。杨孚，字孝元，广州人，生卒不详，东汉建初二年（77），朝廷授其为议郎，任职帝都洛阳。晚年乡居南洲下渡乡，宅前移植来自洛阳的松树。广州本无雪，有一年冬雪盈树，人们认为是杨孚将河南② 洛阳的瑞雪带到了广州，使得南洲成为中原文化在蛮裔岭表的飞地，南洲遂有"河南"别称。清代诗人陈昙《杨孚宅》诗云："议郎宅畔栽松柏，带得嵩阳雪意酣。今日万松山下过，不知南雪是河南。"

迄今，河南承载千年南汉掌故。海幢寺前身为南汉千秋寺；现存地名郊坛顶、龙导通津、龙导大街等，据考证与南汉天坛遗址有关；河南隔山乡别称南昌，昌岗路旧称南昌路，广州美术学院所在旧称刘王殿岗，相传与南汉南昌华苑有关。明礼部尚书何维柏筑天山草堂于河南小港乡，授徒讲学，文风兴盛。清代，河南人口繁盛，从清初三十三乡发展至清末七十二乡。

河南一地也有久远的花卉种植史。明末清初，河南以种植素馨闻名，屈大均《广东新语》记载："花田者，河南有三十二村，旧多

---

① 按：河南西北隅有巷名"海天四望"，为明代时江岸，地名形容站在此地看白鹅潭犹如看海。今天"海天四望"巷北距江边150米，已成为内街，它见证南岸北移，江面收窄。
② 按：洛阳，是华夏族夏、商、周三代文明的核心区，亦是牡丹花城。秦一统天下，行郡县制，于洛阳置三川郡，为全国郡之首；于古南越族地置桂林、象、南海三郡，南海郡郡治番禺县，今广州市所在。西汉初改三川郡为河南郡，郡治洛阳。东汉建武元年（25）改河南郡为河南尹，尹治洛阳。后世河南行政名称屡有变更，元置河南江北行中书省，明置河南布政使司，清置河南省，民国仍之。杨孚时代的河南，实为河南尹。又，〔清〕屈大均：《广东新语》卷二《地语》，"盖自秦、汉以前为蛮裔。自唐、宋以后为神州"。

素馨，花时弥望如雪，故云。"[1]清代陈华《河南》诗咏："三十三村人不少，相逢多半是花农。"[2]美名在外，河南种植的素馨花成为众多河南花卉之中的唯一代表，"东莞称素馨为河南花，以其生在珠江南岸之河南村也"[3]。"河南花"，又以庄头乡最为闻名。清代江苏诗人陈本亘记，"庄头到处素馨开"[4]；清代江苏文学家钮琇玉樵《觚剩》称，"珠江南岸行六七里为庄头村，家以艺素馨为业，多至一二百亩"。庄头乡"居人以种素馨为业，采之穿灯贩于城市，或贯为花盆，妇女买以围鬓，芬馥可人"[5]。清初，庄头乡素馨花田广袤，月夜之下，空气中弥漫着醉人的芳香，以"花田夜月"胜景名列清代番禺八景及河南八景。毗邻庄头乡的石溪乡黄子高《记乡人语二首·其一》感叹种瓜不如种花，"黄蜂队队雀喳喳，辛苦年年为种瓜，悔不庄头村里住，一生衣食素馨花"[6]。种花比种瓜有更好的经济收益，说明广州民众对花卉的需求量大大增加，也体现了广州日常生活中的审美化倾向。

花埭拜花神，花洲拜南汉美人。民国《番禺县续志》卷四十一《古迹志二》记载："花田，在今河南庄头村。相传南汉时宫人葬此，至今花香异于他处。一说南汉宫中，有美人喜簪素馨，遂种之冢上，名曰'素馨斜'。又一说美人名素馨葬此，冢上生此花，因名犹虞美人草也。今居人以种素馨为业，平田弥望，其神为南汉美人，故采摘必以妇女。"

---

[1]〔清〕屈大均：《广东新语》卷二《地语》。
[2]〔清〕温汝能纂辑：《粤东诗海》下，中山大学出版社1999年版，第1690页。
[3]〔清〕屈大均：《广东新语》卷二十七《草语》。
[4]〔清〕陈本亘：《珠江竹枝词》，龚伯洪编选：《广州古今竹枝词精选》，广东人民出版社2017年版，第11页。
[5]〔明〕郭棐编撰，〔清〕陈兰芝增辑，王元林点校：《岭海名胜记增辑点校 上》，三秦出版社2016年版，第753页。杨锡震《素馨》诗注，"女儿晚妆闺阁靓，好事家串结花棚、花衢、花船，夜燃蜡炬游，冶之胜也"。
[6]〔清〕黄子高：《知稼轩诗钞》卷八。

有如文人凭吊明末张乔百花冢，亦有文人凭吊素馨娘娘墓。二十世纪二十年代，清游会诗人黄祝蕖游庄头乡，赋诗《庄头访素馨墓》①凭吊。素馨娘娘墓在"抗战前仍存，乡人称素馨娘娘墓。过去每年还有祭扫。并传该素馨宫女亦庄头村人，死后归骨故乡。……现在庄头之基建新村六街一号，就是该坟当年故址。去年（注：1962年）广州市修志，笔者尝到该地调查，乡人指划，犹历历在目"②。

明清广州城乡庙宇多有供奉三位女性神祇：观音娘娘、金花娘娘、天后娘娘（又称天妃娘娘）。"素馨娘娘"的称呼，已然是将虚构的南汉美人视作神灵。河南的海幢寺、龙导尾乡、刘王殿岗、隔山乡南昌别称、庄头素馨娘娘，都是南汉遗风。文人墨客的吟颂，官方志书的加持，将南汉宫女与庄头素馨拉上关系，也使得庄头乡素馨的商业品牌显得更具历史沉淀性和文化性，在河南各乡同质化的竞争之中突围而出。

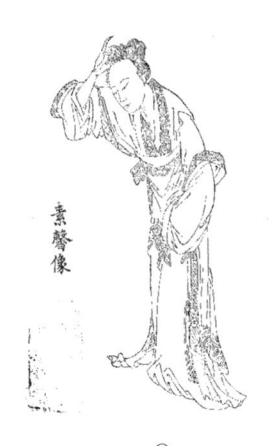

素馨像③　　　素馨墓④

---

① 〔民国〕黄祝蕖：《凹园诗续钞》，卷上，《庄头访素馨墓》。
② 叶广良：《昌华苑与花田故址》，原载香港《大公报》1963年5月18日。叶广良：《岭南长歌》，广东教育出版社2011年版，第24页。
③④〔清〕陈兰芝：《增辑岭海名胜记》，《花田记》卷八下。

随着时间的推移以及市场需求多样化，清代中后期庄头乡花卉种植面积增加，花卉品种呈现丰富性，以种植素馨为主的格局被打破，不变的是所种植的依然是芳香花卉。民国《番禺县续志》卷十二《实业志》如是描述：

> ……花贩载归河北，登岸处，旧名"花渡头"。
>
> 庄头村人近益拓地，凡茉莉、含笑、鹰爪兰、珠兰、白兰、玫瑰、夜来香之属，皆广为播植，连畦盈陌，香气氤氲，每日凌晨，花贩络绎于道。近年婚丧等事，多用生花，业此者益众。

花贩登岸的花渡头，亦名河南官渡头，旧址在今日解放桥南与滨江西路交界，与花埭观音庙并为广州城外两大花卉集散地。李调元《粤东笔记》卷十五记载："广州有花渡头，在五羊门南岸，广州花贩每日分载素馨至城，从此上舟，故名。"花渡头的历史悠久，清乾隆五十年乙巳（1785），广东名士黎简诗作"海珠日日花为市"，可见当时花渡头花香四溢，众芳终年。广州文人描写花渡头的诗词不少，"岭南七子"之一的方殿元（1636—1697）《羊城花渡头歌》诗曰："花渡头，秋波桂楫木兰舟，红妆障日影悠悠。悠悠一水不可即，谁不怜花似颜色。钗头玉燕亦多情，不爱明珠爱素馨。君不见，卖花女儿钱满袖，春风齐入五羊城。"

花渡头所在南北向街巷称为"花洲古渡"①，花贩过处，花径留香，与西侧平行街道的街名"珠明木秀"一样，呈现幽雅诗意。"花洲古渡"所在的河南，雅称"花洲"，顾名思义，是一个香花盛开的水泊之地，荡舟戏水，赏月摘花，吟诗论画，尽展"花田月夜"雅兴。

清道光三十年（1850），广州民众成功阻止英军进入广州城，

---

① 民国《番禺县续志》等文献也有将"花洲古渡"记作"花洲古道"，在粤语中"渡"、"道"同音。

道光皇帝大悦，赐建"翊戴锡荣"石坊六座，其中一座在"河南官渡头"①。立坊是一件极其隆重的大事，从选址可知当时花渡头是舟楫往来之要津。

庄头乡素馨田畔的隔山乡，诞生了影响后世岭南画坛的居巢、居廉昆仲。居巢（1811—1865），字士杰，又字梅生；居廉（1828—1904），字士刚，又字古泉。居家世代生于斯、长于斯，谙熟乡土花卉，日夕写生，工花鸟画，居巢曾为邻乡素馨赋《画素馨》诗：

端应唤作小南强，冰雪聪明竟体香。
莫怪相看倍怜惜，莫愁生小是同乡。
（原注，予村居与素馨田接壤）②

小南强源自南汉典故，相对大北胜原指牡丹，小南强原指茉莉，居巢借喻为素馨，并将素馨认作是自小相识的同乡，对素馨充满怜惜之情。

文人雅士，于名、字以外，往往自取别号，有谓"名以正体，字以表德，号以寓怀"。画家居廉，生于河南隔山乡，因号隔山樵子。隔山乡另外两位画家以"花洲"为号：居巢，号花洲散人，见于《夜合》斗方，题款："花洲散人居巢"；潘履端，号花洲直民，见于居廉《十二分春色图》卷。

花洲之芳香四野的自然环境及历史悠久的人文环境，孕育和熏陶着居巢、居廉昆仲的地域底色。居巢的岭南词，居廉的岭南画，丰富了岭南花卉的审美内涵。居廉将从兄居巢的绘画技艺发扬光大，承前启后，融汇中西，所绘画面充满灵动的水气，色彩仿佛散发幽幽的花香，兄弟二人自成隔山派（又称居派），影响到后世岭南画派。

---

① 清同治《南海县志》卷二十六《杂录下》。
②〔清〕居巢：《画素馨》，潘飞声、邱炜蔆同编：《今夕庵诗钞·今夕庵题画诗》，第4页。

寻芳十香园

居巢《夜合》(图自华艺国际"岭南名家书画·2009年冬季拍卖会")

河南花洲古渡（图自 1860 年版广州地图）

河南花洲古渡（图自 1862 年版广州地图）

广府文库

居镇乡居颂香国

白菊百诗奠文声

> 生世有奇憨,于俗颇不合。
> 荒村劳远住,短札时见答。
> 凛凛北风劲,凄凄岁将腊。
> 索居僧房里,叵耐人语杂。
> 昨日探梅花,白云几遍踏。
> 无能折相赠,何当挈酒榼。
>
> ——〔清〕黄子高《酬居少楠》[1]

"二居"的词画素养源于居氏祖辈的家学传承。

居樟华,又名锽,字少楠,为居廉父亲。清代书法家黄子高与居少楠为挚友,同痛饮赋诗,亦同游番山亭、越王台等古迹吟怀。清嘉庆二十二年丁丑(1817)深冬,又是梅花吐香时,黄子高却未能与好友居少楠一同赏梅,折枝感赋,作诗《酬居少楠》。

黄子高、居少楠都是河南瑶溪一带乡人,寒冬之际,瑶溪两岸梅花盛放,香飘四野,流花十里,曾为赏梅胜地。瑶溪之南,密布隔山乡(又名南昌乡)、瑶头乡(又名瑶溪乡)、庄头乡(又名庄溪乡)、石溪乡(又名石头乡)、沙溪乡(又名沙头乡)、簸箕乡(今名南箕村)、南边乡、沙园乡、泉塘乡、瑞宝乡等村落,各乡建有基层自治及教育机构,倡导民不失业、士不失学,如庄头社学、石溪社学、沙头

---

[1]〔清〕黄子高:《知稼轩诗钞》卷四。

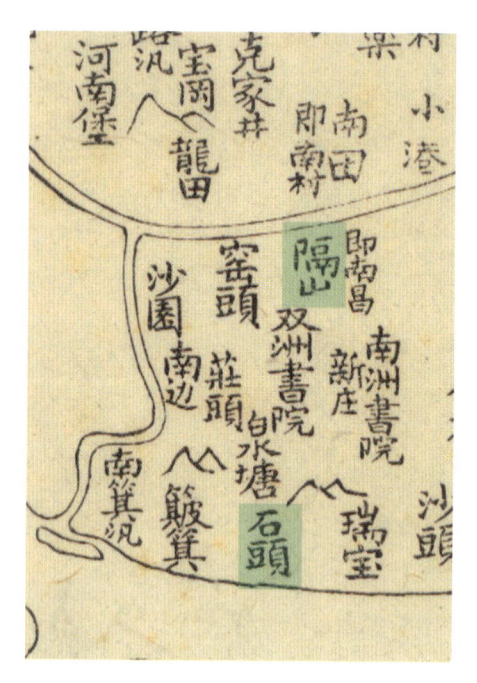

隔山乡与石溪（石头）乡（《番禺县七十六堡舆图》局部）。按：清同治十年《番禺县志》卷十六《建置略三》，"南洲书院，在河南宝冈"，故地图标示南洲书院位置有误。

社学等。其中又以河南三十三乡之首的瑶头乡最为历史悠久及经济繁荣，乡内建有风景优美的双洲书院，位于天后庙左侧，"清嘉庆二十年（1815），河南各乡绅士重建"①，"为上下十三村，童冠会文之所"②，成为河南地区最高学府，也是河南乡民议事自治处③。

十九世纪，双洲书院及附近乡村社学兴盛，诗礼之教，青蓝相承，人文蔚起，是有乡间子弟黄子高之适时而生。清道光十年

---

① 《番禺县志》卷十六《建置略三》，清同治十年（1871）刊本。
② 〔清〕刘彤：《瑶溪二十四景诗·涤砚池》，〔清〕杨永衍辑：《瑶溪二十四景诗录》，卷一。
③ 按：清道光二十七年（1847），英国人拟于河南洲头咀建立租界，河南四十八乡士绅齐集瑶头乡双洲书院决议对策，并集合三千乡民到英国商馆示威，递交抗议书，反对英国人租占河南，广州市民十万人为之声援。迫于压力，英国人放弃原计划，遂有沙面租界之建成。

（1830），经过两广总督阮元荐拔，黄子高成为广东高等学府学海堂学长，时居少楠为学海堂高才生。"子高性和而行介"，"惟与顺德梁梅、南海谭莹、胡调德、嘉应吴兰修、同邑居锽、仪克中、侯康为文字交"①。

黄子高、居少楠二人乡居毗邻，才情相仿，交情甚笃，在学问上也是互相敬仰。黄子高《知稼轩诗钞》所录与居少楠交往、咏怀的诗篇达十八首，如《番山亭同居三》、《隔山山房与少楠夜话》、《并蒂莲四首同居少楠》等。②居少楠诗篇，殁后散佚，亦收录《月夜有怀黄叔立》、《长夏感怀寄示黄叔立》、《月夜有怀黄叔立、潘仲平、张子树》③，足证二人友谊之深厚，关系之密切。名士陈璞撰《拟广东文苑传》，为广东文士立传，经过审慎评判文学成就和社会影响，录二十八位文士，将黄子高、居少楠并列其中。

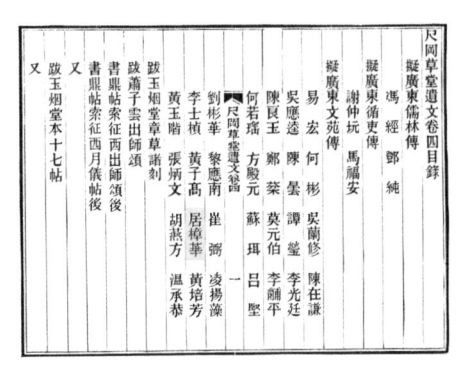

陈璞《拟广东文苑传》（《尺冈草堂遗文》卷四）

---

① 《番禺县志》卷四十八《列传十七》，清同治十年（1871）刊本。
② 〔清〕黄子高：《知稼轩诗钞》，卷一《番山亭同居三》、《越王台同居三》；卷二《赠居三》、《寄居少楠》；卷三《酬居少楠》、《隔山山房与少楠夜话》、《寄居少楠》；卷四《芳草同居少楠作》、《月夜怀居少楠》、《酬居少楠》；卷五《并蒂莲四首同居少楠》；卷六《月夜怀居少楠》、《送居少楠之岭西》；卷七《寄居少楠》；卷八《寄居少楠》。
③ 按：《楚庭耆旧遗诗》后集十七《月夜有怀黄叔立》。《居少楠先生遗稿》三卷：卷一《蒲涧雅集序》、卷三《长夏感怀寄示黄叔立》、卷三《月夜有怀黄叔立、潘仲平、张子树》，即黄子高、潘正衡、张维屏。

与黄子高的教育背景不同，居少楠传承父亲居允敬的家学。居允敬，生卒不详，约生于清乾隆六至十四年（1741—1749），先祖原籍江苏扬州府宝应县，落籍广州府番禺县隔山乡，为居氏十五世。清乾隆三十三年（1768）举人，弱冠之年名列孙山之前，足证其才学[①]；曾任广东乐昌教谕。清嘉庆元年（1796），居允敬任福建闽清县知县[②]，花甲之年，长子早夭，对于季子居少楠更是悉心教授，指导儿子用功读书，沿科举之路前行。居少楠自述幼年随父宦游福建，"仆自丱角，随宦榕城"[③]。榕城即福州，下辖闽清县，居少楠的才学为时所誉，离不开父亲的贴身教育及循循善诱。《番禺县志》记载居允敬任职闽清县知县期间，为政廉明，在任二十年，离职时贫甚。

　　居允敬治下的闽清县广德寺，为反政府组织天地会所在，上级政府要求全力缉捕天地会，居允敬急焚会名簿，全活者千余人，《闽清县志》留有清名。居允敬在闽清县任职十八年，没有平调或升迁，最后以年老且不称职，被勒令休致，结束官场生涯，返回家乡隔山。清嘉庆二十四年己卯（1819），黄子高《送居少楠之岭西》诗写道，"君有老亲七十余，罢政归来且悬车"[④]，此时的居允敬已是古稀之年，含饴弄孙，与年方九岁的兰孙居巢逗话，尽享晚年的天伦之乐。

　　乡居花洲，毗邻素馨花田，极目尽是素白的芳香花卉，居允敬生三子，为儿子取名富于花洲芳香气息，长子居椿华，次子居棣华，

[①] 按："而在举人、秀才也凝定成为二级考试科名的明清时代，举人的平均年龄当在30岁左右，秀才的平均年龄则在24岁左右。"（周洪宇主编，刘海峰著：《科举考试的教育视角》，湖北教育出版社1996年版，第214页。）
[②] 按："闽清县知县，居允敬，广东番禺举人，嘉庆元年任。"（道光《福建通志》卷一百八《职官志》）
[③]〔民国〕陈步墀编：《居少楠先生遗稿》卷一《吴雁山〈岭南荔支谱〉叙》。
[④]〔清〕黄子高：《知稼轩诗钞》卷六。

三子居樟华。正如《妙法莲华经》，"华"通"花"，三个名字均是白色的芳香花卉。

长子居椿华。取字于香椿，典出先秦《庄子·逍遥游》："上古有大椿者，以八千岁为春，以八千岁为秋。"南宋王迈诗咏，"寿椿齐百岁，常棣秀连枝"，以寿椿与常棣，寓意长寿。居允敬以"椿"字为长子名，惜长子早夭。

二子居棣华。《诗·小雅·常棣》："常棣之华，鄂不韡韡。凡今之人，莫如兄弟。"居允敬化用此典，以棣华寄寓兄弟团结。棣华二子为居巢。

三子居樟华。取名于香樟。居樟华取字少楠，其意与"樟华"关联。广州人将香樟或香楠的木材，刨出薄片，暗晾干后，制成刨花，昔日广州女子梳髻多用，以暖水浸出胶液，用以蜡头梳理，其色晶莹如雪花，故又名"泡花"，故有广州民谣，"买定刨花，梳靓髻"。

香椿花（左上）　　棠棣花（左下）　　香樟花（右）

居少楠的名、字，自带香气，在诗作中亦有表现香境，赋诗《杂书村居乐事效乐天体·其二》①，歌咏隔山乡风暖花香，令人神往，不但有龙目树（亦名龙眼树）、露头花（亦名露兜簕），更被素馨、藿香等芳香植物所环绕，宛如香国：

> 半是山居半水涯，就中风物总堪夸。
> 素馨十里成香国，迦算千塍即富家。
> 近岸多栽龙目树，傍篱时种露头花。
> 竹簋草具看邻媪，相约明朝去卖茶。

诗中所写的迦算，即藿香，为芳香植物，佛经《涅槃经》谓之迦算香。藿香，在岭南有悠久的种植史。直到近世，隔山乡附近仍然种植，"藿香本草名兜娄婆香。产岭南为最道地。在羊城百里内之河南宝冈村"②。广东的芳香植物种植及贸易十分兴盛，分别有种植沉香而名的广州府东莞县（今东莞市）、广州府香山县（今中山市），转口香料而名的香港（又称香江、香海）等。而居少楠"素馨十里成香国"诗句不局限于香山、香海之一隅，提升到香国的恢宏气势。

香国，历来皆有被吟咏、被题匾，如孙蕡、黎简、袁枚等均有诗咏及。居廉的学生伍德彝学画十香园，曾题写石匾"香国"隶书二字。居氏族人及门生，身处花洲，在花香四溢的"香国"中，尽情享受创作的愉悦。

居少楠也有参与文人诗会唱和，吟咏芳香花卉，品评诗作名次。道光年间，居少楠曾于秋天菊花盛放之时，出席白菊诗会，当场"作白菊诗百首，才名噪一时"，带来空前声望，成为一时美谈。

---

① 〔清〕伍崇曜辑：《楚庭耆旧遗诗》后集十七《居少楠茂才锽》。按：乐天，即白居易（772—846）。
② 〔清〕郑肖岩辑著，曹炳章增订：《增订伪药条辨》，科技卫生出版社1959年版，第27页。

十香园"香国"石匾

除参加白菊诗会外，居少楠时有参加各种文人聚会。清道光元年辛巳（1821）春，居少楠远游广西桂林，与"高安徐药生、次南海梁药坨、次钱塘俞泮香"会集慰舫，居少楠撰《城东游记》。清道光十二年壬辰（1832）重阳，吴石华、曾勉士邀请一众文士设宴白云山麓云泉山馆（今白云仙馆），饯送程春海还京，程春海绘《蒲涧赏秋图》，进士李黼平等人作诗，居少楠作《蒲涧雅集序》记之。①

清同治《番禺县志》对居少楠之文才有所褒誉："三子樟华，……聪敏好学，博涉经史，尤精熟《选》理，尝作白菊诗百首，才名噪一时。工骈体文，沈博绝丽，鲜与为比，文章钜公咸赏之。年四十余，始补诸生，客死韶州。著述散逸，所存《漓江草》、《枝溪草》皆少作云。"②

黄子高对挚友居少楠的为人、治学有较详尽的评述：

---

① 按：刘彤《瑶溪二十四景诗》作于清道光二十年（1840），《待月桥》记，"曩夜尝与居氏伯仲，絮茗停琴，待月其上"；《来鸥闸》记，"居氏有别馆一区，柴门临水，少楠先生及伯贞、梅巢、葊香、勉之诸昆仲，皆尝习业于此"。居氏伯仲，居棣华逝世于清道光十八年（1838），居少楠或在清道光十九至二十年（1839—1840）间逝世，故刘彤诗追忆与居少楠兄弟相交的往事。
② 《番禺县志》卷四十五，《列传十四》，清同治十年（1871）刊本。

黄石溪云："君貌黧而癯，终日不发一语，与之言，或不应，类常有病。然者，见丝竹，每效为之。妻死，不哭，亦不归。有子年可冠矣，不为之娶也。寓友人家数月不去，僮仆苦厌之。交不择人，人亦惮与交。为人捉刀，往往得多金，尽付伎家，金不尽不止。既困顿，归则呓呓一篇，寝息俱废。为文善于规仿，好用古字，变易其词，读者咋舌。然军书、草檄、启事、答函，朗然可诵也。诗学唐人，一变而之宋。平生得力，大抵于选学为多。"①

综上所述可知，居少楠"客死韶州"，而居允敬二子居棣华则"为郁林州判，卒于官"。居氏二子均扶柩回籍，与父亲居允敬合葬于隔山乡东侧刘王殿岗（今广州美术学院昌岗校区内）。

居允敬父子合墓②

---

① 〔清〕伍崇曜辑：《楚庭耆旧遗诗》后集十七《居少楠茂才锽》。
② 陈建华主编：《广州市文物普查汇编·海珠区卷》，广州出版社2008年版，第119页。

居少楠年四十余而逝，其生前才气十足，娶河南望族伍家女子为妻，夫妻不和，尝作《咏古》："入室闻谪声，谴呵若不祥。一家尚如此，何况非妻子。"①以苏秦妻讽刺妻子。好友黄子高记，居少楠"妻死不哭，亦不归"，导致与父兄合墓，没有与妻子合葬。父亲的早逝，以及家庭的不睦，对居廉有一定的影响。居廉生于清道光八年（1828），最迟在十二岁前，母亲伍氏辞世；最迟在十六岁前，父亲居少楠辞世。张逸《居古泉先生传略》云：居廉父亲"早卒。师时年才弱冠"②。弱冠，指男子二十岁，实则父母双亡时，居廉尚未成年。父母不和，兼之父亲经常远游，自幼失学，未能形成家学氛围传承子女，导致居廉一生缺乏文学根基。

居少楠逝世七十多年后，民国4年（1915），儒商陈步墀（1870—1934）编印《居少楠先生遗稿》。陈步墀作序："居氏古泉以画称，梅生以诗名，人既已知之，古泉之父少楠先生，其遗著未行于世，鲜有知者。"潘飞声序曰："吾粤诗人多，文人少，工骈文者尚有数家，而工古文者则绝尠，其人邑先辈居少楠先生。"

居少楠之后，居氏文脉自居棣华一门继续传承，家学渊源，长子居恒之女居庆著有《宜春吟草》，二子居巢著有《今夕庵烟语词》，三子居仁著有《菜花草堂词》，其中以居巢诗名在外。潘飞声《天外萍洲杂记》云："余乡在珠江之南，村之迤西，曰古窑头，一水溯洄，万松排闼。百年来，居氏生两奇才，一曰少楠，先生名溥，……二曰梅生，先生名巢，少楠犹子也。"居巢多才，工诗词，擅花卉。居廉的才学，失之于父亲居少楠，得之于堂兄居巢，受到居巢指导，继承居巢画艺，并发扬光大。是有居巢与居少楠两叔侄并称文坛二居，居巢与居廉两兄弟并称画坛二居。

---

① 〔清〕伍崇曜辑：《楚庭耆旧遗诗》后集十七《居少楠茂才锽》。
② 《广东文征续编》第一册，香港1986年版，第453页。

河南画派三足立

溯吾粤历逊清道咸同光四五世至民国，以广州河南画人最盛。薪尽火传，至今不替。丹山岸先外，同时蒙而著、李斗山等与齐名。然莫若居梅生、古泉兄弟传授之广，影响之大，竟成今日岭南画界之一大派也。①

清乾隆二十二年（1757），乾隆皇帝以规范外商为理由，谕令"外洋红毛等国番船"不得再赴浙江等沿海地区，番商只可以在广州"一口通商"②，欧美商人称为 Canton System（广州体制）。中国出口欧美的大宗商品如茶叶、瓷器、丝绸等，由岭北产区集中到广州再转口外销。欧美画家、欧美画种、欧美颜料，汇聚广州，并扩散中国。得益于河南得天独厚的地理环境，北与省城、十三行隔江

乔治·钱纳利《广州河南潄珠桥》（George Chinnery, Bridge at Honam opposite to Canton, 1832.）

---

① 〔民国〕李健儿：《广东现代画人传·附编》，俭庐文艺苑1941年版，第2页。
② 王宏斌：《乾隆皇帝从未下令关闭江、浙、闽三海关》，《史学月刊》2011年6期。

相望，东与黄埔外港水路畅通，且河南地区拥有悠久的茶叶及陶瓷制作基础，使得河南成为茶叶、瓷器二次加工的工业区。带动着绘画茶叶包装、绘画瓷器的美术需求，庞大的市场因此形成，美术人才聚集河南，并诞生私营美术教学机构。

茶叶运输所用的茶箱，一般为木质方体，箱外侧书写茶叶品种名称或茶箱所属商号，这个工序称为"号箱"或"号茶箱"。"号茶箱"是茶叶出口的其中一个环节，其场景被绘于十九世纪的外销画中。除标记商号外，也有为茶箱绘画图案以作装潢的，称为箱面画，内容以花卉、翎毛为主，人物次之，山水鲜见，力求从货架环境中获得视觉优势。十九世纪的一幅广州外销画《绘画茶箱》，展现三位从事重复性劳动的画匠，图左两位画匠正在为茶箱表面绘画花卉图案，图右一位画匠正在调色，他的身旁的三层木架上放置盛有各色颜料的小碟，图中四个茶箱的图案，除底色不同外，均为同一图案，展现出高效率的流水化作业，与茶叶出口的大批量生产相适应，亦与同时期广州外销通草画制作的生产模式一致。

茶箱用于存放、运输较大数量的茶叶，茶盒、茶罐则用于存放小分量的茶叶。茶盒、茶罐与品茶者的近距离，包装表面要求更为精致，如木质茶盒、铜胎画珐琅茶盒、铜胎画珐琅茶罐，画匠通过图案、色彩的视觉效果来强化品茶者的味觉感受，还要使品茶者在视觉形象之外产生联想，让完美的茶盒、茶罐包装设计带给品茶者更多的享受。

河南茶叶贸易推动了茶箱绘画的发展，河南的另一大产业——制陶业也促进了广彩绘画的发展。广州制陶历史悠久，南越族先民已经能够制造陶器，河南地区则以瑶头乡为最早。《广州市志》记载："海珠地区最早的手工业是宋代瑶头村的陶器生产，清代区内已有窑厂10多家，工匠1000多人，利用丰富的蚬壳资源，烧灰制造各种砖瓦供应各地。"① 瑶头乡,古名窑头,因陶窑而得名;村邻马涌,又名窑溪、瑶溪,"瑶"即"窑"的谐音。

号茶箱②

绘画茶箱(图自达利拍卖)

---

① 广州市地方志编纂委员会编:《广州市志 卷二:地理卷》,广州出版社1998年版,第471页。
② 中山大学历史系、广州博物馆编:《西方人眼里的中国情调——伊凡·威廉斯捐赠十九世纪广州外销通草纸水彩画》,中华书局2001年版,第19页,彩图21。

木质茶叶盒

铜胎画珐琅花卉茶叶盒
（图自苏富比拍卖）

铜胎画珐琅花卉茶叶罐
（广州十三行博物馆藏）

"一口通商"的限关政策，推动河南陶瓷加工业的兴盛。江西的景德镇白瓷运至广州，然后根据欧美客商需求，仿照西洋画法，使用中西颜料，加以彩绘，在河南开炉烧制，经二次焙烧，制成彩瓷，是为广彩，因其加工于河南，又称河南彩。清乾隆三十四年（1769），美国人威廉·希基参观位于河南的广彩工场，"在一间长厅里，约二百人正忙着描绘瓷器上的图案，并润饰各种装饰，有老年工人，也有六七岁的童工，而这种工厂当时在广州还有一百多个"。①按威廉·希基的表述，广彩加工行业集结的画匠，达到二万人的规模，可见广彩业的繁盛，大批量生产的高效需要。"照葫芦画瓢"，克隆中西风格画作是他们的拿手好戏。

"广彩绘画的主题一般有人物、船舶、风景、动物、纹章、花卉等，而据广东省博物馆藏清至清末民初广彩的数据显示，有花卉元素的瓷器占82%，以花卉做主要图案的占34%。"②广彩的加工地河南，素称花洲，百花争艳，也使得画匠在广彩上的花卉元素绘画得心应手。由于广彩表面花朵艳丽，英文称"广彩"为"Canton Rose"或"Rose in Medallion"。西方的技艺、颜料影响了广州的外销瓷，而以花卉为母题的风尚也影响了欧洲，至今不辍。

十九世纪广彩花卉人物图餐具一组（图自LOT-ART）

---

① 石云涛：《中国陶瓷源流及域外传播》，商务印书馆2015年版，第168页。China-trade porcelain : an account of its historic Hardcover – Import, January 1, 1767,*China Trade Porcelains*1974年版，第37页。
② 徐乐斌：《清代广彩花卉的艺术与文化特征研究》，广州大学2016年硕士学位论文，第7页。

乔治·钱纳利《伍秉鉴》
(George Chinnery, Howqua, 1830年)

受过专业美术训练的画师，对广彩的艺术发展起到较大影响。刘群兴（1887—1979），生于河南蒙圣里，高剑父学生，民国4年（1915），其所创作的广彩精品箭筒《唐明皇击剑图》参加美国旧金山巴拿马太平洋万国博览会，获得金奖。[①] 第二代岭南画派大家赵少昂（1905—1998）、杨善深（1913—2004）也是绘制广彩瓷器的高手，他们将岭南画派技艺融入广彩，推动广彩艺术更上一层楼，如赵少昂优秀的广彩作品《人间第一香》。2008年，作为岭南文化的重要载体，有三百余年历史的广彩瓷烧制技艺，被列入第二批国家级非物质文化遗产名录。

欧洲绘画颜料、技艺深刻影响着河南彩，欧洲画家用西洋画法留下了河南人物、风景的文化记忆。英国画家乔治·钱纳利（George Chinnery，1774—1852），于清道光五年（1825）迁居澳门，直到终老，其间曾居广州，绘有《广州河南漱珠桥》。清道光十年（1830），他为居住在漱珠桥东的行商伍秉鉴绘画油画肖像，逼真的

---

① 曾应枫：《寻找"河南彩"》，广州市人民政府文史研究馆编：《羊城艺苑》，2018年版，第227页。

奥古斯特·博尔热绘《广州河南海幢寺》（Auguste Borget, The Sea-Screen Temple at Honam, Canton, 1838 年，香港艺术馆藏）

西方画法对以意象为主的中国画法构成威胁。钱纳利的西方绘画技法直接熏陶和影响了岭南绘画，他的高足林呱（Lamqua），同样擅长肖像油画，但是却以低价抢走了恩师的市场，导致二人分道扬镳。

法国著名画家奥古斯特·博尔热（Auguste Borget，1808—1877）于清道光十八、十九年（1838—1839）间游历广东，在澳门结识乔治·钱纳利，清道光十八年（1838）8—10月间停留广州，多次到海幢寺，赞赏寺院静穆氛围，并以西方的写实手法描绘了寺内多处场景。

张之洞于两广总督任内向朝廷上《筹议海防要策折》，陈述洋务规划，指出"粤工多习洋艺，……大抵外洋入华，必以粤海为首冲"[1]。熟悉洋画的亦见于粤地，河南画家居巢曾经见识西洋画，并将观感记为诗词；堂弟居廉可能曾使用进口颜料绘画[2]，洋画对河南画家的影响，不言而喻。"一口通商"期间，河南地区茶叶、

---

[1]〔清〕张之洞：《筹议海防要策折》，《张文襄公全集》卷十一。
[2] "笔者甚至在十香园旧藏的、据说是居廉所用过的刻有'丹青'字样的画具箱中，发现少量国画用颜料，其中有西洋红、西洋金粉等进口颜料，或许居廉曾使用进口颜料作画。"见梁基永：《居廉绘画技法探析》，〔清〕居廉绘：《中国古代名家作品选粹：居廉》，人民美术出版社2005年版，第5页。

陶瓷出口的美术需求，产生大量需要绘画技能的工作岗位；欧洲画家的到来以及其技法、颜料的影响，促进河南地区的绘画发展。以绘画技能维持生计的画匠，聚居河南，推动广彩及茶叶包装艺术的发展。民国16年（1927），博陵居士总结：

> 吾粤道光间，鬻绘为生者，以河南一隅为盛，首推何丹山（翀）、居梅生（巢）、居古泉（廉），次则罗岸先、蒙而著、李斗山，皆吾粤先辈老画师也，各皆为人推重。近年声誉更高，得其画者，珍如拱璧。博陵居士志。[①]

活跃于十九世纪的河南画人，除何翀、蒙而著、居巢族人外，另有黄子高、潘恕、潘丽娴（潘恕女）、伍崇曜、伍延鎏、杨永衍、崔芹，海幢寺僧信修、相润、昙树、宝筏、善林、雪岩等，是为广东画坛河南派。又因河南画人人才济济，后人又将河南派分为三派：何翀及门生的何派、丹山派；居巢、居廉及门生的居派、隔山派；其余河南画家则归为以杨永衍为首的超然派，但是各派之间并没有绝对界限及隔膜。[②]

何翀（1808—1884），字丹山，南海西樵人。幼年家贫，务工广州。始于扎作店当学徒，学画纱灯、通草画；后从事绘画茶叶包装箱箱面画，得到伍秉鉴之子、怡和行老板伍崇曜（1810—1863）青睐，专理伍家所藏书画，视野广阔，画艺大进，这成为何翀艺术人生路的重要转折点。三十岁时自成一家，于河南歧兴四

[①]〔民国〕博陵居士：《珠江星期画报》，1927年第2期，第13页。按：罗岸先居于城内，不应归于河南。

[②] 按：派别是后人所加，不同观点下划分有所不同。一、第一则为隔山居古泉宗师，第二则为河南派的何丹山，其三则为广州老城的罗岸先，鼎足而三，称为居派、何派、罗派。见《广东文献季刊》1973年第3卷第1—4期，第25页。二、以省内地方性为区分的，如潮州派、顺德派、河南派（何翀、伍德彝、崔芹、蒙而著）、隔山派（居巢、居廉）等。见黄般若：《广东绘画的风格》，1964年。三、李寿庵（1896—1974）谈，昔日（晚清）河南之画人，有隔山居派、南洲丹山派、鹤洲（以杨永衍为代表）超然派。见罗国雄：《画人、金石家李寿庵先生事略》。

巷①开设画室，后迁蒙圣里，声名日高，以鬻画授徒为生。画室四周植竹，伴以太湖石，故名"竹清石寿之斋"。常往瑶溪、小港一带田野写生。弟子有崔芹（咏秋）、刘鸾翔（玉笙）、曾广衡（景匡）等。清宣统《南海县志》卷二十一《列传八·艺术》为其立传，河南画人麦公敏《竹实桐华馆谈画》记载：

> 何丹山君翀，号七十二峰山人，晚号丹山老人，又号烟桥老人。初学陈元章花鸟，后仿新罗山人画法，得其神趣。人物、鸟兽、花卉、山水，无一不妙。小景花鸟，独擅胜场。笔致秀逸，墨色浑润，轻描淡写，古趣盎然。非抹绿涂红者，所可概论也。寓居河南蒙圣里，颜其作画之室曰竹清石寿之斋。时人之求画者，户限为穿。晚年笔法，尤为苍浑。予得其晚年所写桃花柳燕一帧，其桃花只点以赭色，极其雅淡之致。今陈君俊民，收藏其墨迹最多。其弟子如崔君咏秋、刘君玉笙，亦知名于时。②

何翀《人物》，题款：仿华秋岳先生用墨于竹清石寿之斋，何翀
（图自中国嘉德拍卖，2006第4期四季拍）。

---

① 按：歧兴四巷位于龙溪乡与洲头咀之间，今巷不存，位于同福西路歧兴直街（旧称歧兴里）附近。
② 麦公敏：《竹实桐华馆谈画》一，《珠江星期画报》，1927年第5期，第15页。麦公敏四子麦汉永师事何翀门生刘玉笙学画。

河南蒙圣里，位于同福东路与南村路交界北侧，先后有画家何翀、刘群兴跩于此，用丹青留下岭南之美。宋神宗元丰年间（1078—1085），江西雩都蒙氏聚居河南蒙圣里，因而得名。蒙氏后迁瑶头乡，为瑶头望族，旧有蒙氏宗祠。据传，其开族太婆为宋少帝赵昺（1272—1279）乳母，蒙氏宗祠展挂蒙氏太婆真像，以作纪念。

蒙氏族人为画家而知名者有蒙而著。蒙而著，字杰星，号咸菜道人，番禺附贡生，世居瑶头乡。善山水，以干笔皴擦，深得石田遗法，工书法，能诗。[①]居瑶溪卧红小隐之绿蒲黄石轩，简称蒲石轩。与河南画人交好，伍崇曜侄孙伍延鎏（号少溪）购买黄培芳旧藏戴熙《东晋苍官》手卷，清光绪十年甲申（1884），蒙而著为之题跋："甲申冬日，偶过镜香池馆，畅谈之下论及书画，少溪廉访三兄出所藏戴文节公《东晋古松图》索题，率成长句即希指正。番禺咸菜道人蒙而著并记于绿蒲黄石轩。"清光绪十五年己丑（1889）绘《石门返棹》镜心，题款"时年七十有口"，可知蒙而著生于清嘉庆十四至二十四年（1809—1819）间，约与居巢同龄。

蒙而著所居瑶头乡，东邻隔山乡，书画世家居氏出焉，家风延绵，数代才俊。绘画方面，有盛名的莫过于居巢、居廉两兄弟。《番禺县续志》卷二十二《人物志五》收录居巢，归于"国朝"一类，对其画学，寥寥数笔：

> 居巢，字梅生，河南隔山人。性颖异，工诗。汪瑔题其集云：空山无人，落叶如雨；抱琴独来，静与秋语；脱然蹊径，深林徐步；微闻斧声，樵子何处？溪云半销，忽见疏树；孤鹤在旁，聆此佳句。其诗境可以想见。又善绘事，笔致超逸，非寻常画史所及。子燨，字少梅，作画有家风。（据《随山馆诗集》卷四、采访册）

[①] 麦公敏：《竹实桐华馆谈画》一，《珠江星期画报》，1927年第5期，第13页。

河南蒙圣里[①]（1949年广州地图局部）

蒙而著《石门返棹》镜心
（1889年，图自香港普艺拍卖2023年第719次拍卖会"炉峰集雅"）

---

① 按：蒙圣里，清代为蒙圣乡，民国为蒙圣区。1950年与海幢区、洪德区合并为河南区。

居義《花卉》团扇，1897年。题款："次衡五兄大人鉴正。丁酉季夏。弟居義。"（图自常州椿萱·2021春季文物艺术品拍卖会）

居巢的绘画才艺传承于其子居燧及堂弟居廉。居廉，少年时代失去双亲，得到居巢扶掖，在绘画方面将居家名声发扬光大。《番禺县续志》卷二十四《人物志七》有传，归于"方技"一类：

> 居廉，字古泉，河南隔山人，又号隔山老人。画花卉仿瓯香馆，间作山水，亦苍秀。复善写真。尝作二十四番花信图，杨永衍为题诗，一时称为佳话。画名与兄巢埒。巢别有传。（据《五百石洞天挥麈》卷三、采访册）

除居巢、居廉、居燧外，居派能画者，如居巢侄女居庆、居巢之女居瑢、居巢之孙居義、居義继室王振坤、居義之孙居汝明、居廉妻袁顺、居廉嗣子居榾等，前后共五代十人。深厚的家学渊源，不但在河南，在岭南画坛也是屈指可数。亦因居廉勤作画，广收徒，影响之大，使得居氏自成一派。

超然派的蒙而著与隔山派居巢、居廉兄弟交好。清同治三年（1864），居巢赠蒙而著《蝴蝶》扇面，题款"一蜂随蝶上花梢。船山句。写似杰星法家鉴正。居巢"①。清光绪四年（1878）九月，善山水的蒙而著为善花卉的居廉绘《山水》立轴。

何翀《花鸟》斗方
（图自华艺国际拍卖2010年四季嘉德拍卖会）

居廉、何翀《杂卉草虫》斗方②

---

① 张素娥：《居巢诗书画印综论》，广州艺术博物院、香港艺术馆主编：《居巢居廉艺术研讨会文集》，岭南美术出版社2008年版，第447—448页。按：居巢《蝴蝶》扇面藏于广州艺术博物院。
② 〔清〕居巢、居廉绘，东莞市博物馆编：《居巢居廉画集》，文物出版社2003年版，第157页。

丹山派与隔山派往来频密。何翀与居巢诗画往返，何翀绘画，居巢题诗《题何丹山画坡公竹外桃花诗意》，收录于《今夕庵诗钞》。何翀绘《花鸟》斗方，录居巢诗句："相识东风吹鬓斜，生枯拉朽作繁华，悟他能事惟窠旧[①]，照例开成饼样花。写今夕庵句。七十二峰樵子道庵写于小憩处。"何翀与居廉在美术培训领域存在着商业竞争，但未妨二人艺术交流，合作绘画《杂卉草虫》斗方，题款"古泉、丹山合作"。河南画家曾广衡兼习丹山派、隔山派，"师事何翀几年，再事居廉"[②]，可见其并无派别、门户之见。

清代河南画风延续至近世，活跃于近世的河南画人有曾广衡、李寿庵、李野屋、黄鼎萍、海幢寺僧素仁、"罗仲彭、麦公敏、崔鸣洲、伍懿庄、程竹韵、蔡月搓、李冠芬、庐笛韵、莆毓芬、刘玉笙、傅菩禅、张纯初、胡剑庵、陈俊明、曾云洲、葛少堂、蒙而著、潘飞声等人。可见河南画人比清代有加"。[③]民国14年乙丑（1925），居住河南的画家们组织南社画会，"溯南社于乙丑年十二月成立。发起人罗仲彭、李寿庵、黄鼎萍、胡剑庵、麦公敏等。暨当代知名画家多人"[④]。以同居河南的画家所组成的南社画会，其命名明显受到成立于清宣统元年（1909）、近世知名文学社团"南社"影响，"南"，取"操南音，不忘本也"，亦指居于河南一隅。

1958年，中南美术专科学校由武汉搬迁至广州，并更名为广州美术学院，是华南地区唯一一所高等美术学府，新校址选在河南隔山乡刘王殿岗（今昌岗东路257号），与地处水乡风景秀丽的花洲、位于画人辈出且书画活动活跃的河南、毗邻孕育岭南画派的居氏

[①] 校："窠旧"，居巢诗作"窠臼"。
[②] 曾昭璇：《岭南画派早期画人简介》，曾昭璇原著，曾新、曾宪珊编：《岭南研学记》，中国广播电视出版社2003年版，第137页。
[③] 曾昭璇：《岭南画派早期画人简介》，曾昭璇原著，曾新、曾宪珊编：《岭南研学记》，中国广播电视出版社2003年版，第140页。按：蒙而著作古于晚清。曾昭璇父亲曾广衡，为河南画家何翀弟子。
[④]《南社画会详纪》，《海珠星期画报》，1928年第1期，第3页。

祖居不无关系。刘王殿岗在十九世纪初期已经是"坟邱杂沓"[1]的丛葬之地，因为校园的建设，迁出"居巢、居廉等几十个族人的遗骨"，茔葬隔山乡居氏祖居。居廉再传弟子黎雄才、关山月执教于广州美术学院。1991年，黎雄才、关山月筹款在广州美术学院校园内建立岭南画派纪念馆，由杨尚昆题写馆名，收藏居巢、居廉、高剑父、陈树人、关山月、黎雄才、赵少昂、杨善深[2]等居派师生名作，跨越时空，留下了河南二百年画坛历史的一丝印记。

瑶溪二十四景诗

小隐高栖寄一廛，晓闻趁市息担肩。
衒沽有意先求售，垄断为心早不眠。
带月鸡声茅店外，披星人语石桥边（原注：桥在市边）。
隔山牧唱逢经伯，笑指东云日上天。[3]

河南风光旖旎，人文荟萃，八景文化厚重，宋代首创广州八景的张镇孙居住于河南，清代点评有河南八景、海幢八景、沥滘八景等，八景分布之密，居广州各地之首，刘彤也有点评河南瑶溪二十四景。如此美景环绕居巢、居廉祖居，如诗如画般美好。

刘彤，字子言，瑶头乡人，生卒不详，与邻村好友居少楠兄弟相知。清道光二十年（1840），第一次鸦片战争爆发，岭南时局

---

① 〔清〕黄子高：《刘王殿·有序》，《知稼轩诗钞》卷四。
② 按：在岭南画派第二代传人中，关山月、黎雄才、赵少昂、杨善深被海内外誉为"岭南画派四杰"。关山月与黎雄才在恩师高剑父创办的"春睡画院"同窗，情同手足。
③ 〔清〕劳重勋：《河南八景有呈潘鸿轩茂才·冈心晓市（原注：隔山村）》，《劳儒门诗钞》卷二。按：潘鸿轩，即潘恕，字鸿轩。石桥，指利济桥，又名待月桥，今日仍存，唯位置西移近百米。东约900米为云桂桥，俗称小港桥，西约1100米为汇津桥，俗称马涌桥，三桥架设瑶溪之上，均为三孔花岗石梁桥。

不安,"道光庚辛间,广州遭英夷之变,居人逃窜,十室九空"①,一直远游在外的刘彤回到家乡避乱,将瑶溪沿线的林花溪鸟、山水清嘉,每景撰一序,配以五绝,编成《瑶溪二十四景诗》。清道光二十一年辛丑(1841),英军攻入广州城,钦差大臣林则徐被遣戍新疆伊犁。刘彤"远游不返,音问遂绝",平生所作诗文,幸得乡人慧眼,未致字随人散:

> 道光辛丑兵燹后,远游不返,音问遂绝,平生所作诗文,只字不存,及梅翁返里,每思访辑其诗,茫无所得。蒙君杰生茂才,偶于市上丛残故纸堆中获诗一卷,检视乃子言诗也,急购归以授梅翁。计诗百余首,内有《瑶溪二十四景诗》。②

蒙君杰生茂才,即蒙而著,与刘彤、杨永衍为同乡好友。战后返回隔山乡的居巢,希望为邻村好友刘彤编辑诗集而苦无资料。蒙而著偶然在市集的丛残故纸堆发现诗卷,翻阅过后,发现是刘彤遗稿,蓦然一惊,急忙购归,送赠居巢。刘彤遗稿存诗一百多首,其中就有《瑶溪二十四景诗》。居巢如获至宝,爱不释手,首先唱和,并打算将刘彤诗付梓,"未果而归道山"③。

居巢生前遗愿,由杨永衍实现。杨永衍邀同人唱和成帙,捐资开雕《瑶溪二十四景诗录》二卷,柯有榛题耑封面于清同治甲戌(1874)中秋。卷一录刘彤《瑶溪二十四景诗序》,苏道芳《瑶溪二十四景唱和诗序》作于光绪三年丁丑(1877)八月,收录刘彤《瑶溪二十四景诗并序》,十八人唱和诗《和瑶溪二十四咏》:里人居巢

---

① 〔清〕李宗瀛:《送从弟韵棠之广州》,《小庐诗存》。按,道光庚辛,即道光二十年庚子至二十一年辛丑。
② 〔清〕苏道芳:《瑶溪二十四景唱和诗序》,杨永衍辑:《瑶溪二十四景诗录》卷一,1877年。
③ 〔清〕苏道芳:《瑶溪二十四景唱和诗序》,杨永衍辑:《瑶溪二十四景诗录》卷一,1877年。

梅生、南海陆芳培湘蘅、里人杨永衍椒坪、里人杨文桂湘舲、海幢僧宝筏莲西、同里苏道芳心盦、同里苏会芳稼伯、同里区鼎安莅裳、南海周衍光鉴湖、鹤山吕鉴煌海珊、里人杨文朸星轮、番禺李晋昌炽庭、鹤山冯世谦贞石、里人陈绍荣竹屏、高要罗信芳谷香、南海萧翼常伯瑶、番禺潘飞声兰史、里人居廉古泉，其中河南文人十二人，包括杨永衍父子三人。卷二，南海萧翼常①《瑶溪二十四景杂咏诗序》，作于清光绪十年甲申（1884）仲春，收录八人咏诗《瑶溪二十四景杂咏》：里人杨永衍椒坪、南海萧翼常伯瑶、同里潘飞声兰史、海幢僧宝筏莲西、里人杨文桂湘舲、里人杨文朸星轮、里人杨其光仑西、番禺潘光瀛珏卿，皆为河南文人，包括杨永衍三代四人。瑶溪二十四景，有自然景观，亦有人文景观，反映了瑶溪的山川地理形势和民众生产生活。

《瑶溪二十四景诗录》诗集刊成之后，画人齐集探胜。清光绪十四年戊子（1888）暮春，邱诰桐招舟，与杨永衍、崔芹往访隔山居廉后，并居廉门生张逸（纯初）、周钧（子仲），一行六人，探瑶溪二十四景之胜，杨永衍、邱诰桐先后赋诗。②

宋迪绘《潇湘八景图》山水画，未有题诗，自从禅僧惠洪配以七律，一景一诗，为宋迪的无声句搭配有声画之后，诗画并置的形式便成为创作八景的完整范例。对于先有诗的瑶溪二十四景，善山水画的蒙而著、杨永衍未有参与其中并图写名胜，为诗篇配画之举最终由崔芹完成。崔芹（1846—1915），字咏秋，寓居河南，熟悉河南风物，为何翀高足，"其画山水花鸟，本诸师，亦变化己意，气韵

---

① 按：萧翼常，字伯瑶。"翼"，《瑶溪二十四景诗录》及部分同时代书籍作翼，萧翼常《萧斋余事约刊》，手写作"翼"，后文均从此名。按：萧伯瑶寓河南鳌洲。
② 邱诰桐撰：《阆翠山房吟草》不分卷，稿本。按：周钧，又名端，字子仲、梓重，善印，本诗所记，为居廉学生，其名亦见于居廉《啸月琴馆寿言》、张逸《啸月琴馆同门录弁言》。

自然"[1]。民国3年（1914），当年同行瑶溪的前辈杨永衍、居廉先后辞世，晚年的崔芹将瑶溪二十四景撷景入图，付诸丹青，汪兆镛为之题跋。[2]刘彤诗，崔芹画，瑶溪二十四景双美合璧，相映生辉，前后七十四年，延续瑶溪文脉，亦是河南文人合作交流的见证。

崔芹《瑶溪二十四景图·石冈》："坦然若平台，上有双树绿。万象一茫茫，海天此遐瞩。"

崔芹《瑶溪二十四景图·独榕厦》："万间庇孤寒，杜陵抱虚想。何如此树阴，人牛恣偃仰。"

---

[1] 〔民国〕李健儿：《广东现代画人传》，俭庐文艺苑1941年版，第15页。
[2] 下述崔芹《瑶溪二十四景图》藏于香港艺术馆，绘于1914年。

崔芹《瑶溪二十四景图·茶市》："摘茶日当午，卖茶日向晨。青娃白头姥，也非游手民。"

崔芹《瑶溪二十四景图·涤砚池》："墨池湛明瑟，疑有蛰龙府。会当兴大云，去作人间雨。"

崔芹《瑶溪二十四景图·泉中泉》："先天有玉液，乃在沧波里。甘美孰比伦，扬子江心水。"

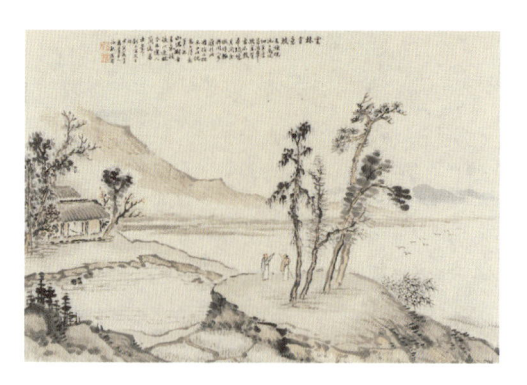

崔芹《瑶溪二十四景图·云林画意坡》:"山隅树无多,气韵疏以逸。林下不逢人,简远高士笔。"

崔芹《瑶溪二十四景图·十丈红棉道》:"兀然依傍空,照影红如火。青山绚四维,时见行吟我。"

崔芹《瑶溪二十四景图·劳农亭》:"台笠喜相望,田歌喧处处。午饁饭闻香,团坐亭边树。"

崔芹《瑶溪二十四景图·石马冈》:"石马尚名冈,刘王殿前路。古人气力尽,我非且延仵。"

崔芹《瑶溪二十四景图·樟坪》:"浓阴帀四维,赤日行其外。幽鸟如唤人,啼破碧云界。"

崔芹《瑶溪二十四景图·听秋居》:"筑室古松下,茅檐俯溪流。茶香客对坐,耳边无限秋。"

崔芹《瑶溪二十四景图·待月桥》:"待月月东升,溪光浩无极。烟村人静时,万物雪霜色。"

崔芹《瑶溪二十四景图·吟虬径》:"径树种何年,年久生鳞甲。天外啸云声,一路遥相答。"

崔芹《瑶溪二十四景图·蒸霞岸》:"霞影照远近,春艳花开时。不意烟波外,又见昌黎诗。"

崔芹《瑶溪二十四景图·鉴空处》:"云去天瞯然,月来波湛若。并为大光明,我心了无著。"

崔芹《瑶溪二十四景图·来鸥闸》:"春水舍北南,依然浣花宅。群鸥如我闲,惯作不速客。"

崔芹《瑶溪二十四景图·人外山房》:"人外得静理,闭门若深山。安得静酬夜,长如栖鹤闲。"

崔芹《瑶溪二十四景图·景融轩》:"舟屋虽非水,篷窗亚沧浪。主者问何客,疑即张思光。"

崔芹《瑶溪二十四景图·藤花罣》:"灼灼枝上雨,泛泛水中波。即此是春海,春光艳若何。"

崔芹《瑶溪二十四景图·谑翠堤》:"浩趣蘸凉波,烟条近相谑。此地即濠梁,我乃知鱼乐。"

崔芹《瑶溪二十四景图·枕涛屋》:"百钱买松风,波涛入幽梦。羲皇夫何如,夏午梦魂冻。"

崔芹《瑶溪二十四景图·合流津》:"鸭墩潮东来,凤冈水西长。有约买松风,乘潮各打桨。"

崔芹《瑶溪二十四景图·素馨田》:"今日种玉田,昔日埋香地。枉是同乡人,不作上农计。"

崔芹《瑶溪二十四景图·茶田》："新绿上茶田，低鬟小笠偏。莺啼花复笑，最好采茶天。"

瑶溪二十四景，栉比相错，空间分布密度高，甚至景点重叠，如涤砚池与泉中泉，景名从二至五字皆有，较为随机，未有提炼为优美的四字短语，题诗体裁未如惠洪《潇湘八景诗》、张镇孙《广州八景诗》、劳重勋《河南八景诗》之使用七律，而用字数最少的五绝，点景、题名、赋诗，显得刘彤的构思仓促、即兴发挥，没有经过长时间的酝酿。但是刘彤所撰诗序翔实，足供搜采，成为研究十九世纪上半叶瑶溪人文地理的珍贵史料。

刘彤远走的次年，清道光二十二年（1842），中国战败，中英签订《南京条约》，开广州、厦门、福州、宁波、上海五口通商。伴随面向欧美的各通商口岸的设立，特别是后起的上海——日渐成为远东最大国际都会，冲击着广州出口贸易，河南中部瑶溪一带未能抵御外贸经济转移北上的影响。"一口通商"为瑶溪带来近百年的极盛，《瑶溪二十四景诗》无意间记录了"五口通商"之前瑶溪最后的荣光。

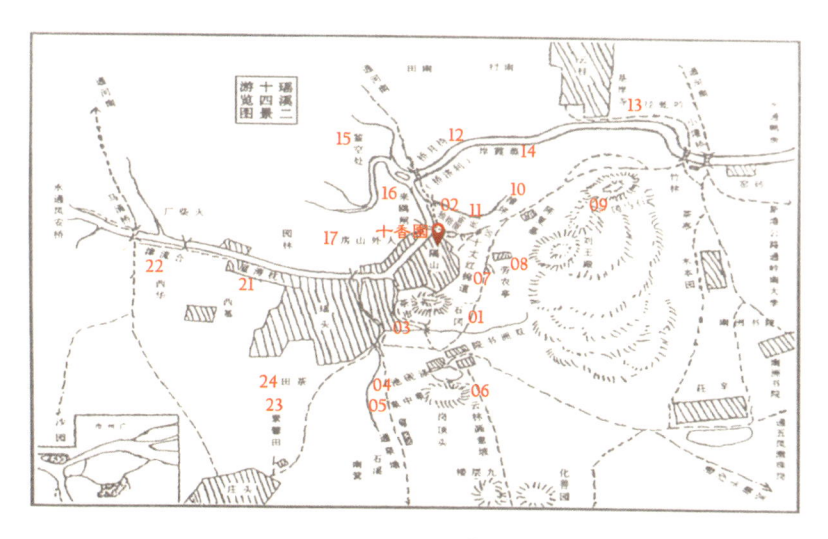

黄锡凌《瑶溪二十四景游览图》①（序号为作者添加）

民国26年（1937），广州抗战开始，岭南大学学生黄锡凌（1908—1959）作为"战时员生乡村服务团"成员，服务于"瑶溪附近十余乡"②，自此认识瑶溪，据诗寻踪，按名探胜，作有《瑶溪二十四景寻踪录》，绘《瑶溪二十四景游览图》。此时，距刘彤赋诗瑶溪二十四景已经近百年，具体位置大多失诸考证，且缺少"景融轩"、"藤花墅"、"谑翠堤"三个景点。

斗转星移，回首一眸，历经近二百年风雨，瑶溪二十四景或荡然无存，或面目全非，或古迹犹存。通过走访现场，结合杨永衍《瑶溪二十四景诗录》、黄锡凌《瑶溪二十四景寻踪录》、清代近世广州地图，绘制新版《瑶溪二十四景游览图》，以资旅游指南，聊供人们凭吊和游览，瑶溪依旧，风月长存。

---

① 黄锡凌：《瑶溪二十四景寻踪录》，1937年黄氏自刻，转自陈建华主编：《广州市文物普查汇编：海珠区卷》，广州出版社2008年版，第46页。
② 黄锡凌：《瑶溪二十四景寻踪录》序。按：黄锡凌，1941年著《粤音韵汇》，是中国第一部用国际音标记录研究广州方言的著作。

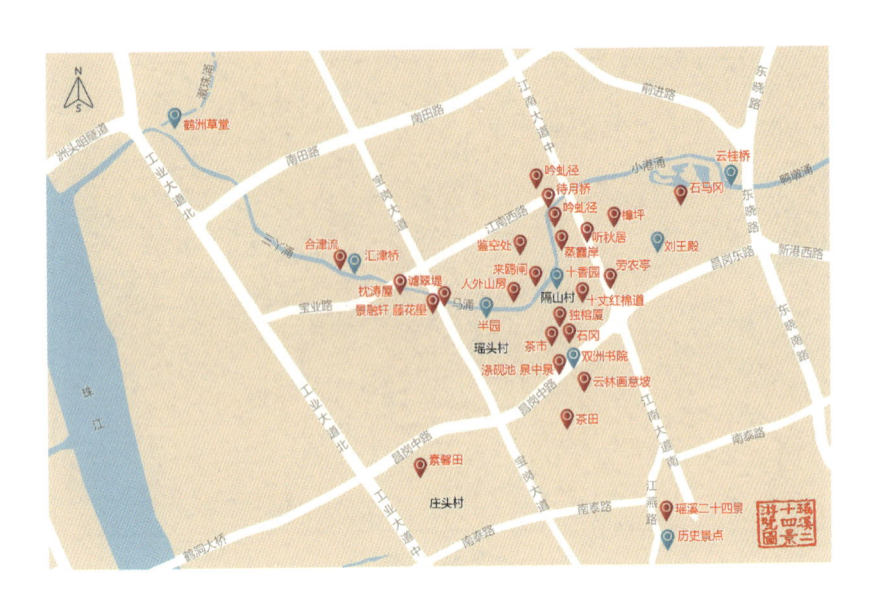

瑶溪二十四景游览图（作者制图，红点为景点）

在品题瑶溪二十四景的刘彤失踪后的二十四年，清同治四年（1865），居巢辞世，停厝于瑶溪二十四景之一的十丈红棉道。往事如烟，沧海桑田，林立高楼取代了花田茶田。"刘彤，性颇偏僻，不谐于众，独与居巢、杨永衍友善"[1]，性格内向的刘彤，幸运认识挚友居巢、杨永衍。蒙而著意外发现刘彤《瑶溪二十四景诗》遗稿，居巢首先唱和，杨永衍组织文人吟咏并付梓，崔咏秋为之绘图。河南画坛隔山派的居巢、居廉，丹山派的崔芹，超然派的杨永衍，共同努力，使瑶溪二十四景声名鹊起，承载瑶溪地域的历史记忆，流传至今，知名度远在默默无闻的河南八景、番禺八景之上。

---

[1]〔清〕苏道芳：《瑶溪二十四景唱和诗序》，〔清〕杨永衍辑：《瑶溪二十四景诗录》，卷一。

广州及海珠区八景一览

景名	地点	年份	景观名称	出处
广州八景	广州	南宋	扶胥浴日 石门返照 光孝菩提 大通烟雨 菊湖云影 景泰栖霞 蒲涧廉泉（缺一景）	明成化《广州志》
羊城八景	广州	宋代	扶胥浴日 石门返照 海山晓霁 珠江秋色 菊湖云影 蒲涧濂泉 光孝菩提 大通烟雨	清乾隆《广州府志》
羊城八景	广州	元代	扶胥浴日 石门返照 粤台秋月 白云晚望 大通烟雨 蒲涧濂泉 景泰僧归 灵洲鳌负	清乾隆《广州府志》
羊城八景	广州	明代	粤秀松涛 穗石洞天 番山云气 药洲春晓 琪琳苏井 海珠晴澜 象山樵歌 荔湾渔唱	清乾隆《广州府志》
羊城八景	广州	清代	粤秀连峰 琶洲砥柱 五仙霞洞 孤兀禺山 镇海层楼 浮邱丹井 西樵云瀑 东海鱼珠	清乾隆《广州府志》
羊城十景	广州	约清同治年间	越台春晓 珠江夜月 波罗浴日 仙观闻钟 大通烟雨 蒲涧濂泉 白云晚眺 景泰僧归 石门返照 黄湾落木	徐灏《攟云阁词》
番禺八景	番禺县	清代	珠海晴澜 镇海层楼 蒲涧濂泉 白云晚望 景泰僧归 花田夜月 大通烟雨 扶胥浴日	乾隆《番禺县志》
河南八景	番禺县茭塘司河南堡	约1860年	海幢钟声 赤冈塔影 冈心晓市 杨宅积雪 云桂松涛 郊坛春雨 坡山古渡 花田夜月	《劳儒门诗钞》卷二
海幢八景	番禺县茭塘司河南堡海幢寺	清代	花田春晓 古寺参云 珠江破月 飞泉卓锡 海日吹霞 江城夜雨 石磴丛兰 竹韵幽钟	《番禺河南小志》卷七"金石"
瑶溪二十四景	番禺县茭塘司河南堡瑶头村	1840年	石冈 独榕厦 茶市 涤砚池 泉中泉 云林画意坡 十丈红棉道 劳农亭 石马冈 樟坪 听秋居 待月桥 吟虹径 蒸霞岸 鉴空处 来鸥闸 人外山房 景融轩 藤花垞 谑翠堤 枕涛屋 合流津 素馨田 茶田	刘彤《瑶溪二十四景诗》

（续表）

景名	地点	年份	景观名称	出处
沥滘八景	番禺县茭塘司沥滘堡沥滘村	明代	宗祠桧古 吟社竿脩 南村松鹤 北洛菱鸥 榕阴问月 石海维舟 夏凉荔熟 秋霁农收	《卫氏族谱》卷十
		清代	游黄涌，泛花涌 穿石海，望无底 真武庙 过枕楼 庆源堂 敦睦祠 湟武浕 汇大海 西樵公 观音阁 乐民桥 达北庙 东渔祠 通荣恩	《沥滘堡乡土志》
瀛洲八景	番禺县茭塘司仑头堡小洲村	清代	翰桥夜月 西溪垂钓 孖涌赏荔 崩川烟雨 古渡归帆 松径观鱼 古市榕荫 华台奇石	《广州市文物普查汇编：海珠区卷》[1]
黄埔八景	番禺县茭塘司黄埔堡黄埔村	清代	宇宙银蛇 盘龙古寨 洞里乾坤 双携共奋 上界清风 华山眺望 笔下双虹 古花勒园	《走进黄埔村》[2]

---

[1] 陈建华主编：《广州市文物普查汇编：海珠区卷》，广州出版社2008年版，第245页。
[2] 广州市海珠区人民政府、广州市政府侨务办公室编：《走进黄埔村》，广东教育出版社2011年版，第148页。

廣府文庫

居巢题室花香远

隔山梅香今夕庵

故园月色又天涯,怅触冬心感岁华。
称汝孤清犹欠鹤,慰余衰暮独能花。
每于香际来寻梦,何可开时不在家。
相忆那偿相望得,江乡昔昔耐横斜。

——〔清〕居巢《忆故园梅花》[1]

居巢喜欢绘花果画,他为自己取号"梅生",在不同时期、不同居住地,给寓舍题室号,均与花果有关。

居巢三叔居少楠居住隔山乡时,常以诗吟咏隔山乡村风光,"素馨十里成香国",称颂花田夏日香景。炎炎夏日,素馨茉莉,芳香漫野;瑟瑟寒风,梅花桃花,芳馥沿溪。瑶溪蜿蜒,不但以素馨、茉莉著称于时,更以梅花、桃花吸引文人墨客流连忘返。

越族先民以梅花为珍贵,西汉刘向《说苑》卷十二《奉使》记载,先秦时期,位于江南的越国遣使赠送魏国国王梅花一枝[2]。秦亡,赵佗立南越国,定都南海郡番禺县(今广州),沿袭越人习俗,植梅花于宫苑,清香弥漫,广州人与梅花的情缘,至少二千余年。清代河南文人,也在园中多有种植梅花,吟咏于诗,写生于画,倍

---

[1]〔清〕居巢著,潘飞声、邱炜萲同编:《今夕庵诗钞》,清光绪二十六年刻本,第14页,以下均用此版本,不另注。
[2] "越使诸发执一枝梅遗梁王",〔西汉〕刘向:《说苑》,卷十二《奉使》。

添风雅。流传至今的瑶溪、小港赏花诗词,也以赏桃较赏梅为多。但相对优于色的桃花,居巢更喜欢优于香的梅花。梅花,花色多为白色,花香浓郁,仿如香雪,冰雪为衣玉作胎,清新雅淡,尤有高士品格。南宋哲学家陈亮《梅花》诗,"一朵忽先变,百花皆后香",在百花沉睡之时,梅花香在百花之先。画家金农偏爱梅花,在其《画梅题记》中尝自言,"只有老夫贪午睡,梅花开后不开门",塑造了一个"梅痴"形象。北宋诗人林逋诗,"疏影横斜水清浅,暗香浮动月黄昏",成为咏梅千古绝唱。居巢《忆故园梅花》诗,"称汝孤清犹欠鹤",引用了林逋梅妻鹤子的典故,道尽世事不能尽美的遗憾。

如同居樟华取字少楠,自带香气,居巢取号梅生,未逊于其三叔。梅生,一语双关,字面之义为梅花所生的儿子,亦指天界神仙梅福[1]。梅福,西汉南昌尉,王莽篡权,退隐南昌西郊飞鸿山(今梅岭风景区),得道成仙,以品行高洁列入《汉书·梅福传》。李白《赠瑕丘王少府》诗云:"皎皎鸾凤姿,飘飘神仙气。梅生亦何事,来作南昌尉。"南昌,既是梅生任官所在,亦指向居巢所在的隔山乡——别称南昌,足见居巢取号深意。

以梅生为字号,在同一时代亦非少见,与广西盐商李秉礼、李秉绶交往甚密的江西进士宋鸣琦(1763—1840),号梅生;而且有缘的是,居巢与另一位梅生在广州同时出席雅集。清同治元年壬戌(1862)三月十八日,李长荣邀请居巢等好友集花埭杏林庄饯春并补祝张乔生日,李长荣于居廉《张丽人小像》立轴题跋:"今日诗家群补寿,座中难得两梅生(原注:居梅生、杨梅

---

[1] 按: 居巢侄外孙于式枚在信牍中曾引用"梅福"一词。清光绪二十年(1894),中日海战,清军屡败,于式枚致信文廷式,表示"和议若成,便作梅福"。(引自曾凡亮《晚清贺县籍名臣于式枚生平研究》,《贺州学院学报》2008年第24卷第1期,第33页。)

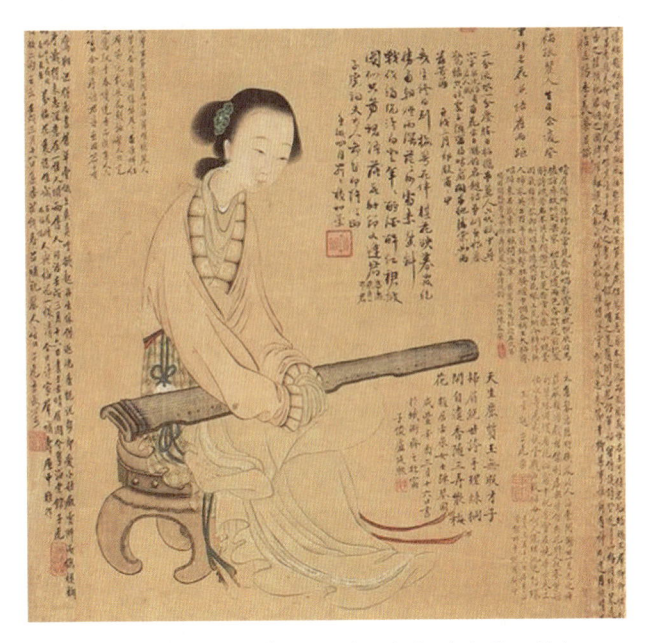

居廉《张丽人小像》立轴（局部）（徐晋如藏）

生①）。"是次雅集，因为李长荣的牵线，居梅生、杨梅生难得聚首。

居巢，以梅生为号，亦喜以白梅为题绘画扇面。清咸丰三年癸丑（1853）冬，梅花盛放，居巢客居广西，为张嘉谟（鼎铭）绘《白梅》扇面，题款："鼎铭仁兄大人鉴正，癸丑冬，梅生居巢绘。"清咸丰九年己未（1859）二月，东莞张敬修种植白梅于罗浮山，居巢为其绘《白梅》扇面，题款："补梅罗峤方寻约，筹笔龙荒又借才。寄语翠禽劳怅望，功成长揖早归来。己未仲春，德翁廉访大人方约同人补梅罗浮，适有督师东江之行，作此奉寄，殊无足观，欲使知山灵相望，不减苍生待命也。番禺布衣居巢并识。"

---

① 按：同画中有李长荣记录杨梅生参加的另一次雅集，"同治壬戌二月十六日，同崔嵩生司马、崔廉史参军、潘鸿轩茂才、颜子虚、杨梅生两上舍，集双桐圃预祝张丽人生日"。注：双桐圃，位于河南龙溪乡，潘恕别墅。

居巢《白梅》扇面（1853年，香港艺术馆藏）

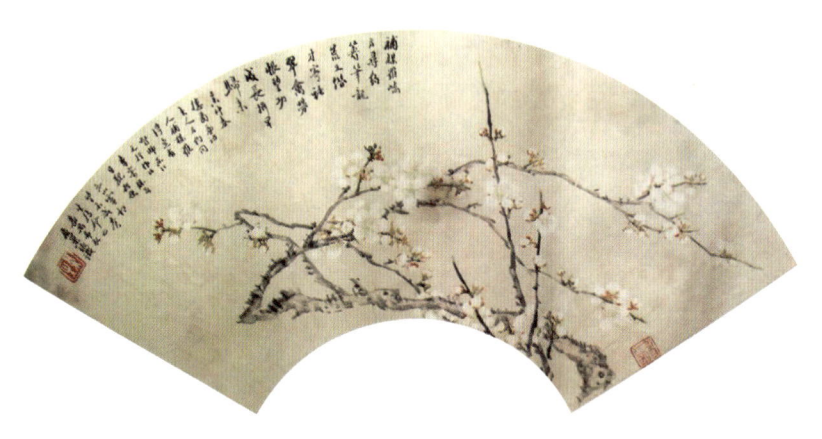

居巢《白梅》扇面（1859年，广州艺术博物院藏）

对梅花的喜爱在居派学生之中有所传承。河南五凤乡漱珠岗纯阳观遍植梅花，清雅幽静，民国17年（1928），岁寒之际，高剑父、高奇峰、容祖椿等画家齐聚纯阳观，赏梅、吟梅、画梅，结社雅集，因名"梅社"，名噪一时，亦见居巢遗风。纯阳观至今仍留有"梅社"石刻，记载当年画坛盛况。

水乡瑶溪小港，旧貌不再，两岸梅花桃花，踪影难寻。隔山乡街头巷角散种鸡蛋花树，炎炎夏日，花开时节，气味清新，为杂乱逼仄的城中村居住环境增加了几分生气。十九世纪，居巢乡居为梅花、桃花、紫藤、素馨、茉莉等芳香植物环绕，花木四季飘香，构成香沁心脾的居住环境。居巢自篆用印"兰为王者香"、"惜花人"、"花太医印"、"竹香花媚可当娇姬"[①]；居廉亦步亦趋，刻印"惜花主人"，可见居巢、居廉对花卉、对香景的重视。

十九世纪中叶隔山乡及周边公共空间主要香景植物

季节	植物品种	科属	香气主要部位	主要分布地点
宜春	桃花	蔷薇科桃属	花	瑶溪两岸
宜夏	紫藤	豆科紫藤属	花	藤花埠
宜夏	鸡蛋花	夹竹桃科鸡蛋花属	花	村内外
宜夏	素馨	木犀科素馨属	花	村西花田
宜夏	茉莉	木犀科素馨属	花	村西花田
宜夏	藿香	唇形科藿香属	全株	村北
宜夏	河南茶	山茶科山茶属	叶、花	村外东、南丘陵
宜夏	荔枝	无患子科荔枝属	果	村外
宜夏	荷花	莲科莲属	花	村北水塘
宜冬	梅花	蔷薇科杏属	花	瑶溪两岸
四季	水松	杉科水松属	干、果	瑶溪两岸
四季	樟树	樟科樟属	干、花	村东北

[①] 居巢：《今夕庵印存》。

同时代乃至今日，亦没有多少艺术家能有如此幽美的芳香植物环绕的居住环境，触目所见，皆为艺术创作的极佳素材，引而入画，活色生香；引而入诗，纸墨清香。统计居巢、居廉各类绘画题材数量，广东省博物馆、香港中文大学文物馆、广州美术馆"'三馆'藏二居904件画作中，花草虫石达646件，占了71.4%，如果把位居第二的100件花鸟画也统计进来，二居与花有关的作品占了80.52%，其分量之重显见"。① 与广东省博物馆藏河南彩"有花卉元素的瓷器占82%"② 相比较，两者花卉占比高度接近，可见河南俯拾可见的花卉景观，对于绘画、河南彩等艺术创作的影响深远。

　　河南隔山乡处于香国之中，居巢在百卉中筑室，在众芳中吟哦、写生，于瑶溪东南岸建有夯土小筑，寓斋取号今夕庵，自号今夕庵主③。

　　居巢谙熟粤歌，绘画题以粤歌，亦为本地画人所罕见。其取室号为"今夕庵"，今夕，意指今晚、当晚，典出西汉刘向《说苑》卷十一《善说》，记载了先秦时期著名越歌《越人歌》："今夕何夕，搴中洲流。今日何日兮，得与王子同舟。蒙羞被好兮，不訾诟耻。心几顽而不绝兮，得知王子。山有木兮木有枝，心说君兮君不知。"

　　庵，意指圆顶的草舍。东汉刘熙《释名·释宫室》记载："草圆屋曰蒲。蒲，敷也；总其上而敷下也。又谓之庵。庵，奄也，所以自覆奄也。"以其简陋、隔世，文人自谦，以庵为号。居巢取室号"庵"与其取号"梅生"一样，藏有道家仙迹。东晋著名道家葛洪，隐居岭南罗浮山，著《神仙传》，记载神仙焦先所居，"居河之湄，

---

① 萧洽龙：《居巢、居廉绘画题材探析》，东莞市博物馆编：《居巢居廉画集》，文物出版社2003年版，第41页。
② 徐乐斌：《清代广彩花卉的艺术与文化特征研究》，广州大学硕士学位论文，第7页。
③〔清〕居巢《自题今夕庵主〈转墨磨图〉》，居巢著，潘飞声、邱炜萲：《今夕庵诗钞》，第15页。

今夕庵现存夯土墙

结草为庵"。今夕庵位于瑶溪之畔，以庵为号，仿如仙居。

今夕庵始建年代不详，从钤印推断，最迟建于清道光二十七年（1847），后毁于抗战时期，2007年复建，仍然保留有建筑东南侧夯土墙残断。墙体结构材质为黏土、碎石、贝壳、竹枝等，混合夯实为墙，以夯土墙搭建的房屋，广州人称为舂墙屋。夯土墙在广州潮湿多雨的环境下，强度易降低以致损坏、坍塌，所以屋顶多为悬山，以减少雨水对墙体的破坏。今夕庵毗邻瑶溪，且未以卵石或砖石砌筑墙脚，夏季水涨，流漫而出，夯土墙经不起积水浸泡，因而今夕庵选址与瑶溪现状的南岸保持约二十米距离，失去窗临水岸、凭栏抱琴的野逸之趣。朴素村屋，筑室于河南三十三村之首的瑶头乡东邻，没有使用到广府传统村落民居麻石砌筑墙脚、青砖砌筑墙体的常见做法，亦可知居巢经济拮据使然。就是这样窘迫的环境，成就了居巢诗词、绘画的艺术追求。"庵"的取名，既是闲情逸致的诗情画意，更是人生窘困的现实观照。

隐士陶渊明，渔樵耕读，"乐夫天命复奚疑"。居巢身处陋室，晏然自处，倪鸿诗记："绝代才人识者稀，丹山甘作凤凰饥。宋元书画周秦鼎,尽典春衣偏买归。"①居巢靠典当衣服筹集资金,遍买书画古玩,艰苦的环境没有改变居巢对艺术追求的热忱。选书市集,居巢偶见《绣谱》,购归检阅,发现书页之中夹着干的花瓣,赋诗以记生活中的乐趣②,亦见居巢积极乐观的人生态度。《绣谱》,江南著名刺绣艺术家丁佩所著,印于清道光元年(1821),关注绘画与刺绣的关系,以文品之高下、画理之浅深品评刺绣。《绣谱》列入居巢书单,亦见居巢涉猎艺术的广泛性。

居巢刻"今夕盦"(朱文方印,年代不详)③

居巢为室名刻有朱文方印:今夕盦。存世居巢绘画中可见的今夕庵钤印为数不少:清道光二十七年(1847)《菊花图》,题款"德翁老兄大人法鉴,丁未春,居巢写生",钤印"今夕盦"(广州市文物总店藏),初见用"今夕庵"印;清咸丰三年(1853)《韦石图》扇面,虽无"今夕盦"钤印,题款附有"今夕庵居巢并识"(广州艺术博物院藏);清咸丰五年(1855)《山涧鹧鸪图》扇面,题款"鞠䩛复殊格,路长行不得。南人自怀南,北人自怀北。乙卯

---

① 〔清〕倪鸿:《除夕怀鬼诗》,《退遂斋诗钞》卷四。
② 〔清〕居巢:《偶购〈绣谱〉一帙,捡得花腊,戏咏》,〔清〕居巢著,潘飞声、邱炜萲同编:《今夕庵诗钞》,第23页。
③ 东莞市博物馆编:《居巢居廉画集》,文物出版社2003年版,第185页。

三月，阻寇南江口，即事成此。写寄鼎铭三兄大人一粲。居巢并识"，钤印"今夕庵"（广州艺术博物院藏）；清咸丰八年（1858）《蟹熟菊开》扇面，题款"……戊午立春，连日可园食蟹赏菊，小廉作图、老巢占句……"，钤印"今夕盦"（香港中文大学藏）；清同治四年（1865）《花卉粉蝶》立轴，题款"……居巢并识于今夕庵。"，钤印"今夕庵"（霍宝材藏）。

如同《红楼梦》小说记，通灵宝玉，蒙茫茫大士、渺渺真人携入红尘，历尽离合悲欢炎凉世态；"今夕庵"印，蒙居巢携入岭南艺林，遍游东莞、桂林等地，最终回归隔山乡，见证兴衰际遇、喜怒人间。

居巢诗集、词集、印谱，更是冠名室号"今夕庵"。清咸丰四年甲寅（1854），居巢时年四十四岁，所撰《今夕庵烟语词》一卷刊成，东莞张敬修题端，桂林李宗瀛作序，为居巢生前唯一出版的著作，可见居巢对词相当重视，通过词集的出版，塑造自己正统文人形象。

居巢去世后，有赖于杨永衍的收藏、刊印，居巢作品得以流传

居巢作画砚（广东省博物馆藏）

至今，尚有墨香。清同治九年庚午（1870）初夏，杨永衍收录居巢部分画作，编《今夕庵书画册》，篆刻家柯有榛题签，添茅小屋珍藏[1]，收录居巢、居廉画作共八张。清同治十一年壬申（1872）八月，杨永衍将今夕庵所得古印编成《古印藏真·今夕庵所得》，书中附有居巢自作序言，为研究居巢生平之一手文献。

《今夕庵烟语词》刻本

《今夕庵书画册》书名题字

---

[1]《聚墨留香：攻玉山房藏中国古代书画》，香港大学美术博物馆2004年版，第136页。题签：隶书"今夕庵书画册"；款识：添茆小屋珍藏，庚午（1870年）初夏，柯有榛书签。

《居氏今夕庵古印藏真》刻本封面　　《今夕庵诗钞》刻本封面

后杨永衍晚年财务状况大不如前，经潘飞声牵线，由南洋富商邱炜菱、顺德文人邱诰桐接棒，继续对居巢遗作加以整理出版，编成《今夕庵诗钞》一卷，含《今夕庵题画诗》一卷。

岭南著名词人潘飞声虽与居巢同居河南，但二人身处不同年代，未曾谋面。潘飞声对居巢的词学造诣甚为敬仰，擅词的潘飞声拜谒居巢墓地，感叹"有生不同时之概"[①]。同为词人的倪鸿，填词《凤凰台上忆吹箫·挽居梅生》致哀：

> 烟语庵边，窑头村外，酸风吹断鸥群。忆去年分别，遂隔仙尘。薄具黄鸡白酒，来一酹、应谅清贫。灵床畔，凭棺恸哭，碧壤当闻。　　苔岑，结交十载，叹人海茫茫，知己惟君。恨彼苍真酷，竟丧斯人。从此金峰珠水、琴樽会、文与谁论。千秋业，遗诗待编，妥汝吟魂。

直到近世，仍有关注居巢诗词的学者。民国25年（1936），邓实根据《今夕庵诗钞》，选取居巢读画诗、题画诗辑录而成，编为《今夕庵读画绝句》（三十四首）和《今夕庵题画诗》（七十八首）各一卷，收入黄宾虹、邓实主编的《美术丛书》第二集第三辑，

[①] 潘飞声：《杨菽叟〈桃溪例集〉第四图序》，胡朴安编：《南社文选》上卷，上海中国文化服务社，第178页。

使得居巢的诗作,跳出岭南,在近世中国画坛中广泛传播。

以今夕庵为名之相关著作

著作名	刊成时间	编者
《今夕庵烟语词》	清咸丰四年(1854)	张敬修 李宗瀛
《今夕庵书画册》	清同治九年(1870)	杨永衍
《古印藏真·今夕庵所得》	清同治十一年(1872)	杨永衍
《古印藏真·今夕庵所得》	清光绪五年(1879)重版	杨永衍
《居氏今夕庵古印藏真》	清光绪十九年(1893)题端 清光绪五年(1879)版	潘飞声 题端
《今夕庵诗钞·今夕庵题画诗》	光绪二十六年(1900)	邱炜萲 潘飞声
《今夕庵烟语词》	重版时间不详	邱诰桐 潘飞声
《今夕庵读画绝句》一卷 《今夕庵题画诗》一卷	民国25年(1936)	邓实

樱桃转舍漓江畔

(居允敬)次子棣华,为郁林州判,卒于官。家属侨寓桂林,无以自存。广西巡抚梁章钜,闽人也,知为允敬子。叹曰:"廉吏之后何落拓耶!"为月给薪水,买宅授之。

——同治《番禺县志》卷四十五

桂林,乃至广西,对居巢家族渊源甚深。清嘉庆二十四年己卯

（1819），居少楠辞别七旬老父，西游桂林，好友黄子高赋诗送别。居少楠自述，"己卯十月，余游桂林"，两年后思归，"岁在辛巳，旅食桂林，栖迟春晏，积阴连巷，众芳渺然，闭户拥愁，眷怀乡土"。寄居漓江，交游桂林文人，时相酬唱，作有《画山夜泊记》、《城东游记》、《慰舫记》等骈文①，收录于《居少楠先生遗稿》。

居少楠旅食桂林之时，居棣华已经先于三弟谋生广西，任职基层政府。其间，居棣华将自编印谱呈送兼擅篆刻的新任学政朱方增雅鉴，朱方增认可居棣华的治印水准，赋诗《题居石帆赞府印谱》②，叮嘱代为镌刻"西清读画"印章：

> 藤峡珠江一水通，璩闱相聚正熏风。
> 妙传煮石山农法，官阁余闲篆活东。
> 赵家印史重当年，岭外今看又一编。
> 记得西清曾读画，别镌小印署名笺。

倪济远，清嘉庆二十二年（1817）进士，登第后历任广西平乐府辖下的恭城、荔浦、贺县知县，为人亢直，为官十余年未获升迁，工诗词。倪济远与同在广西的居棣华交好，曾在秋天同游贺县观音岩，倪济远题诗"村树低昂古云冻，大江前横月如梦"③；居棣华绘《剑仙图》便面，倪济远题画诗《题居石帆二尹〈剑仙图〉便面》④。

通过朱方增、倪济远所记，居棣华擅印工画。朱方增称居棣华为赞府，倪济远称居棣华为二尹，二者均是县丞的别称，主要职责是文书，属于清政府基层官职。清嘉庆十九年（1814），居允敬被

---

① 《居少楠先生遗稿》，卷一《画山夜泊记》，卷二《春阴赋》。
② 〔清〕朱方增：《求闻过斋诗集》卷三。
③ 〔清〕倪济远：《秋日偕行松、石帆、柳波、香雨，往游观音岩，晓泊八步》。〔清〕倪济远撰：《味辛堂诗存》卷三，清道光五年刻本。
④ 〔清〕倪济远：《味辛堂诗存》卷一，清道光五年刻本。

"勒令休致"回乡，居家失去经济来源。结合朱、倪二人诗作分析，二子居棣华约于清嘉庆十九至二十三年（1814—1818）间任职广西，随后有三子居少楠于清嘉庆二十四年（1819）的广西之行。

清道光十二年（1832），居巢二十二岁，"侍宦粤西"，叨陪鲤对，在广西得到父亲居棣华的言传身教，勤学苦练，诗画长进。清道光十三年癸巳（1833）四月，居巢绘《丹桂芙蓉》扇面，款识"癸巳清和，拟元人笔意，梅生居巢"。

居棣华经过近二十年的职场生涯，清道光十六年（1836），升职至郁林州吏目。同治《番禺县志》记述居棣华"为郁林州判"，光绪《郁林州志》对此有所补充："吏目。居棣华，字石帆，番禺人，十六年署。见文氏谱述信国公砚铭，补入。"[1]郁林州，今为广西玉林，与广东茂名接壤。吏目，为文职，设置于州的行政级别，或掌文书，或佐理刑狱及官署事务。据《郁林州志》卷十"职官表一"所示，居棣华"卒于官"，客死广西，或在下任朱润接任的清道光十八年（1838）。

居棣华去世后，家境陷入困境，其家属幸得到友人、时任广西巡抚兼署学政梁章钜（1775—1849）的接济，梁"为月给薪水，买宅授之"。梁章钜得知居允敬二子居棣华辞世，"叹曰：'廉吏之后何落拓耶！'"

得到广西巡抚梁章钜的经济援助，滞留广西的居巢，得以在桂林租赁暂住，居处有樱桃一株。"樱桃树在桂林乃罕见树种，种植都多非寻常百姓家"[2]，可见此时的居巢生活在一个较好的居住环境。此时居巢所居，众山环绕，景色秀丽，有如南宋词人张孝祥词句："春

---

[1]〔清〕冯德材、全文炳修：《郁林州志》卷十"职官表一"，清光绪二十年（1894），第23页。
[2] 陈志云、黎丽明：《写实与趣味——居巢居廉画风考略》，山西博物院、广州艺术博物院编：《花草精神：居巢居廉绘画精品集》，山西人民出版社、山东出版传媒集团2014年版，第6—7页。

到家山须小住。芍药樱桃,更是寻芳处。"①北宋词人苏轼填词《浣溪沙·扬州赏芍药樱桃》:"芍药樱桃两斗新,名园高会送芳辰。"五至六月间,芍药花开,樱桃果熟,经过名家吟咏,芍药樱桃成为扬州花果文化特色。居巢绘有多幅《芍药樱桃》,既绘眼前景色,又记祖籍扬州风物。以樱桃为题,居巢亦绘有《樱桃黄莺》,题诗其上:"短胭流莺金缕衣,啄残红颗尽声啼。分明似替秋娘说,容易阴成子满枝。"②除题画诗外,居巢赋诗《见樱桃》,吟咏桂林住处樱桃:

  圆匀忽如许,如许得沉吟。芍药余红意,芭蕉共绿荫。
  南厨思恐泥,转舍梦犹寻。惭愧流莺汝,结邻空好意。

诗序中记述自己在桂林赁庑,室外有樱桃一株,并用瓦当文字颜其室,曰:樱桃转舍。

居巢《芍药樱桃》(图自崇正拍卖,2022秋季拍卖会)

---

① 〔南宋〕张孝祥:《蝶恋花·其二·怀于湖》。
② 〔清〕居巢《今夕庵题画诗》,〔清〕居巢著,潘飞声、邱炜菱同编:《今夕庵诗钞》,第3页。

"樱桃转舍"瓦当文字①   "维天降灵"汉瓦当②

  转舍即传舍之假借字,东汉刘熙《释名·释宫室》记载:"传,转也,人所止息而去,后人复来,转转相传,无常主也。"先秦两汉称客舍、旅馆为转舍。"樱桃转舍",既指住处有樱桃树一株,复指住处为暂居之所。棠棣之果,"实若樱桃而赤"③,室号"樱桃",又有思念先父居棣华之意。室号所用典故,内涵丰富,贴切吻合。

  瓦当,即瓦挡,呈圆形或半圆形,是中国古代汉地建筑檐头筒瓦前端的遮挡,既便于屋顶流水,又有保护屋檐、延长建筑物寿命的作用。对于跟随父亲学习篆刻的居巢而言,金石学范畴的瓦当文字,是必修课,有所谓"不攻金石,不足以言篆刻"。从"樱桃转舍"室名命名可知,居巢对秦汉瓦当有深入了解。东莞简士良(东洲)为张维屏弟子,张师评价,"姓简性易简",酷爱古物,名其室曰:秦瓦砚斋。简士良与居巢、居仁昆仲交好,意外得到秦瓦半片,拓印寄送居巢,居巢赋诗《秦瓦砚歌为简东洲茂才赋》以回谢,诗序曰:"东洲得瓦当半片,状若偃月,文三字曰:天下康。盖即覃谿

---

① 图自清程敦撰录《秦汉瓦当文字》。
② 钱君匋等编:《瓦当汇编》,上海人民美术出版社1988年版,第31页。
③〔清〕陈淏子辑:《花镜》卷四。

学士定为十二字秦瓦者。琢为小研，拓本见寄，诗以答之。"[1]简士良所得瓦当实为汉瓦，十二字"惟天降灵，延元万年，天下康宁"[2]，为汉代常用颂词。

居巢幼承庭训，诗词、书画、篆刻，无一不吸引着他。《居氏今夕庵古印藏真》所附居巢自序中提及："忆与予季幼云，同受印学于先君子，幼云用力专，而诣出予上。"兄弟长幼以孟、仲、叔、季排序，居棣华四子，居巢排行第二，故有"梅生仲氏"印，居廉称居巢为"梅生仲兄"。"季幼云"即居巢四弟，其名不详。居巢及四弟生活在一个充满艺术氛围的家庭，得到父亲言传身教，均能篆刻。从流传的史料可知，居巢的长兄、三弟亦均能诗词，兄弟四人均有相当文化修养，堪称书香门第，与居廉失去父训，先天文化修养欠缺相比，实为天渊之别。

居巢客居广西期间，认识了年纪相仿、志趣相投的桂林诗人李宗瀛。李宗瀛出身豪门大族、艺术世家。祖父李宜民，祖籍江西临川，工书法，流寓广西桂林，以"李念德"名承充广西临全埠商盐务，家财殷实。生有八子，次子李秉礼、六子李秉绶，皆善书画。李宗瀛为李秉礼第五子，一生专事吟咏，为广西诗坛"杉湖十子"之一。

李宗瀛与侨寓桂林的居巢、居仁兄弟时相往还。居仁举家离桂赴闽，李宗瀛赋诗《居子云将之闽中挈眷赋长句百韵送之》道别。李宗瀛赋诗《瘦马行调居梅生》、《梅生以二樵山人手书贻黄虚舟诗轴见示》、《对酒放歌》，记录与居巢交往，饮酒论艺，其乐融融。

清道光十一年（1831），李宗瀛父兄相继辞世，这成为李宗瀛由富入贫的人生转折点，随后广西烽烟此起彼伏，李家逐渐家道中落。

---

[1]〔清〕居巢著，潘飞声、邱炜萲同编：《今夕庵诗钞》，第2—3页。
[2]〔清〕简士良：《秦瓦砚斋诗钞》卷四《秦破瓦当歌》。按："惟"字当作"维"。

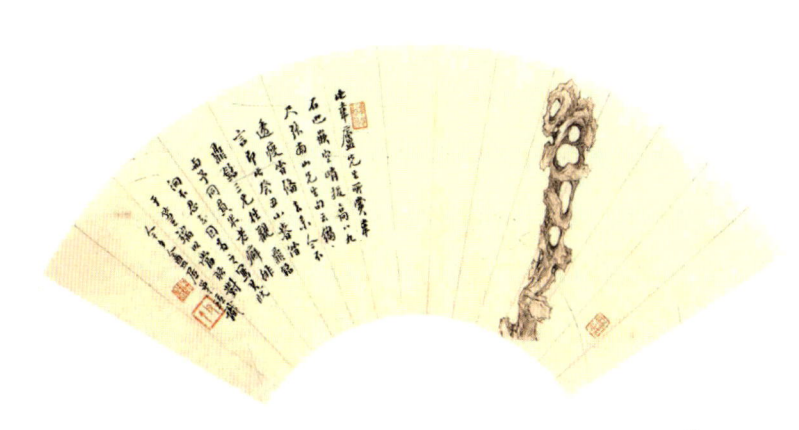

居巢《韦石图》扇面（1853年，广州艺术博物院藏）①

清咸丰三年（1853）十月，居巢与张嘉谟同赴李宗瀛先父府邸韦庐观赏"韦石"，绘《韦石图》扇面②。次年，李宗瀛为居巢的词集《今夕庵烟语词》作序，"梅生先生，蜚声画苑，掉鞅诗坛，花摹没骨之图，锦集呕心之句。更以余事，蔚为词人。篇篇黄绢，无非绝妙好辞；字字乌丝，那便除绮语"。

清咸丰十年（1860），太平天国军队围攻桂林，李宗瀛在围城中贫病交加，与世长辞，享年五十二岁。清同治四年（1865）除夕，倪鸿赋诗《除夕怀鬼诗》，悼念去世的一众故友，包括居巢、李宗瀛③，追思曩日，百感俱丛结。

居巢的《今夕庵烟语词》，连结着他在广西认识的两位重要朋

---

① 题款："此韦庐先生所赏韦石也，嵌空峭拔，高八九尺。张南山先生句云'绉透瘦皆备，去来今不言'即此。癸丑小春，偕鼎铭三兄往观，鼎铭与予同负米老癖，徘徊不忍去，因为之写其状于篁端，以当晤对。今夕庵居巢并识。"校：绉，当为皱。原诗当为"瘦透皱皆备"。
② 按：同年初秋，居巢绘《荔枝图》扇面赠张嘉谟，题款："……癸丑初秋，调寄山花子，题订鼎铭三兄大人正指，居巢并识。"又按：邓显鹤作《移石歌为韦庐老人作》，"道光癸未（1823年），移居独秀山之西，仍构韦庐，载石自随"。清道光二十二年（1842），吴荣光作《韦石用韦庐集韵，八月一日》，自注"石曾藏羊城陈氏"，见〔清〕吴荣光：《石云山人集》卷二十一续，第16页。
③ 〔清〕倪鸿：《除夕怀鬼诗并序》，《退遂斋诗钞》卷四。

友：作序的李宗瀛、题端的张敬修，后者影响了居巢后半生。张敬修（1824—1864），字鉴中，号德甫，东莞博厦村[①]人，善书画。得到二哥张熙元捐纳，从而走入官场，于清道光二十五年（1845），张敬修入桂任职。清道光二十七年（1847）春，居巢为张敬修绘《沙梨花》《菊花图》，为目前可见居巢最早为张敬修之绘画，是年亦初见"今夕庵"钤印，二者之间似有关联。张敬修延请居巢入幕的具体时间约为此时，一者，居巢与张敬修同为粤人，同声同气；二者，居巢随父宦游广西，熟悉广西地方情形；三者，居张二人具艺术修养，同有书画之好。

清咸丰元年辛亥（1851），太平天国起义，广东望族许祥光入桂征战，曾与张敬修合作至少两次。许、张二人凤谙水战，作战英勇，广西巡抚劳崇光、礼部侍郎曾国藩在上奏皇帝的奏折中褒誉有加。同年八月，居巢绘《连捷图》扇面，预祝张敬修作战接连大捷。居巢随张敬修所部，游走广西大部，既饱览山水，胸中藏丘壑，积累了艺术素材，也自战利品中得到屈大均的墨砚、汉代的印章等文

居巢《连捷图》（1851年，香港中文大学文物馆藏）

[①] 按：博厦村，亦作垒下村。垒，粤地多用此字，如瑶溪二十四景之藤花垒。

房珍宝,让居巢兴奋不已。直到清咸丰六年(1856),张敬修因战事失利,撤职离桂,居巢随之返粤,再没有踏足广西。

居巢返回广东,三弟居仁远赴福建营生,大哥居恒长留广西发展。居恒,字少石,长女居庆,字玉征,次女居文,字瑞征,二人夙承家学,工诗善画。清咸丰元年(1851)除夕,张敬修于桂林为媒,撮合了广西贺县于丹九(?—1884)与居庆的婚事。

居庆生三子,长子于式枚(1853—1915),入读广州名校菊坡精舍,师从名儒陈澧,清光绪六年(1880)庚辰科进士,朱卷履历记录居庆祖上世系,"母氏居,举人、福建闽清县知县讳允敬公曾孙女,原署广西昭平、恭城等县知县,永宁州知州讳棣华公孙女,广西补用县丞名恒公女,云南补用巡检讳巢公、处士讳仁公从女"。[①] 履历并未记载四舅父居幼云,亦证居巢四弟早殇。胞弟于式棱,清光绪二十四年(1898)进士,曾任袁世凯幕僚。于家兄弟登科,一门两进士,前后辉映,闻名遐迩,极盛一时。

清光绪三十一年(1905),两广总督岑春煊与广东学政于式枚创立广东法政学堂,造就新一代司法行政人员,四年后落成。教员朱执信、古应芬,学员陈炯明、邹鲁等,他们日后成为政治舞台上活跃的人物。学堂亦吸引了工画的居派门生:居廉门生周绍光、高剑父门生李抚虹。广东法政学堂设在城北天官里后街,后拓马路,因名法政路,天官里虽然是名不见经传的小巷,却与于式枚二叔公居巢有着不解之缘。

---

① 林京海:《清代广西绘画系年(下)》,广西师范大学出版社2017年版,第456—457页。按:于式枚,曾出任李鸿章幕僚。与岭南近代四家之一的梁鼎芬为同窗,齐受业岭南大儒陈兰甫先生门下,亦为清光绪六年同榜进士。

城北赁庑十香簃

> 甲寅岁，红巾贼犯广州，越半年始退。余时在危城中，每夜与曲社诸子集紫藤池馆[1]，纵情丝竹，以消抑郁。讫今回首，犹为惘然，爰制此词，以识往迹。
>
> ——〔清〕徐灝《八声甘州·忆珠江烽火闭层城》序[2]

清嘉庆十九年（1814），祖父居允敬因缉捕天地会不力，被辞回乡。四十年后（1854年），居巢揣怀词稿，自桂回粤，此时的隔山乡已经不能安居，为躲避天地会之乱，尾随难民挤入广州城门，避居省城[3]，不知不觉间，"但见泪痕湿，不知心恨谁"。

清道光咸丰年间，战争频起，广州城乱，作为战争中心的河南饱受摧残。河南战火纷飞，一片残山剩水；城内偏安一隅，夜夜丝竹依旧。清光绪十二年丙戌（1886）初春，居廉绘纸本设色版《十香图》册，题跋追述居巢往事。自桂返粤的居巢因家乡寓室被毁，租屋暂住广州城北天官里。

天官里，原名天关里。天官里往南，地名多与芳香花卉相关：雅荷塘、馨兰巷、芳草街、花香巷、花樽巷等，品读街名，心悦芳草，充满生活情调。天官里往北旧有西竺寺，明代借寺设贡院[4]，

---

[1] 按：方秉仁，太学生，家小康，卜居广州新城五仙门内，所居曰蕴石山房，园中筑紫藤池馆。

[2]〔清〕徐灝：《摅云阁词》。

[3] 按：张敬修《蕙石图》落款："时癸丑（1853年）冬初，梅生将之官滇南，写此志别，即希两正。德甫弟张敬修。"（杨宝霖编著：《东莞可园张氏诗文集》，广东人民出版社2008年版，第35页。）于式枚朱卷履历记录，"云南补用巡检讳巢公"，亦可相呼应。但是居巢没有赴官云南，原因不详，又：巡检，武职，清制为从九品，掌管地方征赋及治安。

[4] 按：贡院旁洞宾仙馆，遗有明代龙眼树，丙辰年（1856），树脚生九芝，五月十二日，何磐石道士招同张南山师、黄香石舍人、陈鹿苹孝廉、邓荫泉中翰、陈兰甫孝廉、颜子虚上舍、陈古樵孝廉集洞宾仙馆赏灵芝。邓大林绘《九芝图》卷，存世。

为广东省一级科举乡试的场所，贡院前为大石街，旧有夔桥（俗称万里桥）、状元桥，至今遗有与贡院相关的地名：洪桥街（夔、洪同音）、洪桂坊、丹桂里、天香街等。有明一代近三百年，从贡院走出的状元有广州府南海县伦文叙、潮州府海阳县林大钦、广州府顺德县黄士俊三人。明代，天官里一带景色优美，且又与贡院相距不远，卜居于此，希冀招致紫气东来的祥瑞。明代尚书湛若水、黎遂球也曾在天官里居住过。

优雅的环境吸引着文人画家聚居，尤以浙江人为最，他们大多以幕客身份进入政府工作，广州人以其籍贯称之为浙江师爷或绍兴师爷。清光绪二十七年（1901），汪兆铭（笔名精卫）、汪祖泽（汪兆镛长子）、汪宗洙（汪兆镛三子）、汪钦（汪兆铨长子）及朱执信（汪兆铨外甥）、胡汉民、胡毅生（胡汉民堂弟）、徐绍棨、徐信符、古应芬等人，以浙江师爷后代为多，在豪贤街西庵书院组织"群智社"，探讨国家将来，传播革新思想，社员大多追随孙中山奔走革命。

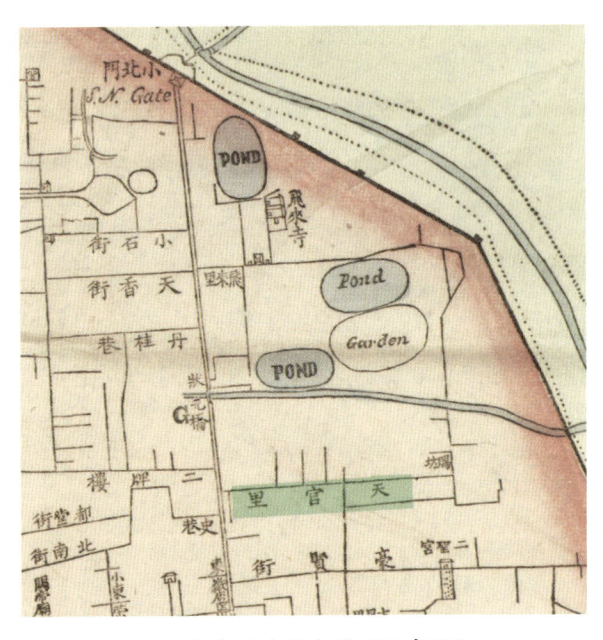

1860年广州地图中的"天官里"

群智社同人合照（1904年）[1]

居巢选择在城北天官里租住，一来租金相对城南低廉，可以节约开销；二来有幕客工作经验，且以祖籍扬州的身份，接近浙江师爷群体，期望获得更好的游幕机会。

虽然广州城外"旗分三面肆攻城"，"城里晨起闻卖花之声依旧不绝"[2]。城外的战争丝毫不影响城内的日常生活质量，在有限的栖居空间里注重居所芳香环境营造的习惯，在城中避乱期间仍有延续，居巢购买了十种芳香花卉盆栽，添置于租住的寓斋。据居廉记述，居巢"惟性喜种植，因购盆卉十种，列阶砌中，以慰晨夕，颜其室曰'十香簃'"。居巢在《十香词》中记及丹桂，"只三两枝儿，赁庑薰彻"，可知租住的寓斋面积不大[3]，与桂林时期赁庑的"樱桃转舍"的居住环境形成反差。身处斗室之中，摆上十种香花，屋外风雨晨昏，屋内花开花落，眼光和心胸随之越出了斗室，神驰宇宙之外。为此，

---

[1] 杨柳主编：《羊城后视镜8》，花城出版社2017年版，第110页。
[2] 〔清〕颜薰：《羊城纪事·咸丰四年甲寅六月至九月》，颜薰：《紫墟诗钞》，第25页。
[3] 按：清嘉庆十年（1805），画家孟觐乙（丽堂）在北京临时的蜗居亦局促，"草堂仅咫尺"。（法式善《孟丽堂觐乙山人写余诗意成卷》）

居巢刻"十香馣"朱文方印
（图自《今夕庵印存》）

居巢将租住的斗室取名室号"十香馣"①，刻有"十香馣"朱文方印。

居巢购置的十种芳香植物均为盆栽，盆栽以其可移动、可更换的便利性，从平民到富户，被广泛使用。扬州八怪之一的郑板桥为书室撰写门联：室雅何须大，花香不在多。居巢乡居隔山乡今夕庵时，也有添置从花埭购买的小盆莲，叶大如钱，花高二三寸，赏花闻香，妻子吩咐填词吟咏。②

清咸丰四年（1854），居巢自桂返粤，居住在"十香馣"时填词《十香词》，但后亦未能继续绘画《十香图》，成为其一生遗憾之一。最终在三十二年后《十香图》由居廉完成，还了其堂兄居巢的遗愿。陈滢总结居巢寓居广西期间的画迹，在清道光二十六年（1846）至清咸丰五年（1855）十年间，独缺清咸丰四年（1854）画作③；杨宝霖制表《二居赠画予可园张氏家族统计表》，有明确创作

---

① 按：室号以"芳香植物"+"馣"的方式而命名，著名者有苏州网师园殿春馣，建于清光绪二年（1876）四月。殿春，芍药别称。
②〔清〕居巢：《浪淘沙令·咏小盆莲，近时花埭所种，叶大如钱，花高二三寸，人争购之，研席镜台间，供玩绝佳，内子嘱倚声写之》，居巢：《今夕庵烟语词》。按：潘飞声亦有以词咏之，《菩萨鬘·小盆莲，叶大如钱，花高二三寸，供之研席镜台间，风致尤胜，胡姬请倚声写之》（见潘飞声：《说剑堂集·花语词》，第8页），二词所咏相同，词序相近，亦见潘飞声刻意效仿居巢。
③ 陈滢：《花到岭南无月令：居巢居廉及其乡土绘画》，上海古籍出版社2010年版，第119—122页。

年份的画作中，居巢为张嘉谟绘画，清咸丰三年（1853）有十幅，清咸丰五年（1855）有一幅，也是缺少清咸丰四年（1854）画作；对此，张素娥注释，"此年居巢有可能专注于编诗集，而疏于画事。无独有偶，笔者至今仍未能发现他在该年所绘的作品"[1]。

在"十香馓"居住期间，居巢虽然疏于绘画，但把精力放在刊刻词集上。此前居巢携带着《今夕庵烟语词》稿，以及李宗瀛同年所作词序自桂返粤。居巢的《今夕庵烟语词》没有在桂林刊刻，是因为桂林虽然是广西省会，但在出版印刷业方面，远远落后于岭南印刷业中心的广州，"至道光、咸丰年间，广州刻书行业兴盛，书坊数量之多仅次北京、苏州，在全国居第三位"[2]。广州的书坊遍布城内、西关、河南，以城内最为密集，集中于学院前、西湖街、龙藏街、九曜坊、书坊街一带，其中又以双门底最多，为书籍出版事业的发展提供了很好的文化氛围。

城墙之外，狼烟四起，城墙之内，雕版工人如常开工。每年发行的通胜、经书等民间通俗用书，并未因为战火纷飞而中断印刷。居巢的《今夕庵烟语词》得到张敬修资助，同时亦因广州城内刻书业的正常运转，在清咸丰四年（1854）得以顺利刊成，成为居巢生前唯一出版的著作。

同年年底，广州战事平息。避乱于城北天官里"十香馓"的居巢带上新书，重返广西桂林。李宗瀛重逢居巢，使用好友新命名的室号，称居巢为香馓主人，诗曰："香馓主人常潦倒，半生曲糵事不了。"[3] 曲糵，指酒。两个贫困落魄的文人借酒消愁，尽吐愁绪，感慨人生短促、去日苦多。

---

[1] 张素娥编：《居巢居廉年谱》，广州出版社2003年版，第68页。
[2] 广州市地方志编纂委员会编：《广州市志 卷5（上）》，广州出版社1998年版，第127页。
[3] 〔清〕李宗瀛：《对酒放歌》，《小庐诗存》。

1856年广州战火①

因为中国政府未有全面履行十四年前签订的《南京条约》，清咸丰六年（1856），英军炮轰珠江沿岸炮台，攻陷广州城，沉寂一年的广州城又复战火。

清咸丰七年丁巳（1857）冬，英法联军屯兵河南，攻入城内，两广总督署被焚。居巢赋诗记载，"丁巳十一月，羊城猝变，琐尾之民，怨声载道"②。琐尾，意指颠沛困顿，为远离城中战火，人们背井离乡，无奈走上逃亡之路。城中炮声不断，两广总督阮元所编《学海堂经解》，刻板毁于兵火，"残者十之五六"③；《今夕庵

---

① "Canton and Part of the Suburbs, Sketched During the Conflagration of the City", *Illustrated London News*, March 14, 1857, P250.
② 〔清〕居巢《丁巳十一月，羊城猝变，琐尾之民，怨声载道，因拟五杂组，以写其声》，〔清〕居巢著，潘飞声、邱炜蒗同编：《今夕庵诗钞》。
③ "道光九年刻竣，藏版于广州学海堂侧文澜阁，咸丰七年被毁于兵燹，残者十之五六。咸丰九年，两广总督劳崇光集资补刊之，至咸丰十一年始成。"《哲学大辞典》编辑委员会编：《哲学大辞典·中国哲学史卷》，上海辞书出版社1985年版，第508页。

居巢《春花》扇面（1857年，东莞可园博物馆藏）

烟语词》刻板同遭厄运，杨永衍《粤东词钞二编》序记，"梅生之作，名《烟语词》，咸丰丁巳之冬，其板被兵火毁去"①，刻板存世不过三年。

广州城失守之时，居巢寄居东莞可园，与张嘉谟寻花郊野，赋诗《丁巳冬暮，至石井，同张鼎铭太守望嘉谟，见野花一种，按其状类山矾，问之村人，名曰"春花"，疑是楙椰之讹，鼎铭写图，嘱巢赋诗记之，以俟博雅》，绘画记录所见春花②，过着与广州及桂林时期截然不同的悠闲园居生活。

东莞可园昔耶室

　　（居巢）工花卉、草虫，笔致工秀，而饶有韵味。工诗词，为画所掩，著有《昔邪室诗》、《烟语词》。尝与汉军陈良

---

① 〔清〕杨永衍：《粤东词钞二编》序。
② 按：据杨宝霖考证，"'春花'，一名'春花木'，花与叶，似瑞香，美而无香，灌木，木质坚且韧，农民多以之作水车车叶的木栓"。（杨宝霖：《居巢居廉与东莞可园张氏家族》，广州艺术博物院、香港艺术馆主编：《居巢居廉艺术研讨会文集》，岭南美术出版社2008年版，第135页。）

玉入广西张德甫按察军幕，所作尤得江山之助。

——汪兆镛《岭南画征略》

　　清咸丰八年戊午（1858），英法两国组织以巴夏礼为首的"联军委员会"，与广东巡抚柏贵共治广州，结束战事，恢复广州对外贸易。文人心目中华夷有别的千秋大义失序，洋人管治省城，文人纷纷离城乡居，各奔东西。词人徐灏，"戊午岁，避乱横溪"①；诗人陈春荣，"时咸丰戊午，羊城夷扰，四月，移眷口南海治大范乡中，遥避兵气"②。同一时期，诗人倪鸿于"咸丰戊午夏月，避乱佛山"③。居巢则在好友倪鸿离开广州的前一年，得到张敬修的邀请，避地东莞可园。东莞是居巢人生轨迹中，除广西以外的又一重要驿站。

1858年，广东巡抚柏贵与英国领事巴夏礼
（Pey Kwei & Commissioner Parkes，图自美国盖蒂博物馆）

---

① 〔清〕徐灏：《念奴娇》，徐灏：《擕云阁词》。按：横溪，今广州市白云区金沙街横沙村，招子庸故乡。招子庸，举人，师从张维屏，诗画皆绝。以《粤讴》著称于世。
② 〔清〕陈春荣：《村居杂作》，陈春荣：《香梦春寒馆诗钞》卷三。按：大范乡，今佛山市南海区大沥镇大范村。
③ 〔清〕倪鸿：《桐阴清话》卷一。

寻芳十香园

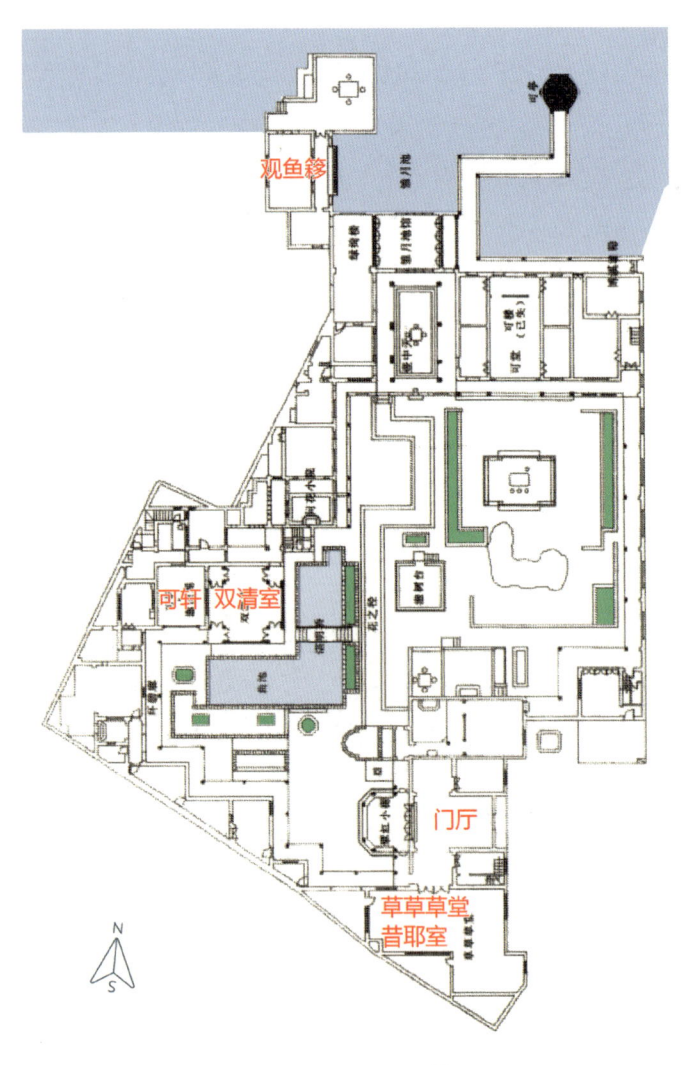

东莞可园平面图[①]

① 根据"可园古建筑总平面图"添补水体、绿地及标注。图自王红星等编：《东莞可园》，华南理工大学出版社2011年版，第14页。

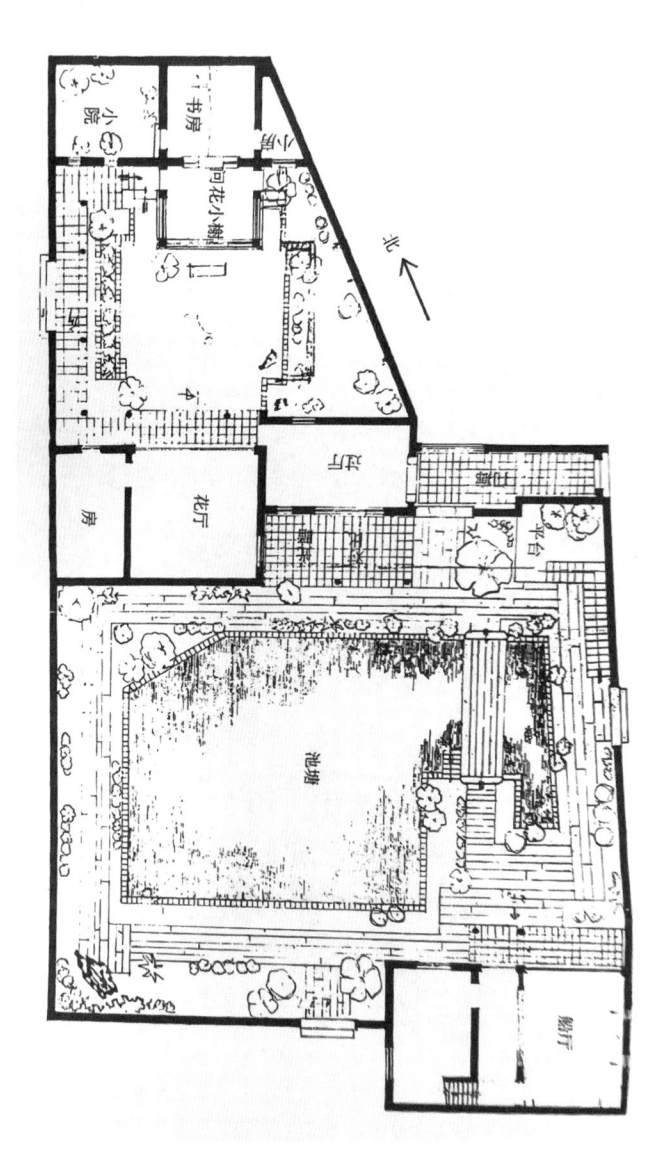

东莞道生园平面图 [1]

① 图自夏昌世、莫伯治编著：《岭南庭园》，中国建筑工业出版社2008年版，第70页。

可园、学圃、道生园、欣遇园，名震莞邑，被称为东莞四大名园，均为张应兰子孙所建。张应兰（1763—1837），字楚佩，号九畹，著有《素行堂文抄》，已佚。次子张熙元（1803—1869），字伟中，号天民，长袖善舞，富甲一方，建学圃（原在莞城滑石街旁），著有《遂初堂文集》，已佚。五子张敬修（1823—1864），字鉴中，号德甫，建可园，诗作有《可园遗稿》传世，编辑有《可园印谱》，已佚。

张熙元生五子，三子张嘉谟（1830—1887），字鼎铭，著有《静娱室杂存》等书；四子张家齐，字鹰扬，号汝南；五子张达才，字赓扬，号经畬，与三哥张嘉谟同建道生园（原在莞城道富巷，面积约750平方米，2013年被拆）；六子张嘉言（1844—1914），字仁扬，号怡生，建欣遇园(西邻道生园）。

东莞张应兰家族与桂林李宜民家族，均在各自城中广建园林[1]，第二、三代的张敬修、张嘉谟叔侄，李秉绶、李宗瀛叔侄，均对居巢、居廉人生及艺术影响深远。

清咸丰八年戊午（1858）立春，居巢绘《蟹熟菊开》扇面，题款记录了园中食蟹赏菊之乐，"迎春风信菊犹黄，郭索登盘大筐似。快意休论八州督，闭门日日作重阳。戊午立春，连日可园食蟹赏菊，小廉作图、老巢占句，聊志一时过从之乐云尔。质之鼎老，以为如何，当必继声也，居巢并识。"同样的蟹菊题材，张嘉谟在将近三十年后也有绘画。

---

[1] 按：东莞张氏，亦如桂林李氏，私园遍布，但数量及规模逊色于李氏。李秉礼建有我园、湘南别墅，李秉绶建有环碧园、招隐园、樱桃园，李宗瀚（李秉礼长子）建有湖西庄、拓园和湖东楼，李宗潮（李秉礼三子）建有云林山馆，另有散布桂林城中各处别馆小筑，不可胜数。

五月，张敬修作《可楼记》，"时戊午夏一月竹醉日也"[①]，可园中最高的建筑物"可楼"已经落成，听琴泼墨，赏菊品蟹，园中的文人雅聚亦渐次热闹。

深秋十月初十夜晚，正当菊花盛开、秋高气爽之时，园主张敬修邀请陈良玉（朗山）、简士良（东洲）、罗珊（铁渔）、任成章（小廉）、居巢及三弟居仁（子耘）一同于可园赋诗绘画，食蟹赏菊，居巢、简士良赋诗以记。

同年，张敬修购得明代岭南硕儒邝露[②]旧藏唐代绿绮台琴，建绿绮楼珍藏之，秋日凉风，邀请陈良玉、简士良、罗珊、居巢、居仁同访可楼，登高听琴，宛如天宫仙音，居巢、简士良为此赋诗。去岁二月，张敬修雅集广州花埭杏林庄，希望得到杏籽引种可园，此事未见下文，毕竟，始终不及得到唐琴的惊喜为大。

居巢《蟹熟菊开》扇面
〔1858年，印章"今夕庵（朱文方印）"，香港中文大学藏〕

[①] 杨宝霖编著：《东莞可园张氏诗文集》，广东人民出版社2008年版，第58—59页。按：竹醉日，指农历五月十三日。北宋范致明《岳阳风土记》："五月十三日谓之龙生日，可种竹，《齐民要术》所谓竹醉日也。"
[②] 按：居巢在桂林曾读邝露著作，为题《题邝湛若海雪著〈书砚铭拓本〉》。见〔清〕居巢著，潘飞声、邱炜萲同编：《今夕庵诗钞》，第8页。

张嘉谟《菊蟹图》团扇（1885 年，东莞市可园博物馆藏）

  张敬修善画梅花，园中植梅写生。冬天梅花盛放，月夜之下，居巢与罗珊同听秋娘曲；次夜，陈良玉、简士良等好友到来，四人同赏梅花，赋诗抒怀；好友离开之时，梅开月上，居巢独坐悄然，赋诗怀念李宗瀛等文友。

  可园雅集中的陈良玉、罗珊、简士良均为居巢好友，又以陈良玉与居家交谊最为深远。陈良玉（1814—1881），字朗山，辽宁铁岭人，广州驻防汉军，举人，擅诗词，著有《梅窝诗钞》三卷，陈澧、陈璞为之序；《梅窝词钞》一卷，汪瑔为之序；与居少楠同列陈璞所撰《拟广东文苑传》。陈良玉与居巢同入幕张敬修军中，曾经作为月下老人，牵线居巢女儿居瑢（佩徽）许配番禺林明仲，居氏未婚而卒，陈良玉赋诗四首以表哀悼。陈良玉与居巢侄外孙于式枚亦有往来，曾经赴约于式枚家中倾倒壶觞，赋诗为乐。[①]

[①]〔清〕陈良玉：《悼居佩徽女士诗四首》，《于晦若上舍式枚招饮寓园》，〔清〕陈良玉：《梅窝诗钞》卷三。

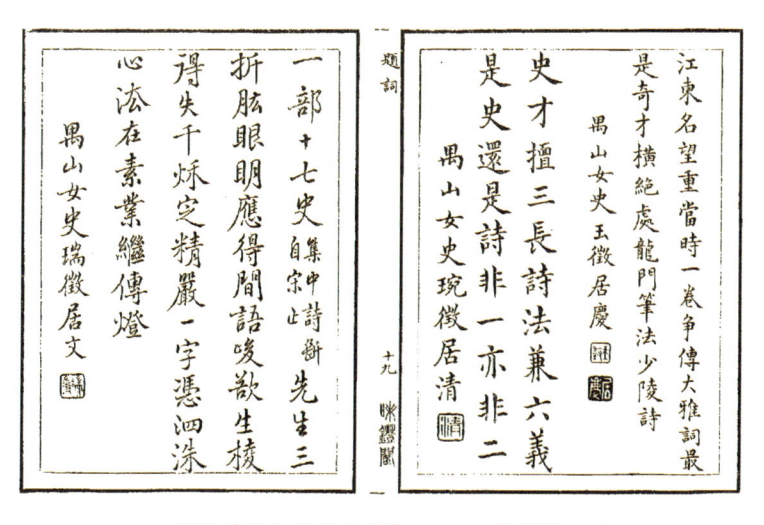

罗珊《味灯阁咏史诗》，1858年刻本。

罗珊，字玉泉，号铁渔，莞城西门人，生卒不详，清咸丰九年（1859）庠生，著有《味灯阁诗钞》、《味灯阁咏史诗》。居仁（子耘）及居庆（玉徵）、居清（琬徵）、居文（瑞徵）三姊妹为《味灯阁咏史诗》题诗，亦见罗珊与居家过从甚密。清咸丰十年（1860）三月，居巢离粤赴赣，前往南昌入幕张敬修，罗珊赋诗《送居梅生巢之江西》以送别。

简士良，莞城北郊光石人，生卒不详，嗜古若渴，爱诗如命，著有《秦瓦砚斋诗钞》。与居仁交情深厚，亲如兄弟。

居庆接受过诗文、书画训练，并且表现出相当的艺术造诣，胞妹居文亦能词。陈良玉评居瑢（佩徵），"身是前朝叶小鸾"[1]，叶小鸾是明末苏州才女，工诗画善琴棋，可知居瑢才学。居清"课弟披吟卷"，"母病垂死，草疏千余言，吁天祈以身代"[2]，展出爱好

---

[1] 〔清〕陈良玉：《悼居佩徵女士诗四首》，〔清〕陈良玉：《梅窝诗钞》卷三。
[2] 〔清〕简士良：《子耘客闽女琬徵适林某一载而寡依子耘归于岭南守义病卒年二十七作诗哀之》，《秦瓦砚斋诗钞》卷六。按：诗作于清咸丰九年（1859）春，则居琬徵生于清道光十三年（1833）。

读书的形象，且有一定的文学才能。居家四姊妹虽然生非望族，但在居家文教极浓的氛围下，才学不相伯仲，处于"女子无才便是德"的社会环境，这对于当时一般女性而言是难以想象的，由此可以看出居家观念开明，男女平等。

居巢避地可园的同一时期，居廉或园居于隔山乡，或借居于张嘉谟道生园[①]。以清咸丰八年戊午（1858）为例，居巢、居仁同胞兄弟在可园赏菊、听琴之时，独缺堂弟居廉；居廉于道生园端午雅集之时，有桂林彭冠臣、湘潭葛本植（绪堂），未有居巢、居仁两位堂兄的出席。但是，居巢并没有忘记居廉，在可园绘《菖蒲奇石》扇面赠送居廉，钤"今夕庵"朱文方印。

居巢题诗绘画，记录了可园的园居生活，亦成为可园建筑装饰一部分。可楼，是可园全园制高点，一楼为可轩，东邻附设双清室，均为接待友人的客厅。作为重要会客场所，室内装饰需要带有文化品位，客厅之间的红色玻璃上蚀刻有居巢以篆书所题四字诗铭，十

居巢《菖蒲奇石》扇面（香港中文大学藏）

[①] 按：居廉"中岁返粤，下榻东官张氏道生园"。高仓《居古泉先生小传》，《国运》，1911年第2期，第30页。

分耀目,美不胜收,正反观看均为同一个字,原有三十五字,1965年因故缺十二字,"古昔有言,居思其幽。有□□泉,亦林亦□。□□无田,皇皇昔□。□乐□□,□安□□。居巢赞"。今再缺四字:"其、泉、亦、皇","乐"字缺少上部三分之一。张铁文补其诗曰:"古昔有言,居思其幽。有山有泉,亦林亦丘。无土无田,皇皇昔优。长乐未央,永安千秋。"[①]"长乐未央"出自文字瓦当,为汉代常用吉祥语,意指长久欢乐,永无止境,寄托园居生活的美好。诗铭是可园现存的居巢唯一真迹,既见证园主张敬修与居巢的深厚情谊,亦反映居巢深厚的金石学功底。

可楼及双清室

---

① 张铁文:《东莞风情录》,广东人民出版社2015年版,第371—372页。按:王红星等编:《东莞可园》,华南理工大学出版社2011年版,第40页,"优"录为"忧"。

寻芳十香园

居巢诗铭玻璃窗，从可轩向东望双清室

乌韭

居巢为可园留有诗画，张敬修为居巢在可园留有诗画创作空间，居巢为这间其专属的寓室题名"昔耶室"。居巢为居廉题诗《古泉画我小影置梅花中，戏题七绝句》七首，其四："昔耶寄迹好池台，客子光阴数举杯。莫抚头颅伤寂寂，梅花于我尽情开。（注：时避地莞城主可园。）"① 又，居巢《咏可园并蒂菊》七律首联："莫怪平泉寄昔耶，秋深群卉俪春华。"②

"昔耶"，反读为"耶昔"，可指向"耶悉茗"——素馨花的别称，居巢乡居与素馨田为邻，是著名的"河南花"生产基地；素馨，已然是居巢心中的"故乡花"，室号是将其对故乡的想念结合在一起。作为扬州后裔的居巢将画室命名为"昔耶室"，既有仰慕扬州画派昔耶居士金农之意，也流露出惆怅游子的思乡之情。

清咸丰九年己未（1859）四月，张敬修征战东江，留在可园的居巢绘《野塘闲鹭》扇面，赠张敬修长子张家齐（汝南），题款："黄鹂紫燕去来啼，雌蝶雄蜂来去飞。只有鹭鸶闲似我，野塘新水立多时。己未四月园居，即事成此，并拟山谷道人《演雅》诗意，题请汝南仁弟大人两政。居巢并识于昔耶室。"相同的画作分别赠与不知名好友及简士良，落款略有不同。三图，同一题材，前二图明确创作于"昔耶室"，室号初见于居巢画作。

---

① 〔清〕居巢著，潘飞声、邱炜萲同编：《今夕庵诗钞》，第22页。首句出自唐代温庭筠《洞户二十二韵》："昔邪看寄迹，栀子咏同心。"其五附注：同人方复修罗浮梅花村，推断诗作于清咸丰九年（1859）二月期间。
② 〔清〕居巢著，潘飞声、邱炜萲同编：《今夕庵诗钞》，第23页。

居巢《野塘闲鹭》（广东省博物馆藏）

居巢《野塘闲鹭》（图自艺狐在线）①

居巢《野塘闲鹭》（图自雅昌拍卖）

---

① 按：受赠者"□□□弟大人两正"，名字被刮去，无从辨认。从广州艺术博物院藏居巢《双鹭图》落款"可园即目写寄鼎铭仁弟大人两政"推断绘画赠与张嘉谟。

对于昔耶室在可园的具体位置，王红星《东莞可园》认为，"昔耶室是居巢在东莞可园长期的住所，但在可园中的具体位置没有提及，今人难以妄断"①。郭玉美指出居巢绘画的所在："可园中草草草堂是二居日常作画的地方，可园重修前，该处墙根仍满是色痕墨印，是他们写画时留下的颜色斑点，虽然现已不复见，但据闻当时草堂墙上有一个万字形的橱架，是二居放颜色画具的地方，橱架制作异常精细，连一根发丝也插不进去。"②张素娥推断昔耶室即为草草草堂，"草草草堂是当年居巢、居廉客寓之所。居巢将这里视作自己的画室，取名'昔耶室'。一九六五年重修可园时，墙上尚留有他们作画所留下的颜色痕"③。

草草草堂，位于可园入口门厅南侧，张敬修为纪念自己在广西戎马生涯而命名，并专为草草草堂撰长文，从其处于入园显眼位置，以及为之所撰长文，可见张敬修对"草草草堂"的重视。

居巢赋诗《张德甫廉访可园杂咏》，吟咏园中十五个景点：可园、可堂、可舟、可亭、可楼、邀山阁、问花小院、博溪渔隐、滋树台、擘红小榭、花之径、环碧廊、茉莉田、湛明桥、曲池。④诗作时间不详，至少在清咸丰八年（1858）五月可楼建成之后。诗篇十五，独未有草草草堂。其因一，约在此时，张敬修已经将最先修筑的"草草草堂"留与居巢作为寄居之所；其因二，避免与同乡名儒何仁山室号"草草草堂"重复。

何仁山（1812—1876），字颐贞，号梅士，莞城北郊新沙人，清道光十九年（1839）解元⑤，有《草草草堂诗草》传世。何仁山为

---

① 王红星等编：《东莞可园》，华南理工大学出版社 2011 年版，第 11 页。
② 郭玉美：《居巢（1811—1865）画艺研究》，1996 年，第 39 页。
③ 张素娥编：《居巢居廉年谱》，广州出版社 2003 年版，第 60 页。
④〔清〕居巢著，潘飞声、邱炜萲同编：《今夕庵诗钞》，第 19—20 页。
⑤ 按：贡院乡试，合格者为举人，雅称孝廉，名列第一者，雅称解元。

可园座上宾，与居巢、居廉互有交往，诗集录有《题居古泉小照·手捧一石》①，作于清同治八九年（1869—1870）间，居廉将之收录于十多年后的六十岁贺寿诗集《啸月琴馆寿言》中。

居巢园居隔山乡，室号今夕庵，著词集《今夕庵烟语词》；避地东莞可园，室号昔耶室，著诗集《昔耶室诗集》②。"粤东三家"之一的汪瑔于清咸丰九年己未（1859）随宦东莞，游资福寺、袁督师祠、虎门炮台，结识寄居于可园的居巢。二人际遇相近，同为幕客且没有功名，交游往来，居巢与汪瑔皆为五年前拒贼而亡的东莞黎姓烈女赋诗③，汪瑔读居巢新编《昔耶室诗集》，赋诗《四言书居梅生巢〈昔耶室诗集〉后》：

> 空山无人，落叶如雨。抱琴独来，静与秋语。
> 脱然畦径，深林徐步。微闻斧声，樵子何处？
> 溪云半消，忽见疏树。孤鹤在旁，聆此佳句。④

可园座上客中的冯询（1792—1867），字子良，番禺人，清嘉庆二十五年（1820）进士，著有《子良诗录》、《子良诗存》。冯询与简士良、倪鸿同为张维屏门生，善歌，所作粤讴，先于同门招子庸，可惜没有存世；又与张敬修、居巢交好。清咸丰十年（1860）春，

---

① 〔清〕何仁山：《草草草堂诗草》卷下。按：同诗亦见于居廉《啸月琴馆寿言》，诗名记作《居古泉得寿图题咏》。
② 按：《昔耶室诗集》已佚，无从确知原名，根据居巢书画所记，均作"昔耶"，汪瑔记《昔邪室诗集》之"昔邪"，其意虽与"昔耶"相通，但未见诸居巢亲记，故诗集名以《昔耶室诗集》为妥。
③ 按：汪瑔《黎烈女行并序》，居巢《潢之水》。
④ 〔清〕汪瑔：《随山馆猥稿》卷四，《清代诗文集汇编》编纂委员会编：《清代诗文集汇编》七〇七，上海古籍出版社2010年版，第46页。《岭南画征略·卷十》，"畦径"作"蹊径"，"溪云半消"作"溪云半销"，"佳句"作"秀句"。又："空山无人"，亦见于居巢《文殊兰》扇面，题款："空山无人，水流花开。法新罗山人。戊申（1848年）九月居巢。"（广州美术馆藏）

居巢将离开广东，冯询赋诗《赠居梅生高士巢》，赞曰："梅翁才名振翩翩，妙笔三绝如郑虔。闻名十载未识面，识面倾倒相流连。"①此诗以《赠居梅生即题其诗集》之名收录于邱炜萲、潘飞声同编的《今夕庵诗钞》②，字句略有改动。冯询在赠诗中未有提及居巢去岁在编的新诗集名称，同时期好友如陈良玉、罗珊、简士良等，也未见记录居巢《昔耶室诗集》及相关诗集。《昔耶室诗集》或是未最终完稿，又或未有刊刻，原因不详。

可园中现存与居巢有关联的室号，非观鱼簃莫属。观鱼簃位于可园西北角，东南依雏月池，临水而筑，柳荫映湖，清幽雅致，是可园环境最舒适的地方。

可园的兴盛，以清咸丰八年（1858）为最，清咸丰九年（1859）二月，张敬修督师东江，再度离开可园，居巢绘《白梅图》③送行；清咸丰十年庚申（1860）二月，张敬修以大败太平军之军功，任职

东莞可园观鱼簃

---

① 〔清〕冯询：《子良诗存》卷十六，第12页。
② 〔清〕居巢：《赠居梅生即题其诗集》，〔清〕居巢著，潘飞声、邱炜萲同编：《今夕庵诗钞》，第1页。
③ 题款：补梅罗峤方寻约，筹笔龙荒又借才。寄语翠禽劳怅望，功成长揖早归来。己未（1859年）仲春，德翁廉访大人约同人补梅罗浮，适有督师东江之行，作此奉寄，殊无足观，欲使知山灵相望，不减苍生待命也。番禺布衣居巢并识。

江西按察使，临行前绘画兰花赠别同乡解元何仁山[①]，并招居巢入幕。居巢临行与友道别，赋诗《张德甫廉访招游豫章，留别诸同社》[②]，北上前往梅福故地。

清咸丰十一年辛酉（1861）五月，任职一年的张敬修因体弱多病上疏请求退休被"勒令休致"返回东莞，在政坛上黯然落幕。

清同治元年壬戌（1862），张敬修返乡所守的可园日益冷清，盛地不常，盛筵难再。同年三月十八日，居巢前往花埭杏林庄参加雅集；七月十六日，大概居巢已经返乡，张敬修以伤疾不良于行，嘱其他画人绘《拄杖归来图》[③]；九月，可园赏菊，只有简士良赋诗即事，"一杯愿进延龄酒，岁岁花间杖履陪"[④]，虽为祝寿，但显得格外凄凉。

清同治三年（1864），清军攻破南京，太平天国政权覆灭，清政府再续了半个世纪的安稳岁月，史称同光中兴，曾经参与征伐太平军的张敬修无缘享受盛世太平。同年，正月二十五日丑时（1864年3月3日），张敬修在黎明到来之前，病逝于可园，终年四十二岁，如戏人生落幕，弥留之际，嘱托侄子张嘉谟善待居巢：

> 公待亲故寒微，往往恐失其意；遇有窘迫，脱骖指囷，皆优为之。……故人番禺居梅生布衣巢，避地至莞，公赀给之屡年矣。弥留之际，犹以为念，嘱侄善视之，且为之筹饘粥之费，送之归里。其笃友谊又如此。[⑤]

[①] 杨宝霖编著：《东莞可园张氏诗文集》，广东人民出版社2008年版，第34页。
[②] 〔清〕居巢：《张德甫廉访招游豫章，留别诸同社》，附注："时同人重修罗浮梅花村，故人拟结邻借隐"，〔清〕居巢著，潘飞声、邱炜菱同编：《今夕庵诗钞》，第1页。
[③] 杨宝霖编著：《东莞可园张氏诗文集》，广东人民出版社2008年版，第78页。
[④] 〔清〕简士良《壬戌九秋，可园赏菊即事赋呈主人》，〔清〕简士良：《秦瓦砚斋诗钞》卷七。
[⑤] 《东莞张氏如见堂族谱》卷二十八《杂录谱》。杨宝霖编著：《东莞可园张氏诗文集》，广东人民出版社2008年版，第268页。

不论从军广西、侍宦江西，还是避地东莞，居巢一直得到张敬修资助，方能从容吟诗绘画、收藏印砚、出版词集。张敬修过早辞世，居巢被迫离开东莞可园之际，与好友简士良道别，赠《二鸟图》扇面，题款"微禽慕其侣，气同声自求。诗人况李杜，此唱彼则酬。汝我两穷鸟，相媚良有由。遭时感拆群，惜别定周周。别岂可得已，惜岂可得留。好音苟不遗，讵云道阻修。愿如彼二鸟，谊以悠远谋。远将隘六合，悠且期千秋"。[1] 诗中将自己与简士良二人比作"两穷鸟"[2]，孤独游离，无枝可依，感时怀人，情真意切。

　　从清咸丰七年（1857）十二月至清同治三年（1864）正月，剔除往返广州及任职南昌，居巢在可园的时间累计不超过五年。张敬修逝世不足二十天，居巢已经返回隔山乡，于二月十五日花朝节，参加邻乡好友杨永衍添茅小屋的雅集。三月，苦雨弥月，居巢久困今夕庵室内，听雨怀人，绘画二鸟图斗方赠送张嘉谟。[3] 二鸟图题材，居巢至少绘画了两幅，一幅赠简士良，一幅赠张嘉谟。张嘉谟在三年后绘画同题材扇面，题款追记"放鸽之会"。居廉及何翀门生刘鸾翔也有创作同题画，二人构图相似，唯刘鸾翔所绘双鸟姿态从一望一回顾，改为双双前望，稍失灵动。

---

[1]〔清〕居巢著，潘飞声、邱炜萲同编：《今夕庵诗钞·今夕庵题画诗》，第6页。
[2] 简士良贫寒，受张敬修资助，戊午（1858年）除夕，张敬修惠金过新春。〔清〕简士良《戊午除夕德公惠金》，简士良：《秦瓦砚斋诗钞》卷六。
[3] 按：广州美术学院藏《锦鸽图》扇面，题材与《双鸽》图相同，题款："德甫姻伯大人鉴正，甲子四月，居巢。"张敬修已经于一月作古，且与居巢没有姻亲关系，此"德甫姻伯大人"应另有其人。又：百居堂藏居巢《瑞鸽图》斗方，题款："甲子暮春，苦雨弥月，蹐促□时□原放鸽之会，□物暄冶，心目怡旷，亦一快也，因写此于鼎翁仁弟扇端，以遣悠想，藉请晒政并记后期云，居巢□识于今夕庵。"（张素娥编：《居巢居廉年谱》，广州出版社2003年版，第81页。）

居巢《双鸽》图（东莞市可园博物馆藏）

张嘉谟《双鸽》图（图自皇玛抱趣 2008 年迎春拍卖会）①

---

① 题款：丁卯（1867年）季冬，伏处里门。跼促一室，因忆昨在都门，友人郊原放鸽之会，云物喧冶心目怡旷，亦一乐也。偶写于笔端，以遣遐想。即请兰圃贤伫台哂正。张嘉谟。

居廉《双鸽》图〔图自香港华辉 2023 年春季精品拍卖会（二）〕

刘鸾翔《双鸽》图（东莞市可园博物馆藏）①

---

① 题款：居梅生先生有此本，己酉（1909 年）上元雨溪二兄以素绢嘱临，但恨未得其神似耳。玉笙□，刘鸾翔。

返回隔山乡的居巢,结束了东莞可园安逸的生活,且缺乏其他经济来源,心力交瘁,身体"又老且病,目昏手强,且咳喘甚烈,健康已差"[①],与药炉为伴[②],连邻村挚友杨永衍相邀的四十八岁生日聚会也没有出席。清同治四年八月廿三卯时(1865年10月12日),居巢在贫病交加中与世长辞,艺术人生落下帷幕,享年五十五岁。

张敬修与居巢交游年表

时间	交游	备注
清道光二十五年（1845）	张敬修离莞赴桂,治兵广西。	一起一落
清道光二十七年（1847）	居巢为张敬修绘《沙梨花》、《菊花图》。是年亦初见"今夕庵"钤印。	
清道光三十年（1850）五月	张敬修离桂回粤,东莞可园始建。	
清咸丰元年（1851）正月	张敬修离莞赴桂,征剿太平天国军。	二起二落
清咸丰元年（1851）八月	居巢为张敬修绘《连捷图》。	
清咸丰元年（1851）除夕	桂林,张敬修撮合于丹九、居庆成婚。	
清咸丰二年（1852）秋	张敬修于砚刻铭:"壬子秋,逆匪唐元修踩蹦桂、平、柳各属,奉檄往剿。贼众二千余,我兵不及五分之一,利在速战,疾行三昼夜,乘锐直攻,贼仓猝出拒,被击即溃,擒渠扫穴,仅旬日耳。此砚从征,铭以志喜。"	
清咸丰三年（1853）二月	张敬修于砚刻铭:"贼匪谢开八陷迁江,予简锐围剿五昼夜,克之,生擒首逆,散其胁从。计竣事,才旬日耳。时咸丰癸丑二月,德甫自记。"	
清咸丰三年（1853）五月	张敬修于砚刻铭:"癸丑五月,兴安贼连陷二县,猝攻省垣,予简锐入援,一鼓而捷,旋即荡平,此砚适在行箧,铭以志喜。"	

---

① 郭玉美:《居巢(1811—1865)画艺研究》,香港中文大学1996年版,第45页。附注:居巢病症类吸食鸦片之后患。
② "药炉侧畔鬓丝丝",居巢《花朝日,杨椒坪司马永衍约同人泛舟看桃花,予以病未偕,苏心畲广文道芳诗成见示,率和四首》,见居巢著,潘飞声、邱炜萲同编:《今夕庵诗钞》,第12页。

（续表）

时间	交游	备注
清咸丰三年（1853）六月	居巢于砚刻铭："巢制砚，佩如砺，利征行，比盾鼻。咸丰癸丑六月，兴安军中制并铭，居巢自制。"	
清咸丰三年（1853）十月	居巢与张嘉谟往桂林韦庐观"韦石"，居巢绘《韦石图》扇面。	
清咸丰四年（1854）	张敬修资助居巢出版《今夕庵烟语词》，同年刊成。	
清咸丰四年（1854）冬	张敬修赋诗《甲寅秋，督师援梧，钟明府嘱画。时屡挫贼锋，拆馘已千百计，尚蜂屯蚁聚。冬月二日，复大败之于三角嘴。撤队归，乘兴挥毫，并漫题数语志焉》。	
清咸丰五年（1855）二至九月	张敬修任广西按察使，失浔州被撤职，留营效力。（许祥光广西按察使任期：清咸丰二年十二月至四年七月）	二起二落
清咸丰六年（1856）五月	张敬修与太平军战于浔江，大败，伤股坠水，回粤。张嘉谟因功升职，进京前赠诗居巢、居廉，居巢有答诗。	
清咸丰六年（1856）十月	张敬修于广州夺毁英军战舰。	
清咸丰七年（1857）二月	张敬修、居巢、居廉等十人集广州花埭杏林庄作诗书画会。	
清咸丰七年（1857）十一月	英军炮击张敬修所住乡村。	
清咸丰七年（1857）十二月	居巢与张嘉谟东莞郊游，见野花，居绘画。	
清咸丰八年（1858）	张敬修购唐代绿绮台琴，因名园中藏琴处为绿绮楼，居巢赋诗。	
清咸丰八年（1858）五月	居廉绘《荔湾龙舟竞渡图》于东莞道生园。	
清咸丰九年（1859）二月	补梅罗浮，适张敬修督战东江，居巢绘《白梅图》送之。	三起三落
清咸丰九年（1859）四月	居巢赠张家齐《野塘闲鹭》图，绘于可园昔耶室。	
清咸丰十年（1860）二月	张敬修赴南昌任江西按察使。	

（续表）

时间	交游	备注
清咸丰十年（1860）三月	居巢离粤赴赣，入张敬修幕，赋诗《张德甫廉访招游豫章，留别诸同社》。	三起三落
清咸丰十一年（1861）五月	张敬修病情日重，上谕勒令休致。张敬修、居巢同回东莞。	
清咸丰十一年（1861）十一月	居巢、居廉参加添茅小屋销寒雅集，合绘《腊梅月季》斗方。	
清同治元年（1862）三月十八日	居巢等好友集花埭杏林庄饯春并补祝张乔生日。	
清同治三年（1864）正月	张敬修辞世，弥留之际，对居巢犹以为念。居巢回乡。	

杨氏仿题十青簃

（杨永衍）所居曰"添茅小屋"，后徙鹤洲，又号"鹤洲草堂"。花竹深秀，常与张维屏、黄培芳、熊景星、陈澧、潘恕、陈璞、袁昊、汪浦诸名流，诗酒唱酬无虚日，于侍郎式枚少日，亦尝主于其家。居巢、居廉兄弟则其画侣也。[1]

桂林李宗瀛家族、东莞张敬修家族、瑶头杨永衍家族，均是一门书香风雅，亦对居巢、居廉艺术人生影响深远，其中居氏又与杨家交谊最为长久。居杨二家，既是比邻而居，又有书画同好，往来甚密，通家之谊延续三代。杨永衍（1818—1903），字椒坪，河南瑶头乡人，生于瑶头茶田，经营茶叶为业，贾而好儒，"平日手不释卷，工诗词及画写山水"，资助本土文化，"倡建漱珠冈崔清献

---

[1] 民国《番禺县续志》，卷二十四《人物志七·杨永衍》。

公祠[1]，重修双洲书院"[2]。

杨永衍《珠海荣旋》图卷（1845年，图自广东崇正）[3]

杨永衍先后筑有添茅小屋、鹤洲草堂，这些地方成为名流诗酒唱酬地。杨晚年商海受挫，回乡营造半园，退隐闭居。

添茅小屋，位于河南瑶头乡瑶溪畔，杨永衍早期所建，因号"添茅老人"，所著诗集因名《添茅小屋诗草》[4]，所辑集印因名《添茅小屋古铜印谱》。居巢《题杨椒坪添茅小屋》诗，记录添茅小屋位置，

---

[1] 按：崔清献公祠，即崔菊坡先生祠。清同治《番禺县志》卷十七："崔菊坡先生祠，在河南漱珠冈，以菊坡先生尝游憩于此，故以祀之。与纯阳观同时建。"崔与之（1158—1239），字正子，号菊坡，谥清献。
[2] 民国《番禺县续志》卷二十四《人物志七·杨永衍》。
[3] 题识：珠海荣旋。鼎臣老伯大人壮岁客粤，即与家芳谷伯订莫逆交，四十年来如一日。今先生皓首荣归，天涯人远，遂与先生诸故好敬饯于家芥园之半池秋水一房山堂中，命作此图，以志盛谊于勿谖云。时道光乙巳中秋日，杨永衍并识。
[4] 《添茅小屋诗草》六卷，见民国《番禺县续志》卷二十四《人物志七·杨永衍》。

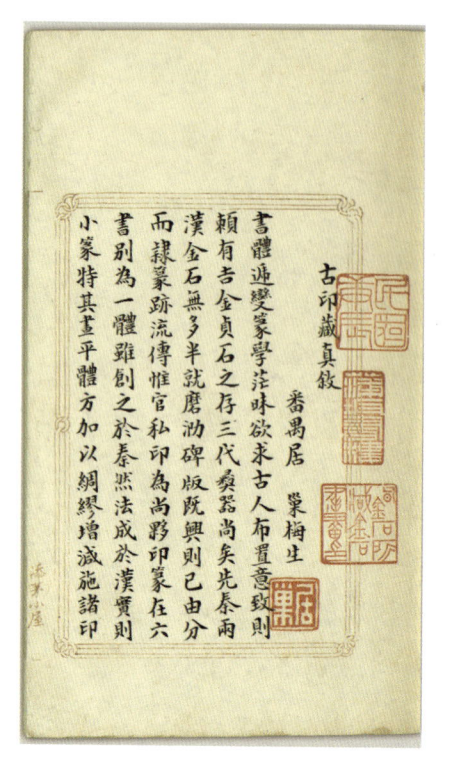

居巢《古印藏真》，书口下署"添茅小屋"

"数椽瑶溪上"①。杨永衍与河南望族潘有科交好，潘有科曾侄孙潘飞声曾经寄宿瑶溪之畔的杨永衍添茅小屋、居廉隔山琴馆，向前辈学习词、画。②

添茅小屋的始建年份不详，目前所见最早记录出现于清咸丰十一年辛酉（1861）的居巢、居廉画作。五月下旬，居廉绘《虫石图》

---

① 〔清〕居巢：《题杨椒坪添茅小屋》，居巢著，潘飞声、邱炜萲同编：《今夕庵诗钞》，第13页。黄任恒《番禺河南小志》记，"添茅小屋，在白鹤洲，杨永衍建。（采访）"，当误。（黄任恒编纂，黄佛颐参订：《番禺河南小志》，广东人民出版社2012年版，第124页。）
② 潘飞声：《携儿女，挈酒具，买棹窑溪，访杨椒坪、居古泉两丈人，酒后赋诗，次椒丈见怀原韵》："记宿添茅小屋、隔山琴馆，已阅十五年矣。"潘飞声：《说剑堂诗集》卷一。

扇面（番禺博物馆藏），题款："石畔瓷盆覆绿蒲，螳螂趣匕画轻摹。笺虫注草繁称引，状物输君尔雅图。辛酉五月下瀚小集添茅书屋、古泉为湘舲世大兄绘此图并嘱题诗名。借画研饮□，书之以博一粲云，心畬苏道芳。□两峰道人小品，辛酉五月为湘舲世大兄雅正，居廉作于添茅小居。"[1] 湘舲，即杨文桂，杨永衍之子，杨其光之父。此时杨宅被记作添茅书屋、添茅小居。七月，江西按察使张敬修被撤职，居巢返回广东。十一月，居巢参加添茅小屋销寒雅集，与居廉合绘《腊梅月季》斗方，题款："辛酉冬仲，添茅小屋销寒雅集，古泉为黄香写照，老巢补月季一枝，以奉荼翁仁兄大人法鉴，巢并识。"此后，均被统一记作添茅小屋。

清同治三年甲子（1864）二月十五日，张敬修辞世不足一月，居巢离开东莞可园，再度返回河南隔山乡，参加添茅小屋花朝节雅集，与居廉合绘《苔石桂花图》（香港攻玉山房藏），题款："甲子华朝，添茅小屋燕集，椒坪道兄出素册属写苔石，翌日梅生仲兄补桂花一枝，并请是正。古泉又识。"

居巢、居廉《腊梅月季》（1861年，香港攻玉山房藏）

---

[1] 张素娥编：《居巢居廉年谱》，广州出版社2003年版，第78页。

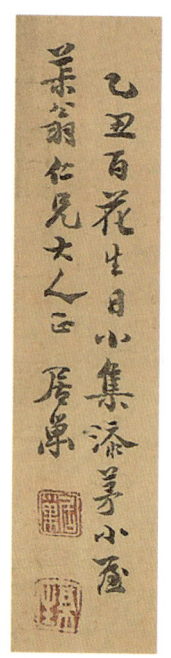

居巢《芙蓉鸳鸯》（1865年，图自佳士德拍卖）

通过杨永衍添茅小屋的雅集，居巢扩展了社交圈子。杨永衍招居巢等友人拜访花埭杏林庄主人邓大林，恰逢园主外出，居巢叹惜"访荫泉主人不遇"①；而后邓大林回访添茅小屋，与杨永衍赏花赋诗，席间，邓大林赠诗居巢，居巢喜赋《添茅小屋看花小集，喜晤邓荫泉中翰赋赠》："天公更惜春阴好，此日真应付酒杯。"②

清同治四年乙丑（1865），居巢在生命的最后一年，身体抱恙，推却了部分雅集，添茅小屋的活动仍然是尽量参与。大年初二，居巢赋诗《乙丑开春二日添茅小屋即事》③。二月十五日花朝节，雅

---

① 〔清〕居巢：《椒坪邀同鸿轩、颜卿、雨臣、蓉坡、子贞及予，鹅潭泛春，由大通寺过杏林庄，访荫泉主人不遇，口占一律奉怀》，居巢著，潘飞声、邱炜萲同编：《今夕庵诗钞》，第16页。
② 〔清〕居巢著，潘飞声、邱炜萲同编：《今夕庵诗钞》，第16页。
③ 〔清〕居巢著，潘飞声、邱炜萲同编：《今夕庵诗钞》，第16页。

集添茅小屋，为杨永衍绘画，现存两幅：《芙蓉鸳鸯》立轴，题款"乙丑百花生日，小集添茅小屋，椒翁仁兄大人正，居巢"；《花蝶图》（香港中文大学文物馆收藏），题款"乙丑百花生日，小集添茅小屋，椒翁仁兄出素纸索画，戏成此帧，工拙非所计也。居巢并识"。同年端午节，居巢长辞人世，添茅小屋留下了居巢最后艺术生涯的珍贵作品。

身为超然派代表之一的杨永衍，其添茅小屋成为隔山派和丹山派交流合作的艺术中心之一，清同治十二年癸酉（1873）九月，居廉与何翀合作《牡丹孔雀图》（广州艺术博物院藏）于添茅小屋，落款："癸酉九秋，古泉、丹山合作于添茅小屋。"记录了河南画人共聚一堂的深厚情谊，他们彼此通融互证，促进了河南画坛的绘事活动。

杨家及居家的文化传承，有赖于杨永衍的财力支持。十九世纪七八十年代，是杨永衍的高光时期。为修补自清咸丰四年（1854）以来长期战乱对社会造成的破坏，清同治十年（1871），由杨永衍倡办的爱育善堂成立，这是广东第一个近代民间慈善组织。杨永衍"生平好施济，倡办爱育善堂，规条多其手定。大吏具奏奉旨，命各省督抚，踵而行之"[1]。爱育善堂以潘仕成位于西关十七甫遭政府查封的寓所作为办公地点，由商人自发组织运作，慈善服务多元化，吸引广东、上海、美国旧金山（三藩市）、澳洲新金山（墨尔本）等地粤籍绅商慷慨捐输，番禺余荫山房园主邬彬、东莞可园园主张敬修侄子张家齐等均曾向爱育善堂踊跃捐助，为善不甘后人。

清光绪元年乙亥（1875）中秋，杨永衍迁居鳌洲，邀请好友在寓所赏月，此后较长时间居于鳌洲之南的白鹤洲。清光绪十年甲申（1884），杨永衍双喜临门，位于河南白鹤洲的新居落成，因名其园"鹤洲草堂"。

---

[1] 民国《番禺县续志》卷二十四《人物志七·杨永衍》。

寻芳十香园

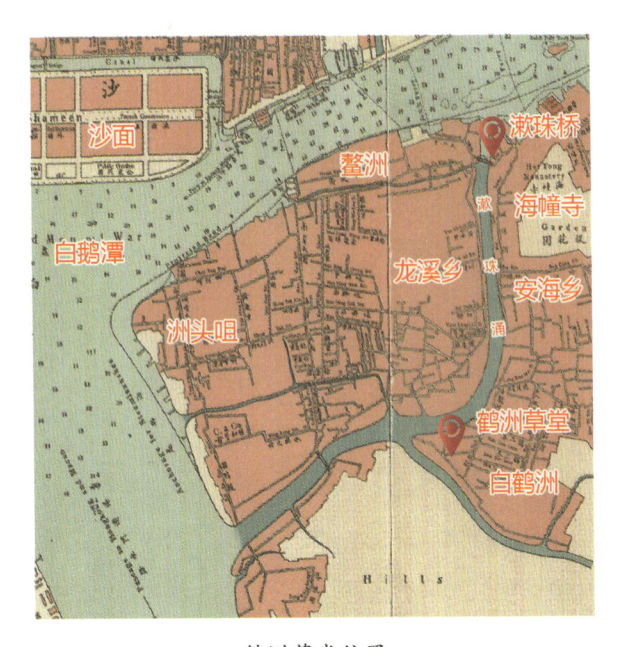

鹤洲草堂位置

("Canton with Suburbs and Honam"，1907年，局部。)

陈璞《椒坪招集鹤洲草堂次瑶生韵》
（《尺冈草堂遗诗》卷八）

128

鹤洲草堂隔漱珠涌北望，为杨其光表兄胡曼及好友潘飞声的寓所，故潘飞声称，"余家与杨椒叟鹤州草堂只隔一小溪"，并称赞杨永衍的鹤州草堂，"坛坫之盛，文酒之雅，颇有金粟、圭塘遗风"。①

河南相对安定的社会局面，促成了河南文人结社、集会。杨永衍经常组织文人聚会，宴饮雅集、诗画唱和，构建并扩大社交圈。虽然鹤洲草堂初建不过三年，但已经成为河南重要的文人雅集地之一，促成了河南词人画家间的广泛联系。清光绪十二年丙戌（1886），潘飞声记："嗣是，杨氏鹤洲草堂、伍氏镜香池馆，及余家梧桐庭院、海幢寺莲公禅房，时时作书画高会，而约云楼题句最多。"②

清光绪十三年丁亥（1887），鹤洲草堂更为热闹非凡。二月十三日，杨永衍七十岁大寿，杨其光为祖父刻印"丁亥年七十"，居廉、谢凤岐（梧山）、潘飞声等友人到贺并留宿，居廉绘赠《二十四番花信》册。又值园中各色牡丹盛开，比于扬州影园"黄牡丹诗会"，良辰美景，寿星公杨永衍置酒征诗，即席分咏各色牡丹，杨其光分得深红牡丹，赋词《夷则国香慢》一阕。居廉于次年绘《牡丹图》册页，追记盛事：

> 丁亥二月，鹤洲草堂牡丹盛开，杨椒叟置酒为高会，即于席上具笔墨，遍征题咏诸君子，取茱叟除夕盐字韵分赋七律，皆以裁云缝雾之妙思，写姚黄魏紫之丰神，较之影园诗社则又盛矣。

---

① 潘飞声：《在山泉诗话》卷二。
② 潘飞声：《在山泉诗话》卷一。

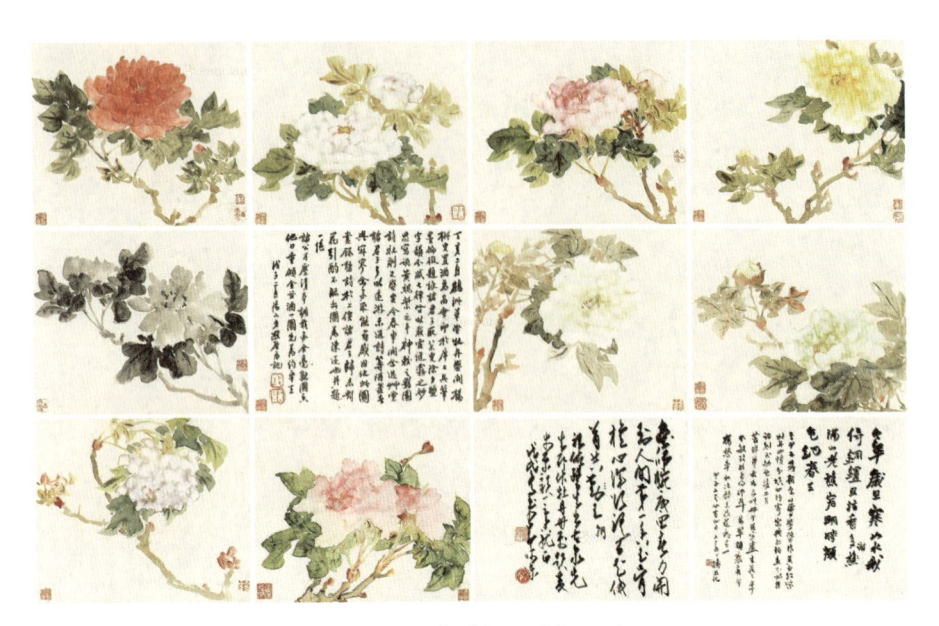

居廉《牡丹图》册页
（1888年，图自华艺国际"岭南名家书画"2015秋季拍卖会）

萧颐常《杨椒坪半园》（《萧斋余事约刊》卷二）

清光绪十五年己丑（1889），七十二岁的杨永衍，财力不及鼎盛时期，鹤洲草堂之部分易主潘宝瓒（桂馨），潘宝瓒将之更名为四薇花馆。杨永衍回乡新筑"半园"，因号"半园逸叟"[①]，杨其光为祖父刻印其号。同年九月二十二日，居廉六十二岁生日，设寿宴于五凤乡纯阳观，杨永衍身心俱疲，由兰孙杨其光代为出席。[②]

居廉《杜鹃花》扇页（1890年，图自佳士德拍卖）

居廉《龙牙草》（《花卉四时册》，香港中文大学文物馆藏）

[①] 按：杨永衍之号"半园逸叟"，或指潘宝瓒得鹤洲草堂旧园之半，寓舍名"半园"，又或隐喻艺术上溯恽寿平学师处——唐宇昭之半园。
[②] "己丑九月二十二日，古泉道兄生朝，同人设筵漱珠冈道院，余遣其光孙抱琴随诸君上寿，赋此遥祝。"见居廉《啸月琴馆寿言》之杨永衍寿言。

寻芳十香园

  杨永衍爱花，鹤洲草堂种有价昂的各色牡丹，半园种有价廉的各色杜鹃。清光绪十六年庚寅（1890）闰二月，居廉游半园，绘《杜鹃花》扇面，题款："赏西樵白云洞，春二三月，杜鹃花盛开，如天半赤霞，所谓红踯躅也。杨茉叟半园近遍种四色，伊邢环燕，同斗春华。与白云洞又开一华鬘色界矣，戏为图之。庚寅闰二月，居廉识。"九月十一日，潘飞声自德国回粤，约同友人何桂林、冯兆年[1]泛舟瑶溪，拜访杨永衍于半园、居廉于啸月琴馆，即席填词，感叹"他乡无此溪山好"[2]。

  杨永衍"爱花亦爱草"，于清光绪十三年（1887）花朝节庆七十大寿，发起文会，组织亲友以"草色"为题吟咏，得诗二百余首，汇编为《草色联吟》二卷[3]。半园初筑，种有芳草十种，小园处处弥漫芳香气息，因名"十青簃"。既咏草色，复咏十青，先后作有《十青诗》、《十青词》。如同以词分咏各色牡丹，亦以词分咏十种芳草，潘飞声分咏"珍珠草"，填词《绿意》："杨椒叟半园有十青簃，所植皆瑶草，里中诸子各为分咏，而椒叟谓不可无拙作，因以珍珠草属余倚声。"

  居巢颜其居"十香簃"，刻"十香簃"印，赋《十香词》。杨永衍马首是瞻，颜其园"十青簃"，刻"十青簃"印，作《十青诗》、《十青词》，一样也没有缺失。清光绪十五年己丑（1889）春日，杨永衍吩咐兰孙杨其光刻"十青簃"印：

---

[1] 按：冯兆年，字穗知、穗滋，顺德人，寓居河南龙尾导乡翠琅玕馆，居廉《啸月琴馆寿言》录其贺寿诗，著有《味古堂印存》等。尝刻《翠琅玕馆丛书》，因家道中落，妻子以书板偿债，悉为黄任恒所得，再经选汰，于民国5年（1916）刊成，仍名《翠琅玕馆丛书》。

[2] 潘飞声《摸鱼儿·庚寅重阳后二日，同何一山、冯遂知放舟瑶溪，访杨椒叟半园、居古泉啸月琴馆，席上作》，潘飞声：《说剑堂集·花语词》，第6页。

[3] 按：《草色联吟》封面题字为清光绪十三年（1887）花朝，后序为清光绪十八年（1892）闰夏，故知诗集持续前后六年。

余爱花亦爱草，曾植□种于十青簃，系以七律十首□命其光孙制作印。己丑春日，添茅老人记。①

杨其光篆寿山石双面印（1913年，图自福建东南拍卖）

清光绪二十九年（1903），杨永衍与世长辞，"年八十六卒"②。十年后，民国2年癸丑（1913）寒冬，其孙杨其光从香港返乡。推门吟袖冷，半园仍旧在。在园中重操旧业，篆刻寿山石双面印，印文："诗书滋味长、番禺杨氏"；边款："癸丑岁暮，归自香江，刻印备用。仑西记于半园。"③又十年后，民国12年（1923），杨其光与世长辞，年五十八卒。

杨其光生前，填词《解连环》追忆故园添茅小屋、鹤洲草堂；杨其光身后，不论是诗酒酬唱的添茅小屋、鹤洲草堂，又或是归隐的半园，都成为红楼幻影，似曾经存在，又不曾存在。

居巢、杨永衍两家，世交之谊，从"十香花"到"十瑶草"，

---

① 杨其光辑：《古雪楼印存》，第七册。□为字迹模糊难辨，故空缺。史料由香港中文大学陈文妍博士提供。
② 民国《番禺县续志》卷二十四《人物志七·杨永衍》。
③ 《广东印人传》，香港南通图书公司刊行，1974年，第55页。

杨永衍沿袭居巢"十香簃"命名的方式,以"十青簃"称半园小景,较诸张敬修可园"观鱼簃",与居巢的室名渊源结合得更为紧密,前后相因,一脉相承,体现了杨永衍对居巢的高度且刻意的模仿。浸润于十香、十青文化,后经演化嬗变,杨其光为居巢、居廉家故园题匾"十香园",水到渠成,不经意之间,园名影响后世。

兄词弟画十香花

居廉据兄绘花图

> 弱弟小年依阿兄,丹青能肖性情真。
> 入赘莫怪还中热,画里骖鸾好致身。
> ——〔清〕居巢《送古泉弟廉赴官桂林》[1]

若论十香文化,自宋代始,宋人曾慥填词《十友调笑令》,首以词咏十香花。常州画派之首的恽寿平绘《十香图》卷,开创绘画十香母题,族亲邹一桂奉清高宗旨仿绘《十香图》二卷,其后更得清高宗御笔仿绘。扬州画派之首的金农亦绘有《十香图》卷,水墨画风及香花品种与清高宗接近。清嘉庆朝(1796—1820)之后,十香花母题的文化脉络,在江南及京城画坛并未得到延续,随着恽寿平南田画风对岭南画坛的持续影响,十香文化在岭南得到传承,已然是清高宗御笔题《十香诗》之后一个甲子的事情了。其时,居巢将之发扬传承写成《十香词》,堂弟居廉则据兄之《十香词》绘画《十香图》。

清中叶绘画《十香图》一览

画家	生卒	绘画时间	形式	技法	植物品种	收藏地点
恽寿平	1633—1690	不详	不详	不详	不详	已佚

---

[1]〔清〕居巢著,潘飞声、邱炜菱同编:《今夕庵诗钞》,第18页。

（续表）

画家	生卒	绘画时间	形式	技法	植物品种	收藏地点
邹一桂	1686—1772	约1742年	手卷	设色	梅花、水仙、兰花、木香、栀子、玫瑰、茉莉、百合、桂花、菊花	台湾"国立"故宫博物院
邹一桂	1686—1772	约1742年	微缩版手卷	设色	梅花、水仙、兰花、木香、栀子、玫瑰、茉莉、桂花、菊花①	台湾"国立"故宫博物院
清高宗	1711—1799	1749年	手卷	水墨	梅、水仙、兰、木香、栀子、月季、柏叶、茉莉、桂花、菊	已佚
金农	1687—1763	1750年	手卷	水墨	梅、兰、梨、牡丹、芍药、荷、桂、菊、水仙、菘菜	上海博物馆

居允敬第三代共七人，居恒、居巢、居仁、居幼云，二子居棣华所出；居莲、居福、居廉，三子居少楠所出。居巢有闲章"梅生仲氏"，居廉称其为"梅生仲兄"。居廉有闲章"老七"②；画作落款"古泉七弟"；好友蒙而著、张嘉谟称其为"七兄大人"；居巢孙女居若文称其为"七叔公"，居巢曾孙女居玉华称其为"七爷"。可证居巢、居廉在家族中排行第二、第七。

梅生仲氏（居巢用章）

---

① 实有九种，缺一花。
② 按：清光绪十三年丁亥（1887），居廉《墨梅》斗方（香港中文大学藏），钤朱文方印"老七"。

老七（居廉用章）

居棣华约卒于清道光十八年（1838），居少楠约卒于清道光二十三年（1843）。按中国传统伦理观念，长兄若父，居允敬第三代子孙之中，长兄居恒长居广西，排行第二、年过而立的居巢替长兄照顾弟妹，承担扶养、教育之责。广东俗话"蠄仔拉心肝"①，作为同辈中年纪最小的居廉，虽然只是堂弟，且相差十七岁，依然得到居巢偏爱。

居少楠雅有才名，然而性情怪僻，疏于教育，导致少儿时期的居廉未能懋承家学。居巢不忍居廉碌碌无为一生，便把他带在身边，管束教养，故居巢诗曰："弱弟小年依阿兄。"高剑父《居师古泉家传》云："师弱冠失怙，依从兄巢号梅生以居。"② 又张逸《居古泉先生传略》云：居少楠"早卒。师时年才弱冠，茕茕孑立，孤苦零丁，堂兄巢，号梅生，怜之，携归教养"。高、张二人作为居廉的学生，所述与居巢诗记一致。

居巢具有极高的艺术素养，书、词、画、印皆擅，"画学由藕塘一派而上追古名家，精写花鸟草虫，'笔致工秀而饶有韵味'，旁

---

① 按：蠄，粤语用字，指最小、最后，如蠄叔、蠄尾。芍药殿春而放，因有"婪尾春"别称，此"婪尾"与"蠄尾"亦同意。
② 高剑父著，李伟铭辑录整理；高励节、张立雄校订；《高剑父诗文初编》，广东高等教育出版社1999年版，第295页。

及人物与实物，皆极文静清隽，而题材则辄选新奇而特具风趣者"。①居巢教授居廉绘画技艺，悉心栽培，绘《菖蒲奇石》扇面、《绮石幽草》扇面等作为教案，后图题款："姚魏移来不肯春，纵教烂漫不兼旬。野人只合怜幽草，绮石花瓮看崭新。即事偶成，写与古泉七弟赏之。老巢。"清咸丰十年庚申（1860）正月十七日，居巢北上南昌，途经佛山，兄弟分别，居廉希望堂兄离开之前，绘画以资学习，居巢为绘《石菖蒲》扇面，题款："我种瑶草，得玉女盆。驳匪雪浪，以养天泉。生理酣足，芳馨悦魂。甘露夜下，叶叶从根。此今夕庵石供之一。古泉七弟乞写箑，时庚申正月十七日，将之豫章，舟次佛山。老巢并识。"②同样是送行，居廉将赴桂林，居巢赋诗寄语，"画里骖鸾好致身"，希望堂弟勤执画笔，将来能以绘画谋得生计。

居巢《绮石幽草》扇面（香港艺术馆藏）

---

① 简又文：《广东绘画之史的窥测》，《广东文物》卷八，1941年版。
② 广州艺术博物院、香港艺术馆编：《故园拾香：居巢居廉绘画》，岭南美术出版社2008年版，第95页。

居巢《石菖蒲》扇面（广州艺术博物院藏）

  居廉没有辜负堂兄居巢的良苦用心，"先由乃兄学绘事，继而私淑藕塘之没骨写生法，兼习丽堂之意笔，故画法在'宋孟之间'（自刻印文），兼写各体，惟花卉昆虫最精，善敷色用粉，更发展宋藕塘之撞水撞粉新法，写生则辄以实物作标本，与现代画法相契合"。①居廉日后的绘画成就，既源于自身努力及革新精神，更离不开居巢的勉励扶掖。

  居巢、居廉所私淑的藕塘，即宋光宝，生卒不详，藕塘为其字，江苏苏州人。因追讨欠债南下广西，约清嘉庆二十三年至道光元年（1818—1821），宋光宝客居桂林，为李秉绶门客②，其后东游广州，"悦岭南风土，遂家焉"③。成书于清道光初年的番禺仪克中《剑光楼笔记》记，宋光宝"客广州。精写花鸟草虫，得之者珍逾拱璧"。同时期的蒋宝龄《墨林今话》卷十五又记，宋光宝"善花鸟，工笔学北宋，逸笔宗陈沱江兼恽草衣"。

---

① 〔民国〕张逸：《居古泉先生传略》，《广东文征续编》第一册，香港1986年，第453页。
② 按：李秉绶环碧园筑于清道光四年（1824），其时宋光宝已经身处广州，也未有再赴桂林的记录，故宋光宝不可能在环碧园教授绘画。
③ 〔清〕蒋宝龄《墨林今话》卷十五《艺苑之隽》：宋光宝"曩因索逋粤西，曾为芸甫上客，自西徂东，悦岭南风土，遂家焉"。

兄弟词画十香花

宋光宝《阖家全庆》立轴（图自中国嘉德拍卖）

孟丽堂、吕翔、张如芝合作《三清图》(1819年,图自上海奇贝拍卖)

  同为李秉绶之友的孟觐乙(约1764—1833),字丽堂,号云溪生,江苏常州人,善花卉,与恽寿平为同乡,绘画深得恽家三昧,与广西李秉铨、秉绶兄弟同为"乾嘉十六画人"。孟觐乙虽然未如宋光宝一样寓居广州,但亦在广州画坛留下印记。清嘉庆十九年(1814),李秉绶自京南归,孟觐乙随同,终老桂林。途经广州期间,孟觐乙与李秉绶、汤贻汾[①]三人合作画障于河南海幢寺,张维屏、

[①] 按:汤贻汾(1778—1853),字若仪,号雨生,江苏常州人。居巢曾私淑其画。绘《菜根风味》扇面,题款:"庶民不可有此色,士夫不可忘此味,吾辈不可有此气。汤雨生画意,梅生仿之。"(广州艺术博物院藏)

潘正亨赋诗纪事；清嘉庆二十四年（1819）七月十六日，短游广州，与吕翔、张如芝合作绘《三清图》于叶梦龙白云山倚山楼（今"天南第一峰"牌坊附近），谢兰生题跋纪事。

两位江苏画家宋光宝、孟觐乙的南下广州，对岭南艺术市场带来冲击及竞争。虽然没有证据表明居巢、居廉曾经程门立雪于宋光宝、孟觐乙门下，但居廉画作落款可以见到其对北方画风有所吸收，做到画风兼收并蓄，诸如落款仿元人用笔、仿南田翁用色、法新罗山人笔意、仿王司农用笔、拟耕烟老人意、仿云溪生用笔、仿两峰道人等，其中以仿恽寿平出现次数最多[1]。居巢《读画绝句三十四首》诗，提及画家三十四位，远在居廉笔记画家数目之上，清道光十年（1821）为名士吴荣光离粤入京送行[2]的八人之中，居巢诗提及四人：谢里甫兰生（其一八）、陈理斋鼎（其二三）、宋藕塘光宝（其二六）、蒋香湖莲（其二七）。其咏宋光宝诗："花草精神眠梦思，梦回已是日斜时。九枝华烛屏风掩，团扇家家乞折枝。"[3]

花草精神（居廉用章）

---

[1] 按：落款包括仿南田老人用笔、仿南田翁用色、仿瓯香馆笔法、法瓯香馆用色、仿瓯香馆意。
[2] 〔清〕吴荣光：《服阙入都留别诸公四首》，《石云山人诗集》卷十五。
[3] 〔清〕居巢著，潘飞声、邱炜菱同编：《今夕庵诗钞》，第27页。

派接徐黄（邹一桂用章）　　宋孟之间（居廉用章）

  居廉私淑宋光宝，画作有"临藕塘意"、"仿藕塘本"、"摹藕塘《天中丽景图》"等题款，闲章有"古泉临藕塘本"、"花草精神"，后者语出居巢《读画绝句三十四首·宋藕塘光宝》。如同邹一桂闲章"派接徐黄"，指艺术渊源五代和宋初的两位著名花鸟画家黄筌和徐熙；居廉晚年闲章"宋孟之间"，指艺术渊源十九世纪初侨居岭南的两位著名花鸟画家宋光宝和孟觐乙，既可以视为对恽寿平没骨花卉画风的承传，也可以视为兼师宋光宝和孟觐乙以融汇创新。不论是宋光宝还是孟觐乙，正如钱锺书《中国诗与中国画》所指出的，无非是为了要"表示自己大有来头，非同小可，向古代另找一个传统作为渊源所自"。在新旧冲突、中西文化撞击的社会背景下，省城万木草堂的康有为作《新学伪经考》和《孔子改制考》，托孔改制，维新变法；河南隔山草堂的居廉自誉"宋孟之间"，托古行新，吸收中国江南传统文人绘画之长，并借鉴十八、十九世纪广州盛行之外销画西洋绘画技法，得时代风气之先，开创"撞水"、"撞粉"之法，使物象更富有光感和立体感，自成一派。康、居二人在各自领域震动一时，影响深远。

  宋光宝曾为叶梦草绘画作多幅，其中包括《百花图》卷[①]，广

[①] 按：叶梦草亦绘有《百花图》卷，绢本设色，1832年绘，广东省博物馆藏。

东状元林召棠作题画诗《宋藕塘〈百花卷〉为叶蔗田农部题》,"古人写生最好手,黄筌最妙兼徐熙。尔来南田更秀绝,宋君晚出尤多师"。[1]《百花图》卷是没骨花卉画大师展示实力的绝佳题材,恽寿平、邹一桂、宋光宝曾绘长卷,居廉亦然。现存居廉《百花图》卷二卷,均为设色绢本。卷一,绘于清光绪元年(1875)三月,题款"光绪元年三月。禺山居廉写",分绘探春花、兰花、梅花、木槿、山茶花、月季、鹰爪、木芙蓉、垂丝海棠、文殊兰、桃花、梨花、百合、百子莲、冬葵花、虞美人、绣球、含笑、莲花、桃金娘、木绣球、紫藤、牡丹、荷包牡丹、夜来香、紫玉兰、春花(车轮梅)、茉莉、菊花、扶桑、秋海棠、婆婆纳、凤仙、石蒜、玉簪花、虾脊兰、红蓼、长春花、杜鹃、蔷薇、野蔷薇、紫薇、大红花、夹竹桃、晚香玉、紫茉莉、丹桂、栀子花、午时花、旱金莲、烟草花、鸢尾、龙船花、夜合、金丝梅、赪桐、芍药、鸭拓草、雁来红、百日红、炮仗花、山指甲、使君子、萱草、牵牛花、瞿麦、天竺葵、金粟兰、凤尾球、凌霄、水仙、吊钟等[2]。卷二绘于清光绪六年(1880)九月,题款"光绪庚辰秋九月,隔山樵子居廉",为居廉传世精品之一。民国收藏家陶厚埏(剑秋)题跋赞誉,"此卷为百花写照,一枝一瓣莫不曲尽其态,设色之妍丽尤其余事,殆晚年得意之作。良宵展玩,仿如置身众香国中,气爽神怡也"。高剑父早年亦曾仿居廉《百花图》卷,白描临摹老师的花卉造型,画卷长近六米,广州艺术博物院藏。

---

[1] 林卓才编:《林召棠诗存》,广东人民出版社2012年版,第89页。
[2] 按:花卉名称出自《〈百花图〉花卉辨识》,香港艺术馆。

作为《百花图》卷简化版的《十香图》卷，自恽寿平首创，邹一桂、清高宗、金农先后接棒。远绍恽寿平画风的居巢，"尝作《十香图》，未成而归道山"，居巢逝世后三十二年，居廉绘就《十香图》册，既是完成堂兄居巢遗愿，亦是回应挚友杨永衍嘱托[①]。

居廉根据居巢《十香词》所绘《十香图》，现存版本有三：纸本水墨版，清光绪十二年（1886）初春绘，香港艺术馆藏；纸本设色版，私人收藏；金笺设色版，香港艺术馆藏。"由于文学素养较低，

居廉《百花图》卷卷一局部（1875年，香港艺术馆藏）

居廉《百花图》卷卷二（1880年，图自香港苏富比拍卖）

---

① 按：居廉《二十四番花信》册，题款："杨翁荩，……余曾为作《十香图》，今又以《二十四番花信》属写，阅半月而成。"

居廉往往只是录古人或居巢诗词于画上，而且常常出错或写别字。"[1]这种情形在居廉《十香图》册所录居巢《十香词》亦有发生，从题款的错别字及修改情况分析，纸本水墨版的错别字及修改最多，纸本设色版次之，金笺设色版则相对较少。

居廉据居巢《十香词》所绘《十香图》册

名称	创作年代	形式	页数	尺寸（厘米）	收藏地
《十香图》	1886年	纸本水墨	12	19.9×24.1	香港艺术馆
《十香图》	约1886年	纸本设色	11	31×25.5	私人
《十香图》	约1886年	金笺设色	11	18.3×22.2	香港艺术馆

清光绪十三年丁亥（1887）花朝，居廉以半月时间绘成《二十四番花信》册，题款记"余曾为作《十香图》"。推断三个版本的创作时序，纸本水墨版为首，纸本设色版其次，金笺设色版最后，三版均成于清光绪十二年（1886），故于十一月，居廉愿意割爱，将初春所绘纸本水墨版《十香图》册赠送与好友谢凤岐（梧山）。

恽寿平、邹一桂、清高宗、金农所作《十香图》均为图卷，对于长卷，需要考虑构图的起承转合、疏密穿插，以及横向延伸的画面上根据十香花卉不同花期的排列展现，这对于之前已经绘画过《百花图》

---

[1] 山西博物院、广州艺术博物院编：《花草精神：居巢居廉书画精品集》，山西人民出版社2014年版，第14页。

卷的居廉而言，不会是难事，但在长卷十香花之侧各配上字数甚多的十首《十香词》，则需要用心经营空间，以使得词画契合无间，浑然一体。现存居廉据居巢《十香词》所绘的三个版本《十香图》均为册页，是否符合居巢生前构思《十香图》的画幅形式原意，已经无从稽考。

居廉《十香图》册附录居巢《十香词》，记有词牌，未注词题说明花卉品种，导致观画者对所绘十香花各有不同解读。2003年，张素娥记为：白月季、白紫薇、桂花、珠兰、含笑、夜香、白蝉、米兰、夜合、素馨[①]。2008年，邓庆桑《略述居巢居廉与〈十香图〉》考证，"根据居廉该两册《十香图》所绘花卉品种观之，我们可以推定居巢所选的十种花卉分别为：月季、小含笑、白紫薇、茉莉、米兰、金粟兰、夜合（大含笑）、素馨、夜来香及桂花"。附注判断依据，"居廉《十香图》册中所绘花卉品种乃依据中国科学院华南植物园的判定"。[②] 比较张素娥与邓庆桑二人所判定，有九种相同，其中六种名称完全一致，唯张文白蝉，邓文为茉莉。

《罗浮白》（1770—1790，广州外销画，伦敦V&A博物馆藏）

[①] 张素娥编：《居巢居廉年谱》，广州出版社2003年版，第72页。
[②] 邓庆桑：《略述居巢居廉与〈十香图〉》，广州艺术博物馆、香港艺术馆编：《故园拾香：居巢居廉绘画》，岭南美术出版社2008年版，第35—36页。

《番玫桂》（1770—1790，广州外销画，伦敦 V&A 博物馆藏）

  居廉绘画的没骨花卉画法，重视写生，糅合了中国传统花鸟画以及十八、十九世纪广州外销植物画[①]的精髓，颇有"中学为体，西学为用"之意，与恽寿平坚持写生、以花传神的绘画观念一脉相承，透视准确，明暗渲染充满光感，严谨的描摹让人可以根据植物体型、枝形、叶形、花形辨识具体的花卉品种。根据清代近世岭南文人笔录的花木名称习惯，结合居巢《十香词》所记、居廉《十香图》所绘，并按居巢《十香词》各词字数升序排序，推断二居笔下十香花分别为：夜合、珠兰、夜来香、含笑、素馨、茉莉、鱼子兰、指甲花、丹桂、白月季，列示如下：

  其一，夜合。[②]

[①] 按：《洋画 羊城 洋风》一书中指出："欧洲植物学家或随商船到访广州，或请求到访中国的西方人帮其带回中国植物样本，包括植物的种子、标本或植物画等。正是有了这样的需求，广州的画家们纷纷画起了带有植物标本色彩的博图图。"（孙中山大元帅府纪念馆编，程存洁主编，文物出版社 2020 年版。）
[②] 按：百花诗词，邹一桂、温汝达未记，梁修记为夜合，张逸记为夜合花（温汝达、梁修、张逸百花诗词见本章第二节）。

从上至下，从左至右：夜合（纸本水墨、纸本设色、金笺设色、作者拍摄）

夜合，别名：夜香木兰，木兰科木兰属。[1] 用途：花有浓郁香气，除可观赏外，还可提取香精，亦可混入茶叶内作为熏香剂。

唐窦叔向《夏夜宿表兄话旧》诗："夜合花开香满庭"；广东山歌："待郎待到夜合开，夜合花开郎不来。只道夜合花开夜，那知夜合夜夜开。"可知夜合花夜开。夜合花味似成熟菠萝香味，夜间香气更浓郁，在广州几全年持续开花。

其二，珠兰。[2]

珠兰，别名：金粟兰、珍珠兰、鸡爪兰，金粟兰科金粟兰属。[3]

---

[1] "夜香木兰"，中国科学院华南植物研究所编：《广东植物志（第1卷）》，广东科技出版社1987年版，第6—7页。

[2] 按：百花诗词，邹一桂、温汝达记为珍珠兰，梁修、张逸记为珠兰（温汝达、梁修、张逸百花诗词见本章第二节）。

[3] "金粟兰"，中国科学院华南植物研究所编：《广东植物志（第3卷）》，广东科技出版社1995年版，第20页。

从上至下，从左至右：珠兰（纸本水墨、纸本设色、金笺设色、作者拍摄）

用途：花芳香，常用于薰茶，增加香气。全株入药，治风湿痛、跌打损伤，根状茎捣烂外敷，治疗疮、疟热，因其有出汗和兴奋之功。其根有毒，用时宜慎。

珠兰多作盆栽，摆设室内，满屋芳香，清代词人陈素贞《蝶恋花》记：开遍珠兰香满室。清代文人李渔对珠兰评价甚高，《闲情偶寄》卷三《声容部》记："珠兰之妙，十倍茉莉，但不能处处皆有，是一恨事。"

其三，夜来香。[1]

夜来香，别名：夜香兰、夜香花、夜香藤，萝藦科夜来香属。[2]

---

[1] 按：百花诗词，温汝达记为夜香兰，邹一桂、梁修、张逸记为夜来香（温汝达、梁修、张逸百花诗词见本章第二节）。
[2] "夜来香"，中国科学院华南植物研究所编：《广东植物志（第1卷）》，广东科技出版社1987年版，第514—515页。

从上至下，从左至右：夜香兰（纸本水墨、纸本设色、金笺设色、作者拍摄）

用途：可用作观赏及闻香。花可蒸香油。花、叶可药用，治急慢性结膜炎、疳积等。

夜来香新鲜的花和花蕾可食用，在粤菜"传统冬瓜盅"之中是主要配角，更是"夜香兰浸鱼滑"、"夜香兰炒虾球"等佳肴中的重要主角。夜来香是多种植物的别名，为有所区分，在广州花卉市场部分花店，分别标示"夜来香"与"夜香兰"，前者为木本，后者为草本，即二居笔下的夜来香。

其四，含笑。[①]

含笑，别名：香蕉花、含笑梅，木兰科含笑属。[②] 用途：除供观赏外，其花可拌于茶叶内，作为熏香剂；亦可提取芳香油和供药用。

[①] 按：百花诗词，邹一桂未记，温汝达、梁修记为含笑，张逸记为含笑花（温汝达、梁修、张逸百花诗词见本章第二节）。

[②] "含笑"，中国科学院华南植物研究所编：《广东植物志（第1卷）》，广东科技出版社1987年版，第12—13页。

从上至下，从左至右：含笑（纸本水墨、纸本设色、金笺设色、作者拍摄）

  花开时不常满，因名含笑。《花埭百花诗·含笑》记："花田东畔所谓新田者，多是此花，埭中亦时常见之。"①市场需求甚为旺盛，花埭专门新辟花田种上含笑，并与其他香花一道，放于花篮售卖于街市。廖凤舒粤讴《卖花声》唱道："花哩一声咁就叫到埋嚟，托住篮花转过对街。你睇鹰爪白兰香到翳腻，素馨含笑穿定一排排，鲜花咁靓边个唔思戴。"②

  其五，素馨。③

  素馨花，别名：耶塞漫（唐《经行记》）、野悉蜜（唐《酉阳杂俎》）、耶悉弭（唐《北户录》）、耶悉茗（宋《南方草木状》），木

---

① 〔清〕梁修撰，梁中民、廖国楣笺注：《花埭百花诗笺注》，广东高等教育出版社1989年版，第159页。
② 廖凤舒：《新粤讴解心》，天地图书有限公司2011年版，第174页。
③ 按：百花诗词，邹一桂未记，温汝达、梁修、张逸记为素馨（温汝达、梁修、张逸百花诗词见本章第二节）。

从上至下，从左至右：素馨（纸本水墨、纸本设色、金笺设色、作者拍摄）

犀科素馨属。① 用途：花清香，常植于庭园供观赏；花蕾入药，称素馨针，有行气止痛、疏肝解郁功效。

南宋年间，素馨已经成为广州花市交易对象，南宋淳熙五年（1178），周去非《岭外代答》记："素馨花，番禺甚多，广右绝少，土人尤贵重。开时旋掇花头，装于他枝。或以竹丝贯之，卖于市，一枝二文，人竞买戴。"素馨在广州的深入民心，持续近千年，并随华人传唱海外，纪录片《古巴花旦》（2018年）主角之一的古巴人何秋兰，早年学艺，晚年仍能随口唱出粤剧《火网焚宫十四年》唱段："睇你素馨花插绿云鬓，陶醉我心魂。"现在曾经流行广州的素馨与粤剧，皆成明日黄花。

---

① "素馨花"，中国科学院华南植物研究所编：《广东植物志（第5卷）》，广东科技出版社2003年版，第431页。

从上至下，从左至右：茉莉（纸本水墨、纸本设色、金笺设色、作者拍摄）

其六，茉莉。[1]

茉莉，别名：抹厉、抹利、没利、末丽等，木犀科素馨属。[2] 用途：花清香，常作庭园或盆栽观赏植物。花可提制香精，供化妆品和香料用；入药，有疏肝解郁、行气止痛之功效；花瓣可拌入茶叶，以增加香味，名"香片茶"。

茉莉与素馨在植物学上是同科同属，在广州花卉文化史上亦是同时出现。明清之际，广州人并重茉莉、素馨，当时所谓花市，实指茉莉、素馨市集。明代著名学者孙蕡诗《广州歌》咏称，"素馨茉莉天香国"；晚明诗人陈子壮《五日珠江曲十首·其四》，"芭蕉红蕾绽花瓶，茉莉簪头串素馨"。可见茉莉与素馨在广州市民生活中的分量。

---

[1] 按：百花诗词，邹一桂、温汝达、梁修、张逸记为茉莉（温汝达、梁修、张逸百花诗词见本章第二节）。
[2] "茉莉花"，中国科学院华南植物研究所编：《广东植物志（第5卷）》，广东科技出版社2003年版，第435—436页。

从上至下，从左至右：鱼子兰（纸本水墨、纸本设色、金笺设色、作者拍摄）

其七，鱼子兰。[1]

鱼子兰，别名：米仔兰、四季米仔兰，楝科米仔兰属。[2]用途：庭园常用栽培品种。花极芳香，用以薰茶。可作药材，花解郁宽中，催生，醒酒，枝叶可用于跌打、疽疮治疗。

鱼子兰因其可以高达五六米，又名树兰。在广州栽培几乎全年开花，故有四季米仔兰之称。树姿优美，枝叶茂密，花香沁人肺腑，是岭南盆景常用树种之一。

其八，指甲花。[3]

---

[1] 按：百花诗词，邹一桂、温汝达未记，梁修、张逸记为鱼子兰（温汝达、梁修、张逸百花诗词见本章第二节）。

[2] "四季米仔兰"，中国科学院华南植物研究所编：《广东植物志（第2卷）》，广东科技出版社1991年版，第290页。

[3] 按：百花诗词，邹一桂未记，温汝达、张逸记为指甲花，梁修记为指甲（温汝达、梁修、张逸百花诗词见本章第二节）。

从上至下，从左至右：指甲花（纸本水墨、纸本设色、金笺设色、作者拍摄）

指甲花，别名：散沫花。千屈菜科散沫花属。①用途：观赏植物，花可提取香油，叶可制红色染料。

人们对此花的辨认多有分歧，或辨作山指甲，或作白紫薇、银薇②，不一而足。指甲花是散沫花、凤仙花的别名，且均能染甲，温汝达、梁修、张逸三人的百花诗词，同时记有指甲、凤仙，并结合诗词所记，可知指甲即为散沫花，故梁修《花埭百花诗·指甲》记，"与凤仙花异"③。

---

① "散沫花"，中国科学院华南植物研究所编：《广东植物志（第3卷）》，广东科技出版社1995年版，第80页。
② 广州艺术博物院、香港艺术馆编：《故园拾香：居巢居廉绘画》，岭南美术出版社2008年版，第196、266页。
③〔清〕梁修撰，梁中民、廖国楣笺注：《花埭百花诗笺注》，广东高等教育出版社1989年版，第129页。

从上至下，从左至右：丹桂（纸本水墨、纸本设色、金笺设色、作者拍摄）

其九，丹桂。[1]

桂花，别名：木犀、岩桂、月桂，木犀科木犀属。[2] 用途：庭园观赏树，园艺家视为珍品。一种名贵的食用香料，亦可入药。木材坚固，纹理密致，可作建筑用。

清代除夕，广州人买桂花迎接新春，粤语"桂"与"贵"同音，寓意花开富贵，表达对美好生活的向往，谭莹《辛丑除夕作》诗记，"依然暑刻不曾停，卖桂花声隔巷听（原注：粤俗，除夜卖桂花声彻晓）"[3]。

明王象晋《群芳谱》记："白者名银桂。黄者名金桂，能结子。红者名丹桂。有秋花、春花、逐月花者。"科举时代，乡试通常在农历八月，正值丹桂飘香的时节，人们以丹桂为祥瑞，乡试及第者

---

[1] 按：百花诗词，邹一桂记为丹桂，温汝达、张逸记为桂花，梁修记为桂（温汝达、梁修、张逸百花诗词见本章第二节）。

[2] "木犀"，中国科学院华南植物研究所编：《广东植物志（第5卷）》，广东科技出版社2003年版，第418页。

[3]〔清〕谭莹：《乐志堂诗集》卷七。

称为"桂客"、"桂枝郎"。以桂花喻中举人,亦如以杏花喻中进士。又有以丹桂寓意状元,金桂寓意榜眼,银桂寓意探花。

二居笔下之桂花为丹桂。孟觐乙、居巢、居廉均有以丹桂入画,绘于形制宽大的立轴。清嘉庆丁丑年(1817),孟觐乙绘有《丹桂鹦鹉》。居巢绘《丹桂双兔》,题款:"唐人说部有紫花梨故事,惜尤物不复见于世。戏拈一枝,倘所谓笔补造化者,非耶?碧桐三兄大人鉴正。居巢并识。"居廉绘《丹桂瑞禽》,题款"庚子(1900)中秋,为仑西大兄世大人鉴正,七十三叟居廉"。

孟觐乙《丹桂鹦鹉》、居巢《丹桂双兔》、居廉《丹桂瑞禽》

其十,白月季。①

---

① 按:百花诗词,温汝达未记,邹一桂记为月月红,梁修、张逸记为月季(温汝达、梁修、张逸百花诗词见本章第二节)。

从上至下，从左至右：白月季（纸本水墨、纸本设色、金笺设色、作者拍摄）

月季，别称：月月红、月桂、月贵、长春花，蔷薇科蔷薇属。[①]
用途：庭园观赏植物，园艺品种很多；花、根、叶均可入药；花治月经不调、痛经、痈疖肿毒，并可制香料；叶治跌打损伤。

二居笔下之月季为白花。玫瑰、月季和蔷薇同为蔷薇属植物，外形相近，南宋杨万里《红玫瑰》诗："非关月季姓名同，不与蔷薇谱牒通"，指出玫瑰、月季、蔷薇并非同种花卉。

从前文分析可知，居廉附有居巢《十香词》的《十香图》册，分绘十种芳香花卉：夜合、珠兰、夜来香、含笑、素馨、茉莉、鱼子兰、指甲花、丹桂、白月季。

《十香图》册完成的次年，即清光绪十三年（1887），应杨永衍之托，居廉以半月的时间绘成《二十四番花信》册（二十四开），以

[①] "月季花"，中国科学院华南植物研究所编：《广东植物志（第4卷）》，广东科技出版社2000年版，第216—217页。

撞水撞粉法绘二十四种奇花异卉，庆贺杨永衍七十岁寿庆及百花生日，最后一页"楝花"题款：

> 杨翁荣坪居瑶溪添茅小屋，又居鹤洲草堂。皆杂莳花竹，咏啸其中，时人有"较雨量晴唐子西"之誉。余曾为作《十香图》，今又以《二十四番花信》属写，阅半月而成。赋色之妙，则非余意中所知者，岂非花神助余，以慰翁爱花之癖耶？题此即发翁一噱。丁亥百花生日，居廉并识。

《百花图》、《十香图》、《二十四番花信》都是源自江南的花卉画题材，传至岭南，在居巢、居廉笔下得到重新阐释，展现岭南花卉的丰富，拓展传统花卉画内涵，推进了岭南花卉画的发展。《十香图》艺术成就更在《百花图》、《二十四番花信》之上，一花一词，自出机杼，既展现了居廉撞水撞粉的创新画风，亦展现了居巢深厚的词学功底。题画词《十香词》，将无声句与有声画相结合，是词学与绘画融通共生的艺苑奇葩，给《十香图》导入了意境深度，画面更为情致盎然，焕发出引导观者再创造的艺术魅力。

居廉《二十四番花信》册（1887年）
（图自中国嘉德香港2022年秋季十周年庆典拍卖会，佛洒楼藏画）

居巢填词咏香花

> 梅生先生，蜚声画苑，掉鞅诗坛。花摹没骨之图，锦集呕心之句。更以余事，蔚为词人。篇篇黄绢，无非绝妙好辞；字字乌丝，那便芟除绮语。允宜织遍弓衣，饰成鞶帨者矣。
>
> ——〔清〕李宗瀛《今夕庵烟语词·序》

宋代山水画、花鸟画臻于化境，成就八景文化、百花文化，诗人、词人吟咏，代有传承，薪火相继。清代词臣画家邹一桂，绘《百花图》，作《百花诗》。岭南四季如春，百花盛开，咏百花诗词，不乏其人。

温汝达，字安波，出自广州府顺德县龙江望族，"素有花癖，野圃闲亭，群芳四绕，因自号'花隐'"[1]，著《退一步斋诗钞》二卷，收录约于清乾隆四十一年丙申（1776）创作的《品花一百首》，分咏：牡丹、兰花、木棉、虞美人、海棠、迎春、玉兰、梨花、桃花、杜鹃、石竹、玫瑰、长春、木笔、杏花、李花、雪球、酴醾、剪春罗、紫荆、琼花、玉蕊、山矾、樱桃、蔷薇、罂粟、金银花、柳花、橘花、金灯花、紫藤、林檎、风兰、刺桐、菖蒲花、丽春、鹤顶兰、朱兰、松花、芍药、桐花、木香、木兰、楝花、棠梨、豆蔻、丁香、石榴、茉莉、含笑、凤仙、扶桑、夹竹桃、合欢、芭蕉、夜香兰、百日红、紫薇、木槿、栀花、凌霄、萱花、珍珠兰、指甲花、锦屏风、鹰爪、西番莲、凤尾花、午时莲、山丹、蜀葵、百合、蝴蝶花、冬青、杜若花、素馨、莲花、菊花、秋葵、玉簪、秋海棠、桂花、鸡冠、金钱、木芙蓉、换锦、雁来红、木樨、荻花、

---

[1]〔清〕温汝适等编：《柳塘诗钞前集四卷后集二十六卷》之后集《退一步斋诗钞》卷上，第21页。

芦花、蓼花、贝多兰、豆花、槐花、梅花、水仙、蜡梅、玉蝶梅、瑞香、山茶。①

在温汝适之后百年，咏百花而知名者有梁修。梁修（1859—1898），广东德庆县人，举人，客居广州花埭纫香园，清光绪十一年（1885），应园主之邀，赋诗《花埭百花诗》，分咏：牡丹、梅、芍药、玫瑰、荼䕷、杏、菱、玉兰、金步摇、萱、山矾、棠梨、凤仙、虞美人、木芙蓉、石榴、葵、水仙、玉簪、瑞香、金钱、鸡冠、绣球、蔷薇、紫薇、海棠、秋海棠、木香、夜合、七姐妹、迎辇、佛桑、鹤顶兰、杜鹃、山茶、玉茗、凌霄、牵牛、剪春罗、剪秋纱、射干、金雀、罂粟、玉蕊、栀子、木槿、鼓子、夹竹桃、金盏、金灯、蜡梅、紫荆、马缨、金腰带、白楝、宝网、指甲、丁香、日本茶、芰、贝多、辛夷、月季、鱼子兰、木樨、玉蝉、金莲、紫藤、桌莲、九里香、含笑、吊兰、吊钟、墨兰、滴滴金、四季春、百子莲、五月菊、洋兰、百合、满堂春、滚水红、铁树、刺桐、梨、红豆、上元红、珠兰、夜来香、杨、菊、兰、莲、桃、桂、李、茉莉、鹰爪兰、素馨、木棉。

张逸（1871—1942），字纯初，晚号无竞老人，居廉门生，在居廉晚年随侍左右，民国21年（1932）著《笔花草堂词》三卷，收录《百花词草》一卷，分咏：水仙、白梅、木棉、兰花、绣球花、莺粟花、含笑花、虞美人、白桃花、李花、十姊妹、丽春、金丝桃、杏花、瑞香、木香、梨花、紫藤花、宫粉茶、玫瑰、柳花、吊钟花、辛夷花、夹竹桃、楝花、朱锦花、垂丝海棠、铺地锦、樱桃花、金灯花、樱花、铁干海棠、月季、长春菊、芍药、杜鹃花、指甲花、牡丹、朱顶兰、吉祥草、洋芍药、紫葵、午时钟花、夜合花、西

---

① 〔清〕温汝适等编：《柳塘诗钞前集四卷后集二十六卷》之后集《退一步斋诗钞》卷上，第10—20页。

清代广州外销画《百花亭》（广州十三行博物馆馆藏）

藏红花、木瓜花、棠梨、红花、珠兰、山牡丹、玉簪花、夜来香、素馨、紫薇、石榴花、茉莉、凌霄花、佛桑花、红莲花、山蝴蝶花、栀子花、向日葵、鱼子兰、凤仙花、百合兰、番藤花、紫霄花、贝多罗花、紫玉簪、百日红、狗牙花、瓜花、黄蟾花、步步高花、蝴蝶花、槐花、菜花、僧鞋菊、秋海棠、百合花、桂花、牵牛花、木芙蓉、金鱼尾花、胭脂花、万寿菊、萱草、荳花、秋葵、红蓼、黄菊、百子莲、蕙花、西府海棠、鹰爪花、紫荆花、蜀葵、老来娇、鸡冠花、蜡梅。

　　从温汝达、梁修到张逸，前后近二百年，三人所咏百花的名称及品种的差异，体现了岭南花卉文化的变化，而张逸以词咏百花，一改前人以诗咏百花的文风，亦如居巢以词咏十香，其渊源可以上溯至近二百年岭南词坛的勃兴。来自苏南的常州画派、常州词派，影响岭南艺坛，亦影响居巢的词、画创作。

　　居巢私淑恽寿平，仰慕有加，心追手摹，模仿恽寿平的没骨技法，在题款中，不时可见"法南田用笔"、"仿南田本"、"仿南田草衣本"相关题款，如清道光二十八年（1848）《设色牡丹》扇面（广州艺术博物院藏），题款"法南田用笔"；在生命最后一年，清同治四年（1865）四月，绘《玉堂富贵》立轴，题款"法草衣翁意"，可以看出恽寿平对居巢产生了深远的影响。

居巢《玉堂富贵》设色纸本，立轴。[①]

居巢在词学方面同样受到常州风气浸染。常州望族张惠言（1761—1802）编《词选》，开创常州词派，推重托兴幽微、比兴兼备的词作，近代词学大家龙榆生（1902—1966）曰："迨张氏《词选》刊行之后，户诵家弦，由常而歙，由江南而北被燕都，更京朝士大

[①] 中华美术基金会编：《近现代中国绘画集萃：曹氏默斋藏（三）》，上海书画出版社2010年版，第793页。题识：乙丑五月，法草衣翁意，为汝南四弟先生鉴正。居巢。

夫之闻风景从，南传岭表，波靡两浙，前后百数十年间，海内倚声家莫不沾溉余馥，以飞声于当世，其不为常州所笼罩者盖鲜矣！"①在"粤东三家"汪瑔、沈世良、叶衍兰生活的时代，常州词派词风已然风靡全国，笼罩岭南词坛，居巢难免受到"户诵家弦"的常州词派词风熏陶，奉其为师。

亦雅亦俗的居巢，题粤歌于画作上，前无古人；能画能词的居巢，题诗余于丹青上，后有来者。

最早以词吟咏十种香花，首推南宋曾慥《十友调笑令》。在居巢同时代的岭南本土文人之中，未见有吟咏十种芳香花卉的《十香词》。常州画风、词风，北被燕都，南传岭表，居巢熏习日久，传承恽寿平《十香图》母题，进而创作题画词《十香词》——而同样绘有《十香图》的恽寿平、邹一桂、清高宗、金农则未见有作词，可见居巢既沿袭前人，亦有开创精神。

居廉据居巢所绘三个版本《十香图》册均录有《十香词》，结合所吟咏花卉，于词牌后补加词题。以下按词的字数由少至多排序，依次眷录如下，前六首为小令，后四首为长调。

其一，《生查子·咏夜合》：

夜合夜方开，那得青棠似。试问说云何，敛笑如申意。
鸡舌枉教含，龋齿定谁媚。我是品花人，替汝诉憔悴。
调寄《生查子》。②

《十香词》中，居巢将夜合排在第一，并绘有多幅《夜合》图。清咸丰二年（1852）七月初二，居巢绘《夜合》斗方，附题画词，与随后二年填词的《生查子·咏夜合》不同：

---

① 龙榆生：《龙榆生词学论文集》，上海古籍出版社1997年版，第387—388页。
② 校：纸本水墨版，"说"字后有一黑点，"何"字旁补一"云"字；"替汝诉憔悴"，纸本设色版缺一"憔"字。

夜合夜正开，征名殊不肖。花前试相问，叶底唯含笑。举世误相识，知名输小紫。空费鸡舌香，殷勤学龋齿。

夜合入夜正开，名实殊不相副，固当是大含笑。含笑旧有紫、白二种。今世所称独小紫耳，枝叶虽小异，而罄口攒心，花形正复相似。仆从事写生，颇尚形似，暇时体认得之，或当不谬，因戏拟《花问答》二章，以就正博雅云。壬子七夕前五日，奉小谷仁弟大人法鉴。居巢并识。[1]

同样的词画题材，亦见于居巢赠张嘉谟《夜合》扇面，创作时间不详，约同一时期，二词一致。

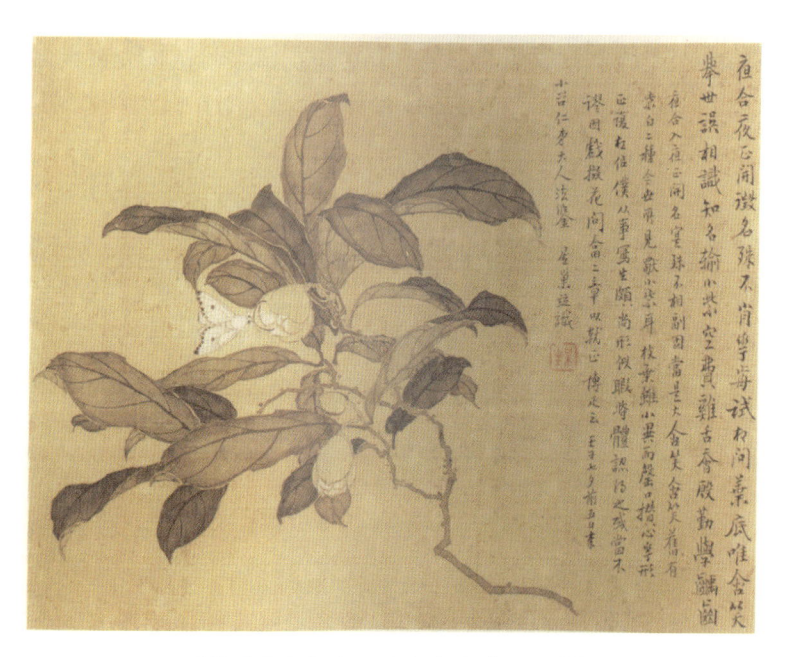

居巢《夜合》斗方（广东省博物馆藏）

---

[1] 广州艺术博物院、香港艺术馆编：《故园拾香：居巢居廉绘画》，岭南美术出版社2008年版，第60页。

居巢《夜合》扇面（广州艺术博物院藏）

其二，《点绛唇·咏珠兰》：

> 珠女珠圆，更饶兰质香通体。买应珠琲，价合玫瑰比。
> 怯怯嫣慵，称与纤筠倚。庭柯底，绿阴如许，天也相怜汝。
> 调寄《点绛唇》。①

其三，《浣溪沙·咏夜来香》：

> 碧玉珊珊好讯迟，芳踪除是晚风知。灵芸小字倩呼伊。
> 萼绿华来无定所，杜兰香去未移时。星辰今夕最迷离。
> 调寄《浣溪沙》。

居巢居住东莞可园期间，绘有《夜来香，蟊斯》扇面，款识："可园步月，花香迎人，故而鼎翁屡属同游，于篱林检归，素挥一疌②，此见好事者似。居巢并识。"

---

① 校：纸本水墨版，"怜"字前后各有一黑点，词末补一"相"字；纸本水墨版、金笺设色版作"绿阴如许"，纸本设色版作"绿阴如水"。
② 校：疌，当为箑，扇面之意。

居巢《夜来香，蓥斯》（香港艺术馆藏）①

其四，《卜算子·咏含笑》：

    一线绽斜红，小样妆愈媚。叶底闻香忽辗然，此意知谁会。宜笑自宜人，思继琼枝佩。扈汝幽香晤喜神，庶慰骚苗裔。
    调寄《卜算子》。

其五，《浪淘沙·咏素馨》：

    昔别最思量，艳说南强。负他二十二年香。一水花田仍怅望，枉是同乡。　未损少年狂，夕夕花当。人生行乐愿须偿。愿结葳蕤灯七二，持照鸳鸯。
    调寄《浪淘沙》。②

清咸丰六年（1856），居巢为杨永衍填词《浪淘沙·咏素馨》，

---

① 广州艺术博物院、香港艺术馆编：《故园拾香：居巢居廉绘画》，岭南美术出版社2008年版，第73页。
② 校："艳说南强"，纸本水墨版缺一"说"字。

附有词题，与《十香词》所咏一致，用词略有差别[1]。居巢《今夕庵烟语词》录有《百字令·素馨》，词牌相异，所咏同为素馨：

> 故宫何处。只贞香长恨，不随白雨。子夜露丛环珮冷，零乱明珠翠羽。艳骨长埋，情根不改，犹占南朝土。南强佳话，花前休更重语。　记得玉蕊冰蕤，无尘有韵，销夜凉几许。秾艳肥红堪一笑，宜与媚猪同数。别后难忘，梦回不见，乡思频因汝。何时归去，买田长作花主。

其六，《鹊桥仙·咏茉莉》：

> 碾藁特小，生香不断，枝上爪痕重觅。灵飞珮绾六壬符，了未省、人寰苦热。　消残九夏，媚余五夜，多少浅怜深惜。照来月色似梅边，奈销损、旧时词笔。

> 调寄《鹊桥仙》。

居巢《今夕庵烟语词》录有《朝中措·茉莉》，词牌相异，所咏同为茉莉：

> 断霞鱼尾一痕明，小玉拆无声。墙角晚凉如水，销残几个黄昏。　银丝风冷，枕函香热，此味尝真。又是晓钟打破，累侬清梦难成。

居巢为张敬修绘《茉莉》扇面、为张嘉谟绘《茉莉》团扇，同样录有题画词《朝中措·茉莉》，扇面于词后落款："旧作小词一阕，

---

[1] 按：清咸丰四年（1854）版《十香词》之《浪淘沙·咏素馨》为"负他二十二年香"、"未损少年狂"；清咸丰六年（1856）版《浪淘沙·咏素馨》分别为："负他二十四年香"、"未减少时狂"。

居巢《茉莉》扇面（香港艺术馆藏）

居巢《茉莉》团扇〔华辉拍卖·2022秋季精品拍卖会（二）〕

录请德翁方伯大人钧鉴。居巢。"① 团扇于词后落款："鼎铭三兄大人法正。居巢。"

其七，《一枝春·咏鱼子兰》：

> 木末搴芳，也当得绮石，黄瓷珍护。盈盈坠露，莫是骚人曾赋。申椒菌桂，信芳烈、较伊终卤。才称说、金粟前身，

---

① 广州艺术博物院、香港艺术馆编：《故园拾香：居巢居廉绘画》，岭南美术出版社2008年版，第88页。

合与紫茎通谱。　　娇雏解娱衰暮。学么凤收香,千回巡树。穿余彩缕。剩付粉奁荼筥,珠胎又数。祝芳信、第三休误。问沐浴、谁与相宜,也应待汝。

调寄《一枝春》。①

其八,《万年欢·咏指甲花》:

百结珑松,是零珊碎琼,枝上堆垛。浪说移根,曾共素馨同舸。我道飞琼咳唾,化一树、檀云飞堕。还堪认、鸡舌曾含,异香犹渍纤朵。　　当风似熏百和。怪芳心窄窄,能许香大。好女同怜,研取凝脂红破。旋染春葱个个。算添得、檀奴清课。休拟似、风月常新,桂红定应瞋涴。

调寄《万年欢》。

其九,《桂枝香·咏丹桂》:

前身皓月,定子落鹫峰,根移蟾阙。好信番番也共,玉轮圆缺。素娥应念霓裳侣,照琼枝、尚矜标格。碧虚风露,软红尘土,那堪重说。　　笑龙脑、何人更爇。只三两枝儿,赁庑薰彻。万斛香多,便有顿伊那得。山幽有待真偕隐,倩留人、连蜷撆结。愿花长好,月长垂照,照人长悦。

调寄《桂枝香》。

其十,《齐天乐·咏白月季》:

缠绵特煞多情致,花中独推房老。格脱胭脂,禅通薝卜,不是寻常风调。徐娘韵好。只薄晕慵来,素庞越俏。漫比酴醾,

---

① 校:纸本水墨版,"筥"字旁有一黑点,词末添一"荼"字;"也应待汝",纸本水墨版、金笺设色版作"也应待女"。

炼容那得似三少。　炎凉都付一笑。算秾华冷艳，妃俪皆妙。重绿帘栊，疏红院宇，未信东君归早。香甜蜂闹。也愿逐蜂儿，蕊茸深抱。一度芳期，一番儿探讨。

　　调寄《齐天乐》。

　　临今夕庵《十香图词》。居廉。①

居巢存世白月季词、画，《今夕庵烟语词》收录《浪淘沙》词，"花格脱燕支，花病花医"，自注"白月季花腊治妇病"②。根据《中国药典》，月季花"活血调经。用于月经不调，痛经"③，居巢所记，与医学吻合。

参考居廉《二十四番花信》册，题款在"楝花"那页，因楝花为二十四番花信最后一花。《十香词》十首，从双调四十字的《生查子·咏夜合》到双调一百零二字《齐天乐·咏白月季》，词牌未有重复，

居巢《白月季》（香港中文大学文物馆藏）

---

① 校："特煞"，纸本水墨版、金笺设色版作"特皱"；"胭脂"，纸本水墨版、金笺设色版作"胭肢"；"漫比酴醾"，纸本水墨版作"浸比酴醾"；"香甜"，纸本水墨版作"香酣"。
② 〔清〕居巢：《浪淘沙》，《今夕庵烟语词》。
③ 中华人民共和国卫生部药典委员会编：《中华人民共和国药典一九九〇年版 一部》，人民卫生出版社、化学工业出版社1990年版，第63页。

字数未有相同。"临今夕庵《十香图词》，居廉"一句，纸本设色版有此一句，纸本水墨版、金笺设色版均无，题于字数最多的《齐天乐·咏白月季》一词之后，亦证居巢《十香词》按字数升序排列。

岭南花木丰盈，千姿百态，据温汝达、梁修、张逸的百花诗词所记，在居巢生活的年代，广州可选的盆栽芳香花卉甚多，如蜡梅、栀子、白蝉、芍药、九里香等。从肩挑盆栽的花贩所售卖的各式盆卉之中，居巢选择了上述十香花，既有文化上的喜好，更有经济上的限制。香花相伴，被困在城中的居巢，对着盆卉能感受到心情平和，给生活增添丝丝阳光。

不爱绚丽爱素淡

> 黄红绿紫花，花开看不足。
>
> ——〔唐〕李端《救生寺望春寄畅当》

黄红绿紫花，串起或真实、或虚构的人生。清道光二十八年（1848），居巢模仿恽寿平、华嵒诸家笔意绘画着各式花卉；同年，法国著名作家小仲马（1824—1895）的长篇小说《茶花女》出版，小说中的女主角玛格丽特在每个月里，有二十五天戴白茶花，而其余五天戴红茶花，人们便因此称她为"茶花女"。在欧洲花语文化中，白茶花是纯真无邪，表达"你怎能轻视我的爱"的含义；红茶花是天生丽质，表达"我觉得你最美丽"的含义。

在红花与白花的天平中，人们更为偏爱白色花卉，这在广州民间信仰中也有所表现。广州河南鳌洲金花古庙，是于明代嘉靖年间（1522—1566）从广州旧城惠福西路原址迁建而来，供奉专司生育的金花普主惠福夫人，庙中盛行求嗣风俗，曾经为居巢题诗的岭南词家汪瑔如是记道：

> 广州有金花夫人庙，妇女求嗣者祠之。土人呼小儿曰花仔（音近崽），男曰白花，女曰红花。定远方子严都转潘师有诗云："金花祠庙傍江干，绕座蛮弦错杂弹。多少裙笄向神拜，红花容易白花难。"①

每逢农历四月十七日金花诞，金花古庙"庙堂中挂个大灯笼，四周悬挂着红白两色彩带或花朵，供求子者采摘。求男摘白花，求女摘红花。人们一边参拜，一边祈祷，口中念叨：'祈子金花，多得白花，三年两朵，离离成果。'"②

文人对白色花卉的喜爱更形诸琴棋书画。南宋收藏家赵希鹄著《洞天清录·古琴辨》，认为花色对弹琴心情影响甚大，"弹琴对花，惟岩桂、江梅、茉莉、荼䕷、蒼卜等，香清而不艳者方妙。若妖红艳紫，非所宜也"。

诗人、词人，题咏白花不绝，明末有陈子壮《咏白莲十首》、何吾驺《月下白丁香》。清代留下的作品更为多样，黎简《五百四峰堂诗钞》咏及白花海榴、白茶花、白薇、白佛桑等白花；张维屏《松心咏物诗》咏《白桃花》、《白莲》、《白菊》；伍元葵《月波楼诗钞》咏《白牡丹八首》、《白桃花四首》、《白海棠四首》、《又白海棠四首》。观诸居巢同时代的广州文人以诗词所记的白色花卉有：白茶花、白杜鹃花、白凤仙花、白佛桑、白海棠、白花海榴、白鸡冠花、白菊花、白李花、白莲花、白牡丹、白秋海棠、白芍药、白寿眉菊、白桃花、白薇、白西府海棠、白杏花等等。居巢三叔居少楠，

---

① 〔清〕汪瑔：《旅谭》，黄佛颐撰，钟文点校：《广州城坊志》，暨南大学出版社1994年版，第374页。
② 梁定宽主编，戴继芹、姚逸芹副主编：《岭南文化通俗读本》，中山大学出版社2016年版，第144页。

作《白菊诗》百首，名噪一时。曹雪芹对白花的偏爱亦体现于小说《红楼梦》中，薛宝钗所食"冷香丸"，药方为春天的白牡丹花、夏天的白荷花、秋天的白芙蓉花和冬天的白梅花，四种花均为白色芳香花卉。

对于白色的喜好，亦可见于今日广州街头文物及地名。人民公园正门内有放置清代白石狮一对，原为清初靖南王耿继茂府中旧物，选用肇庆高要白石雕刻而成，与普通石狮相比，显得圣洁、庄严。河南及附近分布有与白色相关的地名：白鹅潭、白鹤洲、白蚬壳、白鹤洞，都是基于所在地之动物颜色命名，沿用至今，既是生态环境变迁的活化石，亦是人们对颜色喜爱的佐证。从白鹅潭到白蚬壳一带地名，均与隔山乡咫尺之遥。居巢亦以白色动物——白鹭为题，绘画多幅扇面，借形体雪白的白鹭，以表达林泉之心、出尘之想。

对白色花卉的喜好，居巢也不例外，《今夕庵题画诗》录有《白桃花蛱蝶》；清咸丰元年（1851）上巳，居巢为张嘉谟绘《白菊草虫》扇面（广东省博物馆藏）；清咸丰九年（1859）仲春，张敬修赴江西

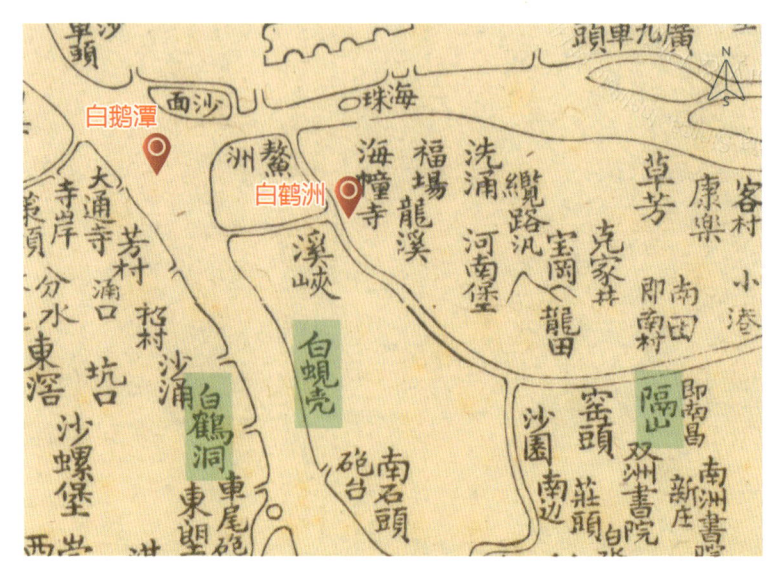

隔山乡附近的"白"字地名（《番禺县七十六堡舆图》局部）

任按察使，居巢为其作《白梅图》扇面（广州艺术博物院藏）；另有为友人绘《白茶花蝶》扇面等。居巢对白桃花、白菊花、白梅花、白茶花等白色芳香花卉的吟咏、绘画，与同时代同地区的文脉一脉相承。

居巢《白茶花蝶》扇面

（图自崇正拍卖"崇正雅集"第六期艺术品拍卖会 2017 年）

视觉从色彩出发，色彩能给人以鲜明的心理暗示，借物言志，因花寄情。对于色彩极度敏锐的花卉画家，其在绘画中重点体现的正是色彩，包括色彩之明度、色相、饱和度。从十香花花色的分析可知，居巢既注重嗅觉，亦注重视觉，并没有重于香而轻于色，使得十香花卉兼具香境、色境，这在文人世界中有其丰富的文化内涵和美学价值，是一种具有生命力的精神载体。

画花就是写人，所谓花草精神，就是象征人格精神。观诸居巢《十香词》所记，白色系五种：夜合、素馨、茉莉、指甲花、白月季；黄色系四种：珠兰、夜来香、含笑、鱼子兰；红色系一种：丹桂；符合其"香清而不艳"的审美要求。《十香词》营造出高洁、淡泊的居住环境，传达出居巢的品德修养和人生志向；居廉据此所画之《十香图》又与居巢的孤僻个性、落魄际遇不谋而合，较之恽寿平、邹一桂、清高宗、金农的十香版本之多彩，更显淡泊。

月季花花色多样，居巢选择了白色；桂花有白色、淡黄色、橙红色，居巢没有选择白色，而是选择了比喻科举及第的丹桂，亦证居巢对花色选择的用心。没有史料记载居巢是否参加了科举考试，张敬修遗嘱称"居梅生布衣巢"，旁证居巢并未赴任"补用巡检"等官职，布衣一生，在一个以是否中科举为尺度判断人生成功与否的年代，居巢明显是人生的失败者。通过科举而成功的家族，往往比通过军功、经商等非科举途径而成功的家族，更容易被社会承认和接受。广州潘振承家族、许拜庭家族，贾而优则仕，续有成员投身科举，进士辈出[①]，提升家族社会地位。筑园者，多有功名，如佛山梁园主人梁蔼如、花地听松园主人张维屏、杏林庄主人邓大林均为进士，顺德清晖园龙家更是有四进士[②]，稍为逊色的番禺余荫山房邬家亦一门三举人[③]。居巢祖父居允敬为举人，此后居氏家族未见有功名者。居巢"十香篸"所在天官里，西北距明代广东贡院故址、状元桥、丹桂里不远，居巢选购丹桂，寄望功名进取，但现实与理想有极大落差，可谓如唐人诗意："遥遥望丹桂，心绪更纷纷。"[④]

清咸丰四年（1854），时局动荡，对于身处底层、经济窘困的落魄文人居巢而言，在城北天官里"十香篸"选购盆卉，不但是从文化上有所选择，亦因价格而有所考量。

[①] 按：潘振承家族进士有潘有为、潘正常、潘宝琳；许拜庭家族进士有许祥光、许应骙、许应镕。
[②] 按：顺德大良清晖园龙家进士有龙应时、龙廷槐、龙元任、龙建章。
[③] 按：园主邬彬与邬宝铨、邬宝莹父子三举人。
[④] 〔唐〕曹松：《中秋月》。

香花薰茶成上品

> 珠江之南，有三十三村，谓之河南。《粤志》所谓河南之洲，状若方壶是也。其土沃而人勤，多业艺茶。春深时，大妇提籯，少妇持筐，于阳崖阴林之间，凌露细摘，绿芽紫笋，薰以珠兰，其芬馨绝胜松萝之英。每晨茶估涉珠江以鬻于城，是曰河南茶。好事者或就买茶生自制，叶初摘者曰茶生，犹岕山之草子也。
> ——〔清〕屈大均《广东新语》卷十四《食语·茶》

屈大均《广东新语》所写的"珠兰"是知名花茶，从庭呱及佚名的两位外销画画家的作品可见，"珠兰"被醒目地绘画图上。成书于清道光二十九年（1849）的英文教材《华英通语》，"珠兰"被记作"Chulan"。珠兰，"其以珠兰花拌和茶叶熏窨而成，主产于珠兰花盛开的歙县一带。冲泡后香气清正幽雅、回味甘永。此茶在广州市场上极为稀贵，其价格在所购绿茶中最高，如果不提前一年预订则很难购得"[1]。顺德人罗天尺（1686—1766）品茗珠兰，赋诗《珠兰茶同何秋涯》：

> 九畹香匀雀舌，三珠露沁鸦山。
> 羡谁品，泉分味，宜我鼻观通关。
> 又
> 香非兰亦非茗，味愈淡而愈永。
> 制羡休，宁石花，珠浮惠山龙井。[2]

---

[1] 刘勇：《清代一口通商时期西方贸易公司在华茶叶采购探析——以荷兰东印度公司为例》，《中国经济史研究》2017年第1期，第100页。
[2] 〔清〕罗天尺：《瘿晕山房诗钞》。

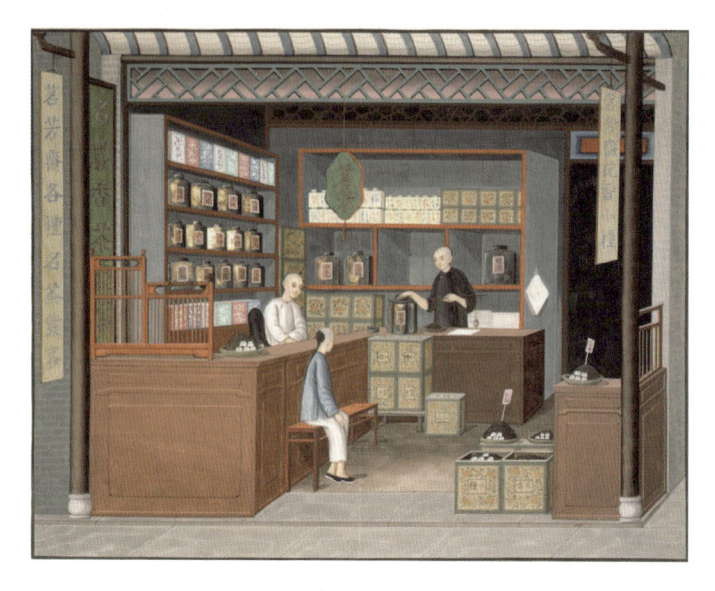

1825年的广州茶庄

同孚名茶

1873年，广州拣茶女子

1873年，广州茶厂

19世纪，广州，茶叶装箱（庭呱绘）

"上品珠兰"（局部）

19世纪的广州，舢板运送茶叶（佚名绘）

"珠兰"茶箱（局部）

广州地区以香花薰茶，较早见于河南茶。除珠兰外，茶蘼、茉莉也是薰茶的常用芳香花卉，番禺潘名熊《大塘道中书所见》记道：

傍柳随花过大塘，茶蘼茉莉扑衣香。

道旁童女携筐话，采卖薰茶趁早凉。①

在各式芳香花卉之中，梁修《花埭百花诗》记载，薰茶以鱼子兰为优，"香最幽，广薰茶以为上品"②。杨其光所作《花笑词·暗香》，附注河南地区以茉莉薰茶：

> 鹤洲人家，一带临河，每夏秋间，茉莉盛开，业茶者市花薰之，花残尽倾入海，繁白随流，十里飘逐。③

茉莉花茶，较之珠兰花茶，历史更为悠久。南宋陈景沂《全芳备祖》引用《杂志》所记，茉莉花"或以薰茶及烹茶，尤香"。④同时代词人施岳《步月·茉莉》："玩芳味、春焙旋薰。贮秾韵，水沉频爇。"周密注释："此花四月开，直至桂花时，尚有玩芳味，古人用此花焙茶。"⑤晚于《全芳备祖》的南宋陈元靓《事林广记》载"百花香茶"制法："百花香茶。木犀、茉莉、橘花、素馨等花，又依前法薰之。"⑥用以薰茶的花卉品种渐趋丰富。

苏格兰植物学家Robert Fortune（罗伯特·福琼，1812—1880），曾于清咸丰三至四年（1853—1854）间对广州花茶进行了研究，考证出可窨制花茶的芳香花卉达八种，较南宋"百花香茶"为多：

> 作为东印度公司的忠实雇员和职业的敏感，福琼又迅速投身到以前他所不知的花茶的有关资料调查。他想方设法在

---

① 黄任恒：《番禺河南小志》，广东人民出版社2012年版，第12页。
② 〔清〕梁修撰，梁中民、廖国楣笺注：《花埭百花诗笺注》，广东高等教育出版社1989年版，第145页。
③ 杨其光：《花笑楼词》卷一《花笑词》，第18页。本词创作于光绪二十年甲午（1894）。
④ 〔南宋〕陈景沂：《全芳备祖·前集》卷二十五《花部·茉莉花》。
⑤ 〔南宋〕周密：《绝妙好词》卷四。
⑥ 〔宋〕陈元靓：《事林广记》，中华书局1999年版，第216页。

广东了解中国行销国际市场上的花茶制作工艺，以及用于窨茶的各种花卉。通过调查他很快得知中国用于制花茶的各种花卉，它们是玫瑰花、梅花、茉莉花、素馨花、米仔兰花（玉珠兰）、桂花、橙花、栀子花等。这些花卉都有一个共同的特点，那就是有耐人寻味的芬芳香味。[1]

跳出广州地理，植物学博士吴大荣统计则有十八种之多，"在窨制花茶的香花种类中，园林花卉占大部分，它们是：茉莉、素馨、白兰花、含笑、珠兰、柚花、玫瑰、现代月季、木香、香水月季、栀子花、桂花、米兰、代代花、荷花、梅花、兰花、蜡梅等10多种"[2]。加上前述的广州地区的荼蘼、橙花，可以薰茶的香花品种则达二十种。

广州作为国际级茶叶出口市场，联动着供应薰茶的芳香花卉的规模化种植。十香花中，除素馨外，1952年版《广州常见经济植物》均有收录，亦知其余九种芳香花卉的种植广泛，而其中六种如夜合、珠兰、含笑、茉莉、鱼子兰、丹桂，明确可以薰茶[3]；事实上，其时已经没有经济价值的素馨以及被列入常见经济植物之列的月季，两者亦可薰茶。夜来香，用于烹饪；指甲花，用于染色，此二花均以其实用性被收录书中。

居巢版十香花，见载于同时代的广州方志及汉语教材。清同治《番禺县志》卷七《舆地略五·花品》，记录花卉五十七种，囊括居巢所咏十种芳香花卉：

夜合。花开于晓而合于夜，故名。四时有花，当暑尤盛。

---

[1] 罗桂环：《近代西方识华生物史》，山东教育出版社2005年版，第92页。
[2] 吴大荣：《花茶与园林花卉》，《园林》1991年版，第2期，第29页。
[3] 中国植物学会广州分会编：《广州常见经济植物》，1952年，第10、19、12、137、126、138页。

（《广东新语》）

暹兰。一名赛兰，来自暹罗，茎叶纷披甚弱，种之盘盘，四时有花，如珍珠、如金粟，一枝数串。（《广州府志》）

夜香兰。又名夜来香。

含笑。蓓蕾微展，若美人含睇宜笑，延祥寺下、西麓蒲涧皆有。（参《南越笔记》、《岭南杂记》）

素馨。一名那悉茗，五羊城外有花田。云：南汉刘䥽之姬曰素馨，死葬于此，多生那悉茗，即以素馨呼之，其香不及茉莉之清。女子以彩丝穿花心以为首饰，西域人采花压油，甚香滑。（参《南方草木状》、《酉阳杂俎》、方以智《通雅》）

茉莉。自波斯移植，番禺尤多，以淅米浆溉之，则作花不绝。宜以六月六日或梅雨时当节摘插，肥土即活。一种重台二十余瓣，香益腻。（参《岭外代答》、"采访册"）

树兰。高丈余，花似鱼子兰，而香烈过之。五叶者贵，其花不落，香且久。三叶者，其花次日即落。俱不能逾岭，逾岭次年不花。（《岭南杂记》）

指甲。簇簇成球，甚香烈。一名散沫花。番人自大秦国移植，花极繁细。（参《任志》、"采访册"）

桂。冬夏常青，自为林，无杂树。《山海经》所谓"贲隅之桂"，"贲隅"即番禺也。（《太平御览》）

月季。《新语》作月贵，花似酴醾，有深红、浅红二色。（《南越笔记》）

清道光二十一年（1841），美国传教士裨治文（1801—1861）于澳门出版 A Chinese Chrestomathy in the Canton Dialect（《广东方言汇编》），教材《名花类第五章》收录花卉一百二十三种，较清同治《番禺县志》多一倍，同样囊括居巢所咏十种芳香花卉。

《广东方言汇编》中的居巢十香花 [1]

序号	中文名	拉丁学名	粤语
一	夜合花	*Magnolia pumila*	Ye hop fa
二	鸡爪兰、珠兰	*Chloranthus inconspicuus*	Kai chau lan Chu lan
三	夜来香	*Pergularia odoratissima.*	Ye loi heung
四	含笑花	*Magnolia fuscata*	Hom siu fa
五	素馨花	*Common white Jasmine.* *Jasminum officinale.*	Su hing fa
六	茉莉花	*White jasmine*	Mut li fa
七	五叶兰	*Aglaia odorata var*	Ng ip lan
八	指甲花	*Lawsonia purpurea*	Chi kap fa
九	桂花、丹桂花	*White olive.* *Olea fragrans.*	Kwai fa Tan kwai fa
十	月瑰	*Monthly rose.*	Ut kwai

居巢所咏十种芳香花卉，与当时广州花卉市场中常见的花卉品种高度吻合。除观赏价值之外，均有实用价值，在茶叶出口的大时代背景之下，夜合、珠兰、含笑、素馨、茉莉、鱼子兰、丹桂、白月季八种花卉，应用于花茶制作；而夜来香、指甲花均有其实用价值。十种芳香花卉得到广泛种植，亦使之价廉，以其普遍可见，被记录于同时代的广州方志及汉语教材。由此可知，居巢通过一笔不太昂贵的支出，因地制宜，选购价廉物美的盆卉，其中并无昂贵的牡丹、兰花等盆卉或造型盆景，如此则可在租住的城北天官里中，满足对生活美、艺术美的追求。

---

[1] Bridgman, E.C.,《名花类第五章》, *A Chinese Chrestomathy in the Canton Dialect*, Macao, S.W. Williams, 1841年, p451—456。

素馨茉莉指甲香

> 小比木犀无酝藉，轻黄碎蕊乱交加。
> 邦人不解听谁说，一地称为指甲花。
> ——南宋郑刚中《题异香花（俗称指甲花）》

常州画派恽寿平绘有《十香图》，其南田画风影响至岭南画坛，居氏有所传承并融入岭南特色。居廉据兄《十香词》所绘之《十香图》，有三种香花与北方十香图所绘不同，分别为素馨、茉莉、指甲花。这种差异，是因为受到岭南海外交往文化的影响。

岭南与海外交往不断，随商船舶来的俱那异、阁提花、菩提树、苹婆树[①]、大树波罗等南亚、西亚花木，丰富了岭南人对海外世界的想象，包括三种影响后世岭南花卉文化的白色芳香花卉如素馨、茉莉、指甲花，最迟在唐代已经全部登陆广州。段公路，唐宰相段文昌之孙，在唐咸通十年（869），将任官广州时搜集的见闻，编为《北户录》，征引博洽，辅以亲身见闻，详载岭南及异域物产，记述从西亚进口的指甲花、耶悉弭花（素馨）、白末利花（茉莉）：

> 指甲花
>
> 指甲，花细，白色，绝芳香，今蕃人重之，但未详其名也。又，耶悉弭花、白末利花（红者不香），皆波斯移植中夏。如毗尸沙，金钱花也，本出外国，大同二年，始来中土。今番禺士女多（以彩）缕贯花卖之。愚详，末利乃五印度华名，佛书多载之，贯华亦佛事也。又《扶南传》曰："顿逊国有区拨花、叶逆花、致祭花、名遂花、摩夷花，燥而合香末以为粉，以粉身体。"

[①] 按：苹婆，因其果形似凤眼，亦称凤眼果；因其果为广州地区七姐诞祭品之一，又称七姐果。

唐初，罽宾国献供物头花，丹白相间，香气远闻；伽跌毕国献泥楼钵罗花，如荷叶缺圆，其花色碧蕊黄，香闻数十步，皆中国无者。

"指甲花"一节，列举指甲花、耶悉弭花、白末利花、金钱花、区拨花、叶逆花、致祭花、名遂花、摩夷花、物头花、泥楼钵罗花十一种芳香花卉，对指甲花简单描述为"花细，白色，绝芳香"，并且是"蕃人重之"。罗列国名波斯（西亚）、五印度（南亚）、扶南（东南亚）、顿逊国（东南亚）、罽宾国（中亚）、伽跌毕国（中亚），可知作者对各国地理方位有相当的概念。唐永徽二年（651），大食灭波斯，作者以波斯泛指西亚，指甲花、耶悉弭花、白末利花一同来自波斯故地。

指甲花的记载，又见于宋代的《南方草木状》，一部记述岭南花木的植物志，托名西晋嵇含所著。书中提及指甲花，"一名散沫花"，移植于西亚大秦国（亦作拂林，东罗马帝国）：

> 指甲花，其树高五六尺，枝条柔弱，叶如嫩榆，与耶悉茗、末利花皆雪白，而香不相上下，亦胡人自大秦国移植于南海，而此花极繁细，才如半米粒许。彼人多折置襟袖间，盖资其芬馥尔。一名散沫花。

郑刚中（1088—1154），号北山，南宋绍兴二年（1132）进士，《北山文集》卷十九《题异香花，俗呼指甲花》，在诗后注释中详细地描述了指甲花形态：

> 立之蕙生花数穗，类藤蔓间，花微黄，四出，蕊如半米，肥而绿，疏叶，圆而不锐，十花百蕊，其下不四五叶。初不知其香之异也，置几案间，大率气味如木樨，而酷烈过之。三二日后，清芬遍室，凡平时茉莉、素馨所不到处，皆馥馥焉。

> 合歡依籬障而生
> 相思子有蔓生者本草拾遺云相思子樹高丈餘其間者佳又羅浮山記增城縣間思樹號相思亭週溪行送之所相多其子穠紅葉如邕碧葉黃香間數十步皆中國無者
> 相思子蔓
> 間伽跌南傳曰頓遜國有區撥花葉逆花致祭
> 體唐初闍賓國獻畢國獻泥樓鉢羅花如荷葉缺圓其花
> 花名遂花摩夷花燥而合香末以爲粉以粉身
> 也又扶南傳曰頓遜國有區撥花葉逆花致祭
> 末利乃五印度華名佛書多載之賈華亦佛事
> 始來中土今番禺士女多以纓貫花賣之愚詳
> 中夏如毗尸沙金錢花也本出外國大同二年
> 名也又耶悉弭花白末利花 紅者 不香皆波斯移植
> **指甲花**細白色絕芳香今蕃人重之但未詳其
> **指甲花**
> 分此亦何愧哉
> 花狀似芙蓉推其靈景未能量也又金樓子云皆異種也孔子家中樹在魯城百數然小說云簡文初不別稻余今不

指甲花（《北戶錄·三》）

问其名，曰邦人号指甲花，树高三四尺，花于枝杪，自穷秋至深冬未已。呜呼，指甲之名陋矣，求之于花亦不类。岂受名之始，或者无以付之耶，将山乡习误而至是耶，抑有事实，而今不能传也。有一于此，皆花之不幸。窃易其名为异香，录于诗后。

《北户录》、《南方草木状》、《北山文集》三书，不约而同地将指甲花与素馨、茉莉三种异域香花并称，而以指甲花用途多样，深得"蕃人重之"。指甲花有抗真菌的作用，埃及在公元前十六世纪已经将其作为药草使用。时至今日，在南亚、西亚，用来作为头发、皮肤与指甲的染色剂；也可以作为布匹与皮革的染料及防腐剂。

段公路《北户录》所记"耶悉弭"，其父辈段成式（803—863）笔记小说《酉阳杂俎》记为"野悉蜜"，后者对花的特征及用途描述较为详细，产地包括波斯、拂林，皆在西亚：

野悉蜜，出拂林国，亦出波斯国。苗长七八尺，叶似梅叶，四时敷荣。其花五出，白色，不结子。花若开时，遍野皆香，与岭南詹糖相类。西域人常采其花，压以为油，甚香滑。

在段成式《酉阳杂俎》成书前约一百年，杜环亲身游历大食。杜环，生卒不详，唐三朝宰相杜佑族侄，任唐军文官。唐天宝十年（751），中国与大食战于中亚怛罗斯，唐军失利，杜环被俘，编入大食军队，遍走西亚，唐宝应元年（762），"因贾商船舶自广州而回"①。归国后撰写《经行记》，记载见闻，将世界带进中国人视野，大食是杜环记录最为详细的国家。该书记载有阿拉伯人视耶塞漫香油为贵重，以花为香油的习俗，与后出的《酉阳杂俎》"西域人常采其花，压以为油，甚香滑"所记吻合：

耶塞漫②

香油贵者有二：一名耶塞漫，一名没匝（女甲反）师，香草贵者有二：一名查塞莩（蒲孔反），一名葜芦茇。③

---

① 〔唐〕杜佑：《通典》卷一九一，《边防典》七。
② 丁谦：《大唐西域记地理考证》，1915年。
③ 〔唐〕杜环著，张一纯笺注：《经行记笺注》，华文出版社2017年版，第66页。

《南方草木状》记为"耶悉茗",并且扎根岭南,广州人"竞植之",用途与阿拉伯人迥异:

> 耶悉茗花、末利花,皆胡人自西国移植于南海。南人怜其芳香,竞植之。陆贾《南越行记》曰:"南越之境,五谷无味,百花不香。此二花特芳香者,缘自胡国移至,不随水土而变,与夫橘北为枳异矣。"彼之女子,以彩丝穿花心,以为首饰。

吴曾《能改斋漫录》成书于南宋绍兴三十二年(1162),称素馨,本名耶悉茗,"岭外素馨花,本名耶悉茗花,丛脞么么,似不足贵。唯花洁白,南人极重之,以白而香,故易其名。妇人多以竹签子穿之,像生物,置佛前供养。又取干花浸水洗面,滋其香耳。海外耶悉茗油,时于舶上得之。番酋多以涂身。今之龙涎香,悉以耶悉茗油为主也"。[①]素馨一名,又见于北宋诗词。北宋名臣蔡襄(1012—1067)在《寄南海李龙图(兑)求素馨含笑花》诗及《移居转运宇别小栏花木》诗句"素馨出南海,万里来商舶",均称素馨。

追溯从唐代到宋代的文献记载,有以下名称:耶塞漫(唐《经行记》)、野悉蜜(唐《酉阳杂俎》)、耶悉弭(唐《北户录》)、耶悉茗(宋《南方草木状》),同花异名,均为西亚语言译音。阿拉伯语 yāsamin,源于波斯语 yāsaman[②],意为芳香的植物,近代英语记作 Jasmine。成书最早的《经行记》所译耶塞漫,保留波斯古语,因作者本人曾经亲履波斯故地;而后成书所记载的野悉蜜、耶悉弭、耶悉茗,均自阿拉伯语音译,作者所记均自阿拉伯人所述。从波斯语到阿拉伯语的变化,反映出西亚政权的变迁。将"ya"音译为"耶",见于粤地所译词汇,如耶和华(Yahweh)、耶鲁大学

[①]〔宋〕吴曾:《能改斋漫录(下)》,上海古籍出版社1960年版,第440页。
[②] 维基百科:https://en.wikipedia.org/wiki/Jasmine https://en.wikipedia.org/wiki/Yasmin_(given_name) https://en.wikipedia.org/wiki/Jasminum_grandiflorum#cite_ref-gledhill_6-0

（Yale University）。Yāsamin 在唐代亦未有约定俗成的音译，因其花"白而香"，北宋时期汉译为素馨，沿用至今。

陈景沂《全芳备祖》成书于南宋宝祐元年（1253），是中国现存最早的植物类书，其"素馨花"一节引《龟山志》："素馨，旧名那悉茗（注：当为"耶悉茗"），昔刘王有侍女名素馨，其冢上生此花，因以得名"，相比百年前成书的《能改斋漫录》，《全芳备祖》中素馨得名的原因被演义化或说书化，附会成说，深刻影响后世广东文献的记录。李贤《大明一统志》卷八十一记载，素馨为南汉皇室女，"刘王女冢，在阳江县，王女名素馨，死葬于此，其冢上生那悉茗花，因名素馨"，清代阮元《广东通志》沿袭此说，墓址在阳江县[①]。清代《广东新语》、《南游记》否定墓在阳江之说，一记墓在广州城西十里花田[②]，一记墓在广州城西十七里花田[③]；梁廷枏《南汉书》则认为二说并存：卷七记墓在广州城西北郊，卷八记墓在阳江县东[④]。清代，河南庄头乡广种素馨，托古于南汉，修筑素馨娘娘墓，广州素馨墓址之说，从城西、西北，跨江南移。素馨传说，随时代及作者臆测而任意变化，与史实渐行渐远。

[①]〔清〕阮元：《广东通志》卷二百二十八《古迹略十三》："五代南汉刘王女墓，《明统志》在阳江县东，王女名素馨，葬此，冢上生那悉茗花，因名素馨。（《大清一统志》）"按：阳江，位于广州对西亚航线之上，史记素馨墓于此，或与阿拉伯商船途经有关，船员死亡，就近埋葬。又如，南宋"南海一号"古沉船，是于阳江海域发现。

[②]〔清〕屈大均：《广东新语》卷十七、卷十九分载素馨：卷十七《宫语》，"又五里三角市中为花田，南汉内人斜也，刘铱美人字素馨者葬其中，铱多植素馨以媚之，名素馨斜"。卷十九《坟语》，"素馨斜，在广州城西十里三角市，南汉葬美人之所也。有美人喜簪素馨，死后遂多种素馨于冢上，故曰素馨斜。至今素馨酷烈，胜于他处。以弥望悉是此花，又名曰花田。"

[③]〔清〕顾祖禹：《读史方舆纪要》卷一百一《广东二》，"双女山"一节，引《南游记》称："今府西十七里有花田，平畴弥望，皆种素馨。相传南汉宫人，死多葬此。"

[④] 顺德梁廷枏（1796—1861）《南汉书》卷七、卷八，分载素馨：卷七，"素馨，后主司花宫女，以色进御，封美人。性喜簪那悉茗花，因名之素馨。死，葬兴王府城西北郊。后主痛之，使人多植那悉茗花于冢上，号其地曰素馨田，坟曰素馨斜"。卷八，"素馨刘氏，不详所生；体质绝艳。死，葬恩州阳江县东。未几，冢上忽生那悉茗花，因以女名名之。"

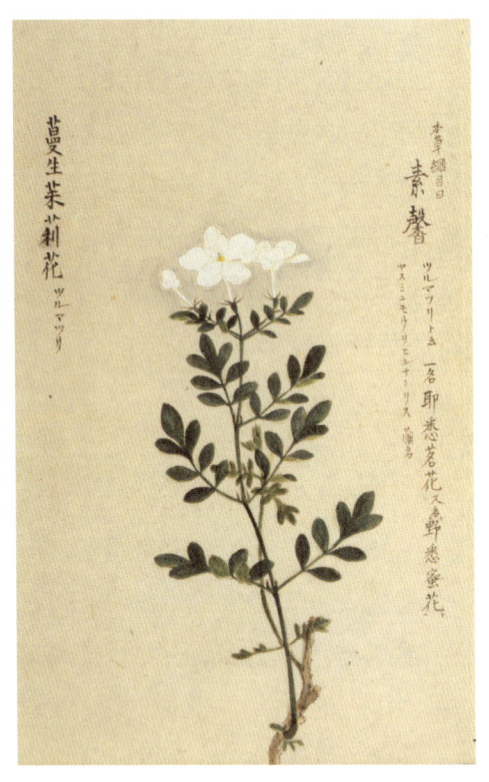

素馨(日本,毛利梅园《梅园百花画谱·冬部一》,1825年)

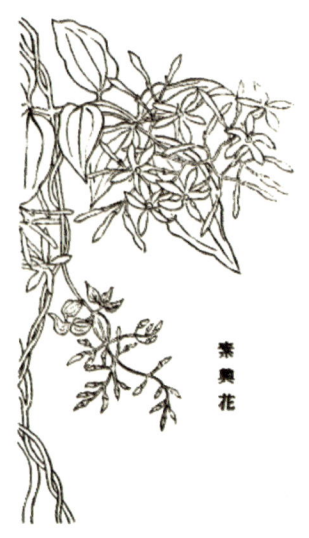

素兴花(吴其濬《植物名实图考》,1848年)

关于素馨各种传说的附会，这种文化现象未见于岭南本地其他花木，此在一定程度上反映出社会对素馨花的广泛追求及热爱。素馨，从西亚传到岭南，其倩影东传扶桑，清道光五年（1825），日本人毛利梅园（1798—1851）描绘素馨，收录于《梅园百花画谱》，精准严谨，又富于质感和生命力，充分展现出画家对素馨的生物学特性、外部形态特征的观察入微。

云南亦有类似广东将花与王室相关联的戏说。冯甦，清顺治十五年（1658）进士，著《滇考》云，大理国国王段素兴于北宋庆历元年至四年（1041—1044）在位期间，"有一花能遇歌则开，遇舞则动，素兴爱之，命美人盘髻为饰，因名素兴花，又讹为素馨"。吴其濬（1789—1847），清嘉庆二十二年（1817）状元，他任云南巡抚期间，实地考察植物，谙熟云南花木，著《植物名实图考》，其中卷之二十九《素兴花》纠正《滇考》说法，并指出云南素兴与广东素馨的区别：

> 素兴花，生云南，蔓生，藤、叶俱如金银花，花亦相类，初生细柄如丝，长苞深紫，袅袅满架，渐开五瓣圆长白花，淡黄细蕊，一缕外吐，香浓近浊，亦有四季开者。《滇略》云，南诏段素兴好之，故名。《志》谓即素馨，殊与粤产不类。蒙化厅有红素兴，又有鸡爪花，相类而香逊。檀萃《滇海虞衡志》以为即与茉莉为俦，同出番禺之素馨，未免刻画无盐，唐突西施。

宋代所记之素馨花，被广州人发掘出不同于西亚人的用处，既可以做香囊，又可以簪花，可以供佛。郑刚中曾赋诗《广人谓：取素馨半开者，囊置卧榻间，终夜有香，用之果然》，诗名简洁介绍广州的素馨制香囊的用法。周去非，南宋隆兴元年（1163）进士，作《岭外代答》，卷八《素馨花》记："素馨花，番禺甚多，广右绝少，土人尤贵重。开时旋掇花头装于他枝，或以竹丝贯之卖于市，一枝二文，人竞买戴。"供需两旺，素馨花成为广州的商品花卉，从南宋延续至清代，前后七百余年。

市场需求推动花卉种植产业。郑域，号松窗，南宋淳熙十一年（1184）进士，《全芳备祖》卷二十五引其诗注，"广州城西九里曰花田，尽栽茉莉及素馨"。方信孺（1177—1223）撰《南海百咏》，该书约成于南宋开禧二年（1206），《花田》诗曰：

> 在城西十里三角寺，平田弥望，皆种素馨花，一名耶悉茗。《南征录》云：刘氏时，美人死，葬骨于此。至今花香，异于他处。
>
> 千年玉骨掩尘沙，空有余妍剩此花。
> 何似原头美人草，樽前犹作舞腰斜。

《南海百咏》各诗按地理方位排序，如《药洲》、《九曜石》、《法性寺》、《风幡堂》，《贪泉》、《沉香浦》等，两诗前后相接，方位也在同一区域，《南海百咏》书中《花田》诗上接《蕃人塚》诗，在方位及距离上均表述为"在城西十里"：

> 在城西十里，累累数千，皆南首西向。
> 鲸波仅免葬吞舟，狐死犹能效首丘。
> 目断苍茫三万里，千金虽在此生休。

蕃人塚仍存，即清真先贤古墓，按宋制，蕃人塚在城北五里。对于方位及距离描述的失准，或为诗人笔误，或为"承伪踵谬"[①]。蕃人塚南则有桥名"流花"，清梁廷枏《南汉丛录补征》卷一《流花桥》记："流花桥，在广州城北，南汉建。"由此推断，花田亦在

[①] 金卓跋：《南海百咏》抄本。

城北五里。在蕃人塚周围开垦花田，广植素馨、茉莉，便利就近供应阿拉伯人制作香油及丧事等用，对于阿拉伯人也有去国怀乡之感。花田，是广州花卉业史上最早出现较大面积的种植田地。花田筑桥，每逢风雨时节，花田落英缤纷，桥下流水潺潺，香瓣逐水出珠江。岁月悠悠，花田久湮，空剩"流花古桥"石板，"水流花谢，当年事，凭谁记"①。

妃嫔又称宫人，唐代称埋葬宫人的墓地为宫人斜，别称内人斜、玉钩斜。南汉与西亚交往广泛，阿拉伯人聚居广州蕃坊，其族裔女子加入南汉国内宫，成为妃嫔，及其去世，葬蕃人塚及附近。蕃人塚邻近花田，多种素馨，阿拉伯裔妃嫔葬处，故得"素馨斜"称谓。抽丝剥茧，寻踪问迹，《龟山志》所记，半演义、半史实。

素馨、茉莉、指甲花三花，以茉莉一名沿用佛典，《全芳备祖·前集》卷二十五《茉莉花》，引北宋诗人叶廷圭句，"名字惟因佛书见，根苗应逐贾胡来"。后秦《妙法莲华经》、唐《北户录》均记为末利，为南亚梵语 Mallika 音译，又译作没利、抹厉、末丽等，今统称茉莉。如同佛系名木"菩提"一样，原产西亚的茉莉，未如素馨一样得到汉化名字。

素馨与茉莉，两宋文人偏爱后者，南宋郑刚中赋诗《或问："茉莉、素馨，孰优？"予曰："素馨与茉莉，香比肩。但素馨叶似蔷薇而碎，枝似酴醾而短，大率类草花，比茉莉，其体质闲雅不及也。"》南宋张邦基著《墨庄漫录》，卷七记载："闽广多异花，悉清芬郁烈，而末利花为众花之冠。岭外人或云抹丽，谓能掩众花也。至暮则尤香。今闽人以盎种之，转海而来，浙中人家以为嘉玩。"

牡丹得到追捧，经过不断选育品种，呈现出丰富的多样性；茉莉自身体质闲雅，又有佛经加持，历史意境悠久，得到士子称颂，

---

① 〔南宋〕张孝祥：《水龙吟》其二《过浯溪》。

经过人们悉心栽培繁衍，品种渐趋丰富，有单瓣茉莉花、双瓣茉莉花、多瓣茉莉花等。反观素馨，虽然已有千年种植历史，但缺乏深厚文化典故，又缺乏人工培育，花小而少，退化严重，与初到中土"花若开时，遍野皆香"的情形大相径庭，与原生地的情形更是背道而驰。1952年出版的《广州常见经济植物》，居巢版十香花，除素馨外，均有收录，亦可见素馨已经失宠多时。

唐宋诗文，将素馨、茉莉、指甲三种花卉一并比较鉴赏，一者香味宜人，二者花色素白，三者"皆波斯移植中夏"。居巢《十香词·咏指甲花》道，"曾共素馨同舸"，引出唐代阿拉伯商船起航西亚，穿越波涛汹涌的大海，所带之指甲与素馨同舸来华的前尘旧事。居巢版香花十种，七种本土，三种外洋，华洋荟萃，折射出居巢立足本土、兼收并蓄的文化取向。多元开放，不拘一格，成为居派艺术的指导思想。高剑父南亚壮游之行，博采众长，开拓画境，冥冥之中，亦是对居巢艺术价值观的回应。

广府文库

百年余韵十香园

隔山草堂牡丹香

僧鞋菊,异卉也。余自岭西携其种归植之,近已芜矣。今日独坐隔山草堂,忽忆此花,因图此以寄兴。丙戌九月,居廉记。

——〔清〕居廉《僧鞋菊》扇面题款

广州河南瑶溪一带,私人设馆,代有传承,明代有小港乡天山草堂,何维柏著书讲学;清代有隔山乡隔山草堂,居古泉鬻画授徒。二人门生众多,皆能学有所成,影响后世深远。今日所称十香园,旧名隔山草堂,为居巢、居廉堂兄弟及后人寓舍,包括:居巢居室今夕庵,居廉画室啸月琴馆、教室紫梨花馆。

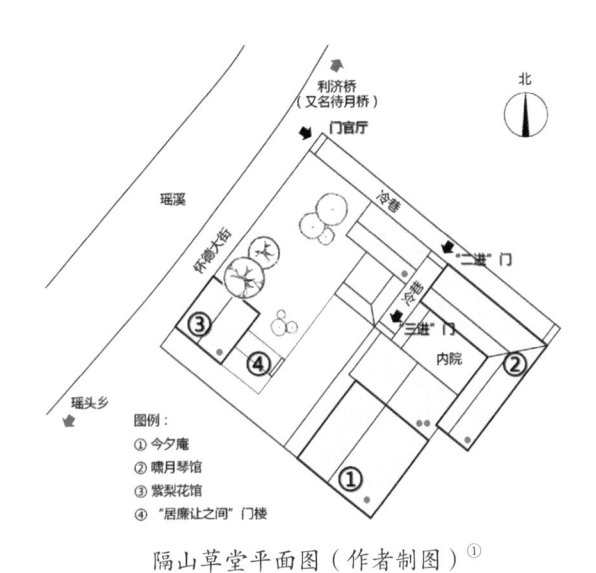

隔山草堂平面图(作者制图)[1]

---

[1] 注:从1893年居廉合照可见,紫梨花馆东侧为一层两进人字坡民房,东南朝向,今为园地。

隔山草堂模型，自西北望东南

啸月琴馆，位于隔山草堂东侧，附设小院，自成天地。杨永衍《壬辰九月寿居古翁》记，"君所居曰啸月琴馆"[1]；张逸《居古泉先生传略》记："师于所居余地，辟小园，筑画室，适得古琴，背刻'啸月'二字，遂名其斋，曰'啸月琴馆'。"[2] 弹得一手好琴是传统文人的必备本领，居氏一门，诗画之余，雅好古琴，多才多艺。

刘彤《瑶溪二十四景诗·待月桥》记，"曩夜尝与居氏伯仲絜茗停琴，待月其上，须臾金波荡漾，心魂动摇，不知身在人间世矣"。又，汪瑔题《昔邪室诗集》，记居巢抱琴形象："空山无人，落叶如雨，抱琴独来，静与秋语。"亦可知居氏伯仲及居巢善琴。清咸丰七年（1857）二月，居巢、居廉参加花埭杏林庄雅集；同月，居巢为"雪声"琴作琴铭，居廉镌刻：

龙池右侧阴刻行书铭曰："吴子幼卿道□永安府君殉城之难，茹痛不已，吴君信甫以琴遗之思导，其和居巢子曰：

---

[1]〔清〕居廉：《啸月琴馆寿言》，第6—7页。
[2]〔民国〕张逸：《居古泉先生传略》，《广东文征续编》第一册，香港1986年版，第453页。

劳者呻悲，志号宣则不忧，痛何能已，以声宣之宜哉，为之铭曰。"龙池左侧阴刻："孤城不存，孤臣何在，孤雏仅存，孤桐独生，孤桐兮朱丝写，风木兮我悲，孤生不死，悲无已时。咸丰丁巳二月居巢铭，麦钰书，居廉镌。"①

黄任恒《番禺河南小志》亦收录有雪声琴琴铭，文句略有微异，评价道，"居氏兄弟，人皆知其工画。今观此拓本，则古泉更能镌字，可谓多材多艺矣"②。清光绪十六年庚寅（1890），居廉镌铭于"谷响"琴③："寿朋世讲，耕月上人发徒。年九龄，少聪慧，常弹谷响琴以养性。就于风影琴楼，师云门飞瀑法，雅习古风，韵清于雪，可谓神童也。聊跋数语以志。光绪庚寅春日隔山樵叟居廉并草。"④清光绪十五年（1889），居廉设寿宴于漱珠冈纯阳观，好友杨永衍未能出席，特意让兰孙杨其光抱琴助兴，诗曰："冒雨抱琴弹一曲，吉云高拥寿星台"⑤；清光绪二十五年（1899），居廉雅集顺德邱园，将自己抚琴的形象绘入《邱园雅集图》，"在画卷的最后，在桃花掩映着的一处古典式的窗户之中，一位清癯、平和的长者悠然坐在窗前灿烂的桃花下面抚琴，那就是老年时居廉的写照"⑥。

---

① 严福昌、肖宗弟主编：《中国音乐文物大系（四川卷）》，大象出版社1996年版，第142页。
② 黄任恒：《番禺河南小志》，广东人民出版社2012年版，第412—413页。所录居巢、居廉之雪声琴琴铭稍异：吴子幼卿，遭永安府君殉城之难，茹痛不已。吴君信甫以琴遗之，思导其和。居巢子曰：劳者呻，悲者号，宣则不郁。痛何能已，以声宣之，宜哉。为之铭曰：孤城不存，孤臣何存。孤雏仅存，孤桐独生。孤桐兮朱丝，写风木兮我悲。孤生不死，悲无已时。咸丰丁巳二月，居巢铭，麦钰书，居廉镌。
③ 按："谷响"琴，曾经为岭南琴派著名艺术家杨新伦（1898—1990）收藏。
④ 麦汉兴《居古泉先生艺事补述》，麦汉兴著，广州市海珠区文联、海珠地区炎黄文化研究会合编：《桐斋随笔》，1999年版，第290页。
⑤ 杨永衍《己丑九月二十二日，古泉道兄生朝，同人设筵漱珠冈道院。余遣其光孙抱琴，随诸君上寿，赋此遥视》，居廉：《啸月琴馆寿言》，第5页。
⑥ 陈滢：《花到岭南无月令：居巢居廉及其乡土绘画》，上海古籍出版社2010年版，第247页。

"啸月琴馆"朱文方印①   "啸月琴馆"白文方印②

  张敬修得"绿绮台"琴，筑绿绮楼珍藏之；居廉得"啸月"琴③，因号画室啸月琴馆。周绍光《啸月琴馆记》记："其啸也歌，召甫寄兴，啸歌伤怀，小雅陶情，先生设馆啸傲其间，对月当歌，抚琴谱调，亦陶情寄兴之雅意欤。"④恽寿平《南田画跋》记："余曩有抱瓮之愿，便于舍旁得隙地，编篱种花，吟啸其中。兴至抽毫，觉目前造物皆吾粉本。"⑤居廉同样余地辟园，横琴吟啸，其风雅亦近恽寿平。

  居廉因号"啸月琴馆主人"，为室号篆刻"啸月琴馆"朱印及白印各一方。清同治十二年癸酉（1873），绘《青蛙红蓼图》扇面，题款："一蛙深坐怒何事？笑倒墙根红蓼花。草衣翁句，析心仁兄大人法鉴。癸酉秋，居廉作。"初见用"啸月琴馆"印（朱文），啸月琴馆的始建及居廉的设馆授徒，其年限可上溯至此年，距离居巢

---

① 图自居廉《青蛙红蓼图》扇面局部，1873年，香港中文大学文物馆藏。
② 图自高剑父《花鸟草虫》斗方局部，1900年，香港中文大学文物馆藏。
③ 按：上海博物馆收藏"啸月"琴，根据梁基永博士的推测，上博藏琴只是名字偶然相同，与居廉的"啸月"琴并没有直接关系。（梁基永《扑朔迷离啸月琴》，《信息时报》，2014年4月13日，C7版。）
④ 周绍光：《啸月琴馆记》，《中央日报》1949年9月22日。
⑤〔清〕恽格：《南田画跋》，上海人民美术出版社1987年版，第65页。

逝世已经八年，从广西返乡亦四年[①]；草衣翁，即恽寿平，居廉对恽寿平的敬仰，以致将张问陶诗[②]误记。清光绪二十二年（1896），绘《墨梅》册，其中一页钤印：啸月琴馆（白），现为私人藏品。白印晚出于朱印，并为门生作画后钤印使用。

高剑父绘《仿恽寿平水仙蟹石》（1899年，香港中文大学文物馆藏）

[①] 按：清同治四年乙丑（1865），居巢辞世。清同治五至八年间（1866—1869），通过现存画作判断，居廉身处广西。
[②] 居巢《蛙戏红蓼图》扇面所记不同，题款："一蛙深坐怒何事，笑倒墙根红蓼花。张船山句。写奉□□仁弟大人粲正。居巢。"校：语出张问陶（1764—1814）于1805年所作《秋日小园即事·其六》"一蛙深坐怒何事，笑倒墙阴红蓼花"。船山为其号，诗非恽寿平所作。

居廉绘《花卉草虫图》
（图自嘉德拍卖，2016年秋季拍卖"观想—中国古代书画"）

  啸月琴馆，居廉绘画其中，持续三十春秋，年近七十仍然"灯下"作图不倦；嗣子居楷，门生陈芬、容祖椿、高剑父等人先后临摹、创作于此，先生居廉同处一画室，循循善诱，绘画教学效果得到加强。通过题款所记，亦证高剑父日后所言，"少日研绘事于隔山啸月琴馆"，并补述，"古师出示年希尧旧本，精深华妙，为临一过，师谓可以乱真，孺子可教"。[1]

---

[1] 高剑父《秋蔬图》题款，1936年，香港中文大学文物馆藏。

啸月琴馆艺术创作概览

年份	画家	画作名称	题款
清光绪二年丙子（1876）	居廉	《钟馗小憩图》团扇	（前略）丙子七夕，写为柏心二兄大人鉴正。隔山樵子居廉作于啸月琴馆。
清光绪十一年乙酉（1885）	陈芬	《山水》镜片	乙酉夏端阳后十日，画于啸月琴馆。柏心陈芬。
清光绪十四年戊子（1888）	居廉	《梅花》卷	（前略）戊子冬十一月，临吴白广书，隔山老人居廉书于啸月琴馆。
清光绪十九年癸巳（1893）	居廉	《螳螂紫藤图》扇页	癸巳新春，为纪常仁弟大人鉴正。隔山樵子居廉仿周少谷用笔于啸月琴馆。
清光绪二十二年丙申（1896）	居廉	《岁朝清供》扇面	法两峰山人小品图。丙申秋日于啸月琴馆灯下为子卿仁兄大人鉴趣。隔山老人居廉。
清光绪二十三年丁酉（1897）	居廉	《花鸟草虫》斗方	居廉仿南田翁本于啸月琴馆，时年七十。
清光绪二十四年戊戌（1898）	居廉	《花鸟草虫》斗方	戊戌之夏，为椒翁仁弟鉴趣。居古泉写于啸月琴馆。
清光绪二十五年己亥（1899）	容祖椿	《独行旅图》扇面	己亥花朝节，仿王少司农法于啸月琴馆，以应少溪老伯大人指正。侄容祖椿学绘。
清光绪二十五年己亥（1899）	居槎	《花卉》斗方	己亥三月，居槎写于啸月琴馆。
清光绪二十五年己亥（1899）	高剑父	《仿恽寿平水仙蟹石》	仿瓯香馆用色。己亥冬，高麟写于啸月琴馆。
清光绪二十六年庚子（1900）	高剑父	《花鸟草虫》斗方	紫薇开最久，烂漫十旬期，溪鸟逾秋房，新花续旧枝。庚子秋，高麟爵廷写于啸月琴馆。

（续表）

年份	画家	画作名称	题款
不详	居廉	《花卉草虫图》	效瓯香馆用色。隔山居廉写于啸月琴馆之西窗。
不详	居廉	《螳螂图》镜心	隔山老人古泉写于啸月琴馆之西窗。
不详	陈芬	《仿古山水册》	仿山樵道人画意于啸月琴馆，柏心。

对居廉而言，啸月琴馆既是画室，也是客厅。画稿四壁，良琴为伴，高朋酬唱，饶有古风。葛本植，字绪堂，画为时人重，是居廉其中一位相交甚久的好友[1]，高剑父回忆："植，湘南人，擅人物，流寓岭表颇久，与吾师友善。花晨月夕，唱和于啸月琴馆中，辄与吾师纵论艺画至灯深人寂。"[2]

晚辈潘飞声更是啸月琴馆的常客。清光绪十三年（1887）六月十九日，"是日棹舟入隔山啸月琴馆与古泉、梧山、墨先、思尧、仑西、寿苏[3]、卓翘、舜廷饮酒达旦。古泉以自书十三字联、隔山石冈图便面、居款如女士花卉小帧赠余。寿苏亦以南山进士图赠余。至明日，放船归"[4]。此后三年，潘飞声执教德国，及归广州，未

---

[1] 按：二人交情，见于传世画作题款。清咸丰八年（1858）端午，居廉与葛本植雅集于东莞张嘉谟道生园；清同治八年（1869）重阳，居廉与葛本植分别于广西桂林水月洞。
[2] 高剑父《跋居师仕女图》。高剑父著，李伟铭辑录整理，高励节、张立雄校订：《高剑父诗文初编》，广东高等教育出版社1999年版，第82页。
[3] 按：寿苏，为居巢孙居羲，又字秋海。
[4] 潘飞声：《兰亭砚斋日记》。张素娥编：《居巢居廉年谱》，广州出版社2003年版，第108—109页。

忘拜访居廉，清光绪十六年庚寅（1890）九月十一日，与何桂林、冯兆年作客啸月琴馆①；二十二日，留宿啸月琴馆，庆贺居廉前辈六十三岁寿辰。②

  隔山草堂之中，以"今夕庵"为名，居巢著书《今夕庵烟语词》，后人辑书《今夕庵诗钞》；以"啸月琴馆"为名，居廉辑书《啸月琴馆寿言》，后人作文《啸月琴馆同门录弁言》，体现了居巢、居廉的不同文化取向。清光绪十三年（1887），适逢居廉六十岁寿辰，亲友、门生为之称觞上寿，居廉汇刻随后五年间众人唱和诗词，辑为《啸月琴馆寿言》(含《得寿图题咏》)③。扉页为谭伯才于清光绪十五年（1889）白描"古泉先生小象"。五十年后，民国28年己卯（1939），居廉门生关超卉追绘遗像，题款："己卯夏，为吾师居古泉先生造像。关超卉。"张逸撰《啸月琴馆同门录弁言》④，拟作《啸月琴馆同门录》，惜未成书，然录得同门二十六人，与符翕《居古泉先生六秩寿序》所记，居廉"历年授弟子卅余人"⑤，有失诸收录。啸月琴馆此名，因居廉门生的传承而发扬光大。

---

① 潘飞声访杨永衍半园、居廉啸月琴馆，填词《摸鱼儿·庚寅重阳后二日，同何一山、冯遂知放舟瑶溪，访杨椒叟半园、居古泉啸月琴馆，席上作》。(潘飞声：《说剑堂集·海山词》)
② 潘飞声《庚寅九月二十二日，集啸月琴馆，赋诗为古泉老丈寿，时余方归自海外》，自注"是夜宿馆中话旧"，居廉：《啸月琴馆寿言》，第6页。
③ 按：居廉《啸月琴馆寿言》及杨永衍《草色联吟》，录诗均自清光绪十三年（1887）至清光绪十八年（1892）。
④ 张纯初：《啸月琴馆同门录弁言》，《中央日报》1949年9月22日"居古泉大师百廿二周年诞辰纪念特辑"。李伟铭《关于二居研究中的若干问题》，广东省博物馆编：《广东省博物馆集刊（1999）》，广东人民出版社1999年版，第200页。
⑤ 居廉：《啸月琴馆寿言·寿序言》，第2页。

《啸月琴馆寿言》（1887年）

谭伯才绘《古泉先生小象》（1889年）

关超卉绘《居廉遗像》（1939 年，图自香港中文大学文物馆藏）

1893 年[1]，居廉与其友徒于紫梨花馆前合影（右八为居廉）

---

[1] 按：本照片，有为 1893 年说、1904 年说，兹从前说。参考：黄大德《居巢居廉研究五题——从材料出发》，广州艺术博物院、香港艺术馆主编：《居巢居廉艺术研讨会文集》，岭南美术出版社 2008 年版，第 245 页。按：从广州河南历年气温变化，以 1893 年春为最冷，而合照中各人衣着也有所吻合。

啸月琴馆出门左转，推门而入，为内院，内院西侧有青砖门楼，匾曰"居廉让之间"，石匾背面刻字"香国"。河南杨孚故宅飘雪，人以为喜瑞，广州难得一见。清光绪十八年壬辰（1892），杨其光《花笑词·少年游》词记："壬辰岁暮，羊城连日大雪，风气寒甚。"清光绪十九年（1893），"一月六、七两天下大雪，平地积雪寸余"[1]。瑞雪过后，牡丹盛放，居廉邀友雅集。与往常只是吟诗绘画、弹琴品石所不同，在摄影仍然是小众且高消费的年代，延请了摄影师留影园中。合照选择于"居廉让之间"门楼前，居廉此时已经六十六岁，清瘦而精神，头戴瓜皮帽，身穿长袍马褂礼服，穿着华丽，大有"锦帽貂裘，千骑卷平冈"的意气风发。平台为青砖工缝铺砌，与堂兄居巢今夕庵采用夯土建筑的窘困已经截然改观。

合照二十一人，靠右第八位的长者为居廉，可考者且见录于《啸月琴馆同门录弁言》的门生共八人：葛璞（小堂）、关超卉（蕙农）、伍德彝（懿庄）、徐立夫、陈鉴（寿泉）、容祖椿（仲生）、高麟（爵廷）[2]、张逸（纯初）。

合照前方，摆放六边形陶制高几，上置牡丹盆栽，一景二盆三几，三位一体，相得益彰，充分地展现自然美与艺术美，富贵之气逼人，让众人甘于成为盆栽的背景板。

清初《广东新语》卷二十五《木语》记载："广州牡丹，每岁河南花估持根而至，二三月大开，多粉红，亦有重叠楼子，惟花头颇小，花止一年，次年则不花，必以河南之土种之，乃得岁岁有花。"民国37年（1948）《中国盆景及其栽培》一书记载，"但移植广东的盆景，则只开花一次，明年即不繁茂，又须由山东移植"。亦称牡

---

[1] 广州市海珠区政协学习文史工作委员会：《海珠文史专刊——广州河南一百五十年来大事拾贝》，1990年版，第5页。
[2] 按：高麟，字爵廷，在隔山草堂期间使用此名、字，后更名仑，号剑父。

丹移植至广州，花止一年。[1] 价昂，源于物稀。唐代诗人白居易叹牡丹之贵，"一丛深色花，十户中人赋"。在居廉生活的时代，牡丹从华北运抵广州，亦是"价极昂，或至一金一花"[2]。

温汝达《品花一百首》、梁修《花埭百花诗》，将牡丹置于卷首品评；与居家有过交集的天地会，其武艺卓越、才华出众者，两肩各纹红牡丹一朵，俗称双花红棍，是派系中最高职位。由书斋文人到江湖武夫，莫不尊崇花中之王——牡丹。

恽寿平，人称恽牡丹，以画牡丹独步海内。居廉私淑恽寿平，故牡丹不但见于难得的师友合照之中，更常见于居廉所绘立轴。以牡丹加水仙的组合，居廉绘有《富贵神仙》；以牡丹加湖石的组合，绘有《富贵寿考》，另有《富贵长春》、《玉堂富贵》、《富贵图》等立轴，寓意丰富。在合照的同年，绘有《富贵白头》立轴，画中湖石之旁，一丛牡丹在春风中姹紫嫣红，湖石之巅，栖息着一对白头翁，画意形容相守白头、富贵荣华。同一题材，同为立轴，见绘于清光绪十三年（1887）、清光绪二十七年（1901）。以大尺幅多次绘画牡丹，既是书画市场的需求，亦可见居廉对牡丹的由衷热爱。合照中的门生张逸，师承居廉，"于画尤擅绘牡丹，有牡丹张之誉"[3]。

---

[1] 崔友文编著，章君瑜校订：《中国盆景及其栽培》，商务印书馆1948年版，第56页。
[2] 〔清〕梁修撰，梁中民、廖国楣笺注：《花埭百花诗笺注》，广东高等教育出版社1989年版，第1页。
[3] 郑春霆：《岭南近代画人传略》，香港广雅社1987年版，第124页。

居廉《富贵白头》立轴，1887 年
（北京故宫博物院藏）

居廉《富贵白头》立轴，1893 年
（广州艺术博物院藏）

居廉《富贵白头》立轴（1901年，香港中文大学藏）

"居廉让之间"门楼，两侧砖柱外侧均有灰塑竹节的行书楹联，上联可见"文墨有真"四字，下联可见"园林"二字，余字均为站者所挡。按民国江忍庵《分类楹联宝库·书室联》录：文墨有真趣；园林无俗情。上联出自北宋王安石《用王微之韵和酬即事书怀》诗，下联出自唐孟浩然《李氏园林卧疾》诗。惜灰塑竹节楹联今已不存。

灰塑竹节楹联
（居廉合照局部，人脸作模糊处理）

木刻楹联
（居廉合照局部，人脸作模糊处理）

  门楼与后厅之间，以紫藤花架相连。后厅门侧挂联，上联"月在艹"，下联"人行□□花"，余字均被遮挡。民国13年（1924）秋，张白英游园后记："至后厅，门悬谢里甫行书木联曰：'月在离枝树上，人行末利花中。'"① 广东名士谢兰生（1760—1831），号里甫，未有史料证明居家与谢兰生有过交往，故木联为谢兰生所书，存疑。抗战前，冼玉清游园，后厅门联已经移至园门，并记其所见："园门挂着一副木联，刻'月在荔枝树上'，'人行茉莉花间'十二个字，这十二个字表现南国风光，可谓风韵独绝。"② 冼玉清所记上联第三字"荔"，与合照中"艹"可作匹配。稍后的李健儿所记与张白英相近，"悬谢里甫所书联曰：月在离支树上，人行茉莉花中。"如同门楼横额"居廉让之间"以及门楼对联，所撰均有所典据，后厅门联亦有渊源，典出杨万里于南宋淳熙七年（1180）所赋《宴客夜归六

---

① 张白英：《画人居古泉逸话》，"广东美术百年"书系编委会编：《其命惟新：广东美术百年大事记》，岭南美术出版社2017年版，第183页。
② 冼玉清：《居廉故居及其他》，《更生记；广东女子艺文考；广东文献丛谈》，广西师范大学出版社2014年版，第195页。

居巢《荔枝茉莉》团扇（1847年，香港中文大学文物馆藏）

居巢《荔枝茉莉》扇面（1856年，香港苏富比2016年5月拍卖会）

言》诗，"月在荔枝梢上，人行茉莉花间"①。冼玉清所记门联，与《四库全书存目丛书》所录诗句，完全相同。

　　花香加果香的艺术组合，不论是扬州风情的芍药、樱桃，还是岭南风情的茉莉、荔枝，居巢均有诗画，且以后者为多。清道光二十七年（1847）五月，绘《荔枝茉莉》团扇，款识："最忆珠江销夏，沙姑艇子趁潮移。珠琅冰玉金尊凸，莫莉香中擘荔枝。时丁未夏仲，奉子辉姻兄大人清赏。居巢并题。"清咸丰三年（1853）初秋，居巢绘《荔枝图》扇面，将茉莉、荔枝填于词中，题款："红苎中单白玉

---

① 四库全书存目丛书编纂委员会编：《四库全书存目丛书 集部 第410册》，齐鲁书社1997年版，第586页。

肌，珠娘荔子共风姿。末利更饶香媚夜，纳凉时。昔昔头衔成负汝，频年乡梦总因伊。叶烂茨菇蝉响涩，又相思。癸丑初秋，调寄《山花子》。题请鼎铭三兄大人正拍。居巢并识。"①清咸丰六年（1856）夏，绘《荔枝茉莉》扇面，题款："人间何处境清凉，画舫珠娘荔子乡。最是不孤香色味，枝枝红云舵楼旁。丙辰夏日写此，为岑楼道兄法鉴。梅生居巢。"②芍药樱桃、茉莉荔枝的花果组合母题绘画，未见于居廉。

居巢之子居燧绘《荔枝鸣蝉图》，回忆"曾记故园三五树"③，可证隔山草堂曾经种有荔枝树。由此推断，后厅门联所记，应是居巢乡居之时的园林香景的真实写照，园内曾植有荔枝、茉莉之故，炎炎夏日，"纱蝉叫，荔枝熟"④，南风轻吹，茉莉花香、荔枝果香，芳香满园，令人心旷神怡，营造出夏日香景之美。

将花香、果香写入园林门联的，更有与居巢同时代、占地广阔的广州海山仙馆，清俞洵庆《荷廊笔记》如是记道："三伏时藕花香发，清风徐来，顿忘燠暑。园多果木，而荔枝树尤繁。其楹联曰：荷花世界，荔子光阴。盖纪实也。"⑤小画舫斋高挂横匾"白荷红荔泮塘西"，为两广总督阮元题书，与同在荔湾涌的海山仙馆门联一致，均以荷花、荔枝描绘水乡风光。居廉门生陈树人于民国17年（1928）绘《白荷丹荔图》，记录隔山乡息园雅致，"林塘清幽，最

---

① 山西博物院、广州艺术博物院编：《花草精神：居巢居廉绘画精品集》，山西人民出版社、山东出版传媒集团2014年版，第44页。按：张素娥《居巢居廉年谱》所录题款，与前书有别（张素娥编：《居巢居廉年谱》，广州出版社2003年版，第67页）。
② 题款与居巢《今夕庵题画诗》中录《荔枝》诗有所出入："人间何处境清凉，画舫珠娘荔子乡。最是不孤香色味，枝枝红亚柁楼旁。荔枝。"
③ 居燧《荔枝鸣蝉图》扇面题款：新蝉声起荔初丹，远道时新见亦难。曾记故园三五树，一枝画出与君看。居燧写。张素娥注：原十香园旧藏，"文革"时被抄走（张素娥编：《居巢居廉年谱》，广州出版社2003年版，第126页）。
④ 居巢《荔熟蝉鸣图》团扇题款："纱蝉叫，荔枝熟，粤谚也。丁未仲夏写，奉小松仁兄大人清品。居巢。"1847年，广州艺术博物院藏。1944年，高剑父绘有同题画，亦附粤谚。
⑤ 黄佛颐撰、钟文点校：《广州城坊志》，暨南大学出版社1994年版，第320页。

宜消夏"①。

居巢、居廉所生活的年代,广州可见的梨花品种有豆梨、沙梨,均为蔷薇科梨属,花期盛放,满树香雪,蔚为壮观,古人称之"一树梨花"。沙梨被广泛种植于珠江三角洲东岸的增城、东莞、新安(今深圳),居巢避地东莞时,能轻易得见沙梨,并为之赋诗填词,题画诗《自画梨花蜂蝶》:"雨余青满一阶苔,似水柴门午不开。偏是梨花春梦熟,蜜蜂蝴蝶作团来。"②又,填词《踏莎行·梨花》:

> 金成龙烟,红丁托月,飞琼影闭深深院。年时记得洗妆时,人气花光乱莺燕。　　青子歌成,白人望断,移床压帽情都倦。咒残香梦不成云,酿来春瓮愁同酽。③

清道光二十七年(1847)暮春,居巢绘《沙梨花》团扇,题款:"多谢川红亚曲阑,泥人无奈酒杯干。折枝凭仗相宜称,银烛金尊映肉看。丁未暮春写奉德圃太亲翁大人诲正,侄居巢并题。"

居巢《沙梨花》团扇(1847年,东莞市博物馆藏)

---

① 陈树人:《自然美讴歌集》,世界书局1948年版,第51—52页。童一鸣:《岭南三家年谱》,《中国绘画研究季刊 朵云》,1992年第1期,上海书画出版社,第99页。
②〔清〕居巢著,潘飞声、邱炜萲同编:《今夕庵诗钞·今夕庵题画诗》,第2页。
③〔清〕居巢:《今夕庵烟语词》。

居巢《梨花》

　　《广东新语》卷二十五《木语》记,梨,一年二花,"叶凡二落,落于七月者深红,于正月者色微紫",居巢诗、词、画之中的梨花均为春天时节,此时落叶微紫,让居巢联想到,"唐人说部有紫花梨故事,惜尤物不复见于世。戏拈一枝,倘所谓笔补造化者?非耶。碧桐三兄大人鉴正。居巢"。这是一篇相当冷僻的唐代小说,典出北宋《太平广记》所引《耳目记·紫花梨》,感慨紫花梨难得、伯乐难遇。

十香园旧影可见"十香园"匾及"紫梨花馆"匾[1]

---

[1] 〔清〕居巢,〔清〕居廉绘,钟创坚主编,广东省东莞市博物馆编:《居巢居廉画集》,文物出版社2003年版,第14页。

"紫梨花馆"匾联（作者拍摄）

  据居玉华称，居巢所书木匾"紫梨花馆"，缘于"唐人说部有紫花梨故事"。木匾未有人名及时间落款，亦未见于居廉合照及居廉生前的记录，且唐人说部及居巢均记为"紫花梨"，而非"紫梨花"。民国13年（1924）秋，张白英与陈树人、高剑父、张逸三位居廉门生游园，园中有十香园额，有紫薇、紫藤，而未记录紫梨花馆额[1]。"紫梨花馆"一名初见于冼玉清，址在园南[2]。今日悬挂"紫梨花馆"木匾的小室，张白英记为"后厅"，址在园北，居廉门生习画处。约民国19年（1930），黄祝蕖入园祭祀居廉，赋诗悼念，

---

[1] 张白英：《画人居古泉逸话》，《大风旬刊》1937年，第52期，1937年，第1636—1637页。
[2] 冼玉清：《居廉故居及其他》，《更生记 广东女子艺文考 广东文献丛谈》，广西师范大学出版社2014年版，第195页。

诗注"园有紫梨花一株"①，这是紫梨花唯一一次出现于时人记录之中。自然界以白梨花居多，紫梨花是十分稀有的花卉，先后游园的张白英、冼玉清，擅花卉画，对岭南花卉极度敏感，却均未记录。大致推测，居巢晚年植紫梨花一株于园中，因之为室号，题匾"紫梨花馆"，并挂匾于园南，事在民国13至19年（1924—1930）间。居巢逝世次年，民国20年（1931），其子居慎行出售祖业之前，紫梨花已经缺乏养护，未几而亡。后人将"紫梨花馆"匾挂于后厅，与冼玉清所见已非原貌。

隔山草堂一名，晚于今夕庵、啸月琴馆，初见于清光绪十二年丙戌（1886）九月居廉所绘《僧鞋菊草虫图》扇面，题款："僧鞋菊，异卉也。余自岭西携其种归植之，近已芜矣。今日独坐隔山草堂，忽忆此花，因图此以寄兴。丙戌九月，居廉记。"隔山草堂所种僧鞋菊，为观赏性草本植物，居廉从广西归植，距离有迹可考的广西之行已经十七年②，故云"近已芜矣"，作为庭园草本，能生机长久，亦见爱护，并见绘于写生画册。

北宋陆佃《埤雅》："今群芳中，牡丹为第一，芍药为第二，故世称牡丹为花王，芍药为花相。"牡丹为木本，芍药为草本，以其柔软，又名没骨花。清光绪十四年戊子（1888）二月，隔山草堂雨后即景，居廉以没骨法绘没骨花《雨后芍药》扇面，题款："连日大风雨，草堂晓起，此花零落有致，可悟白盘，盖禅义矣。戊子二月，居廉并记。"③

---

① 黄祝蕖：《十香园吊居古泉先生》，《凹园诗续钞》卷下。
② 按：清同治八年己巳（1869），居廉绘《菊石图》扇面，题款："己巳九月九日赋别，写于水月洞舟次，以赠绪堂仁棣清赏，古泉。"
③《中文大学文物馆藏品专刊之三 广东书画录》，1981年，第185页。

寻芳十香园

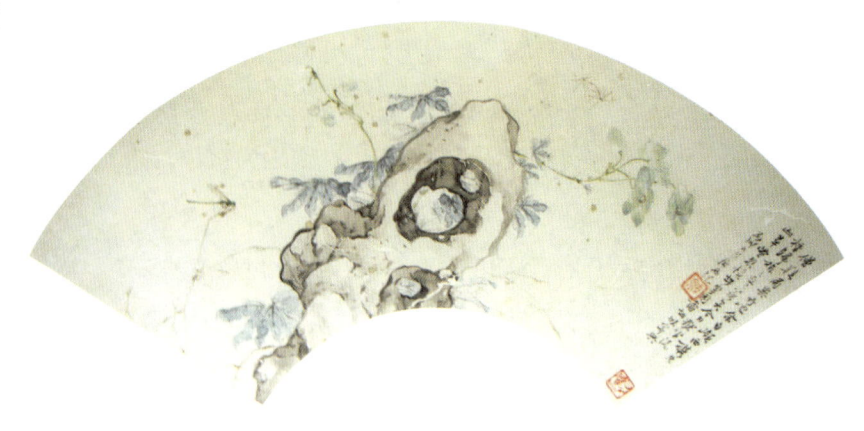

居廉《僧鞋菊草虫图》扇面（1886年，香港中文大学文物馆藏）

居廉《清逸出尘册》十六开之《僧鞋菊》
（图自香港苏富比拍卖）

居廉《雨后芍药》扇面（1888 年，香港中文大学文物馆藏）

  紫梨花馆北侧，今为绿地，从清光绪十九年（1893）合照可见，其地当时为寓室，建筑密度大，称不上为宅园。寓室的添建，与居家人口繁衍息息相关，以居巢、居廉两个家庭为例，居巢儿子居燧（？—1898）育子女四人：长子居羲（1869—1930）、三女居逊卿（？—1930）、四女居贤香、五女居若文（1884—1974）；居廉纳妾①刘氏、谭氏，收养嗣子及养女。上下三代，济济一堂。

  居廉客居广西之时，"摘其尤者二种携归，戏为抄生"②，从广西归隔山乡居，未嫌路途之遥，犹能"自岭西携其种归植之"。随着隔山草堂园地的减少，居廉的写生状态亦有所转变，"归而写此遣兴"③、"归而图之，以记花之异"④，见诸画作。

---

① 居廉纳妾，事在清光绪四年（1878）九月。参见张素娥编：《居巢居廉年谱》，广州出版社 2003 年版，第 100 页。
② 居廉《花石图》扇面，1866 年，香港中文大学文物馆藏。
③ 居廉《朱顶兰图》扇面，题款："余家近花田，数村篱落，间行偶见朱顶兰一种，红芳可爱，归而写此遣兴。古泉。"香港中文大学文物馆藏。
④ 居廉《花春四时册》十五页，其一，题款，"常与菽翁曳杖游海幢寺，草际见此花绚烂如锦，延绵满山径。山僧云：'花至午后即合，傍晚则又盛放矣。'归而图之，以记花之异。古泉。"清光绪十六年庚寅（1890）十月，香港中文大学文物馆藏。

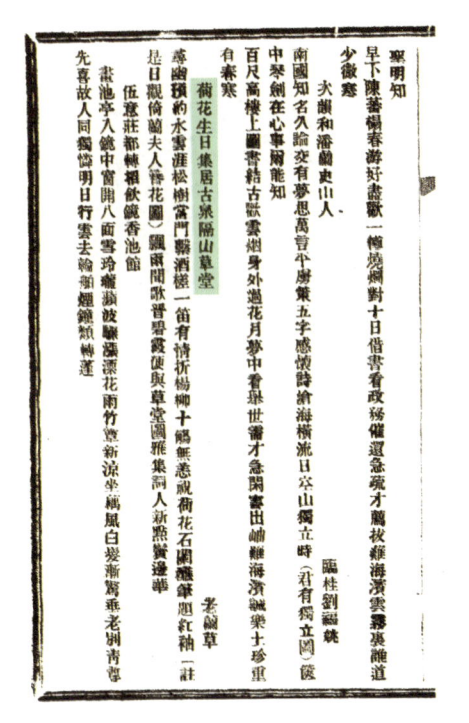

老兰草《荷花生日集居古泉隔山草堂》
(《鹭江报》,1903第47期)

  隔山草堂一名,亦见记载于潘飞声诗词。清光绪二十九年(1903)六月二十四日,荷花生日[①],居廉已经七十六岁高龄,潘飞声赴隔山乡雅集,赋诗《荷花生日集居古泉隔山草堂》记事。潘飞声《说剑堂集》另有收录七律《访居古泉隔山草堂》[②]:

  久别相逢笑破颜,茅堂依旧好溪湾。
  晴窗恰对疏疏树,矮纸工描细细山。

---

① 按:荷花生日庆贺,亦见于居巢,曾赋诗《荷花生日画荷》。〔清〕居巢:《今夕庵题画诗》,居巢著,潘飞声、邱炜萲同编:《今夕庵诗钞》,第2页。
② 潘飞声:《说剑堂集》三卷,卷一诗集,上海,1934年,第10页。按:黄任恒《番禺河南小志》所记潘飞声《访居古泉隔山草堂》相同。参见黄任恒编纂、黄佛颐参订:《番禺河南小志》,广东人民出版社2012年版,第100—101页。

暂抚菊松拼我醉，得餐薇蕨共君闲。

饥驱屡负栖岩约，明镜惊看鬓渐斑。

隔山草堂，别名隔山山馆、隔山草庐。约于清光绪十六年至十八年（1890—1892）间，何桂林祝寿居廉，填词《双调天仙子·集隔山山馆寿古泉先生》[1]，称所居为隔山山馆。

宦粤名士符翁（1840—1899），以金石书画名闻五岭，任职广州河南鱼雷局期间，清光绪十二年（1886），邀请居廉雅集约云楼（位于海幢寺侧鱼雷局内）；清光绪十三年（1887），为居廉撰写《居古泉先生六秩寿序》。清光绪十八年（1892）春至二十二年（1896）秋，符翁任职潮州近五载，其间应居廉之请，题匾："隔山草庐。古泉先生属题。翁。"清光绪二十三年（1897）秋，居廉七秩寿，符翁绘赠《拳石图》扇面及《寿星图》团扇，书画往来，亦证居符二人深厚情谊。"隔山草庐"匾未有随行带回广州，留在了粤东。隔山山馆、隔山草庐二名，亦未见于居廉及学生的所记。

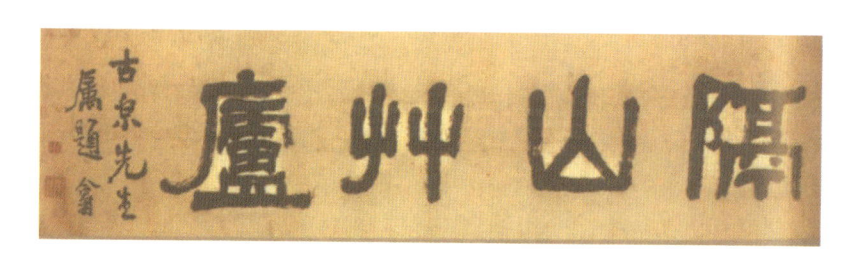

符翁题匾"隔山草庐"（汕头市博物馆藏）[2]

---

[1]〔清〕居廉：《啸月琴馆寿言》，第6页。
[2] 图自朱万章：《居巢居廉研究》，岭南美术出版社2007年版，第67页。按，横匾应题于此时间段。

隔山草堂室号一览

室名	题名	始见年份	关联印章
今夕庵	居巢	1847 年	初见用"今夕庵"印
啸月琴馆	居廉	1873 年	初见用"啸月琴馆"印
紫梨花馆	居羲	约 1924—1930 年	初见于冼玉清文
隔山草堂	居廉	1886 年	初见"隔山草堂"题款

居廉辞世后，啸月琴馆一名仍有沿用[1]，隔山草堂称谓未见传承。今日于园区入口挂匾名曰：隔山祖庭，以示隔山画派起源地。隔山画派第三代传人关山月为高剑父门生，1982年入住广东省人民政府为之兴建的别墅，位于广州美术学院内，西北距祖师居廉隔山草堂四百米，关山月为别墅取斋号"隔山书舍"，"其中有双重含意：一是此地距隔山村不远；二是恩师高剑父的恩师居廉先生雅号隔山先生"[2]。从隔山草堂到隔山书舍，彼此相望，前后相承，推动岭南画坛进步。

---

[1] 按：啸月琴馆一名，于居廉身后，见于张逸《啸月琴馆同门录弁言》、周绍光《啸月琴馆记》，居廉《水墨杂花册》之马国权跋尾"张氏后人往啸月琴馆所补钤者"（1944年）。

[2] 吴霖：《"隔山书舍"造访记》（注：本文原载1992年4月10日《联合时报》），《岭南画学丛书》编委会编：《关山月》，岭南美术出版社1996年版，第201页。

杨其光题匾流传

> 群仙下界来琼岛,花间紫觞齐进。妙舞尊前,筵开玉馔,恰近黄花芳信。西风正紧。看驾月金鹅,乱翔云阵,我也跻堂,祝公歌出行秋引。 朱颜依旧绿鬓,笑徐熙未老,写遍金粉。啸月调琴,妍花搦管,不尽奇情雅韵。前身可认。定嗣响瓯香,今成高隐。醉赴华池,酒痕襟上晕。
>
> ——杨其光《齐天乐·祝居古泉丈寿》①

隔山草堂改名为"十香园",起因于杨永衍之孙杨其光所题。"十香园"之名,见证了居杨两家族的通家之好。居杨二家的情谊,没有因为居巢的早逝而疏远,没有因为岁月的流逝而变淡,反而愈加深厚。清光绪十三年二月十三日(1887年3月7日),杨永衍七十大寿,居廉到鹤洲草堂祝寿,觥筹交错,酒后留宿②;九月二十二(11月7日),居廉六十大寿,杨永衍、杨文桂、杨文枸、杨其光三代题写祝寿诗词,悉数收录于居廉《啸月琴馆寿言》,居杨世交之情绵延三代近百年。

杨其光(1866—1923),字公亮,一字仓西,杨永衍之孙,杨文桂之子。世居河南瑶头乡,濡染家学,一门风雅。楼居毗邻花田,对花还作笑歌人,名其室曰:花笑楼,自刻有"花笑楼主"印鉴。杨其光擅书法,能诗工词,活跃于词坛,与词家潘飞声、黄节

---

① 〔清〕杨其光:《花笑楼词·花笑词》。校:《啸月琴馆寿言》收杨其光《齐天乐》,未录词题;"朱颜"作"红颜";"未老"作"皓首";"妍花"作"钞花";"不尽"作"也有"。
② 清光绪十三年(1887)"二月十三日,……祝杨菽叟七十寿,酒后与谢梧山、居古泉留榻"(潘飞声《兰亭砚斋日记》),引自林传滨:《潘飞声年谱》,《词学》2013年第2期,第400页。

等相交甚笃，存世《花笑楼词》四卷。杨其光雅好金石，早岁即以篆刻蜚声印坛，清光绪二十六年庚子十一月十六日（1901年1月6日），为同乡潘飞声刻章"潘氏兰史"，边款"余与老兰治印几逾百颗，虽绝不经意，无非惬当之章。老兰之于余印固癖类嗜痂，而此作尤为自得，且青田旧品，近时罕有，老兰其秘藏之。余两人金石缘深，留作他年印证可。光绪庚子仲冬既望，仑西识于古窑村之花笑楼①"。

杨其光刻青田石印（曾仲鸣、方君璧夫妇② 旧藏潘飞声自用印）

---

① 按：杨其光朱文方印"红是相思绿是愁"，边款"己亥冬十月，仑西识于古窑溪花笑楼"，可知花笑楼最迟建于清光绪二十五年（1899）。
② 按：曾仲鸣（1896—1939），曾醒之弟，于越南被前来刺杀汪精卫的军统特务误刺身死，后汪精卫送给曾仲鸣妻子方君璧（1898—1986）一批珍贵的藏品以表抚慰，包括潘飞声自用印，总计110枚，涉及容庚、邓尔雅、杨其光等数十位近代印坛名人。

高剑父、陈树人、高奇峰、居秋海《秋卉图》（1923年）①

　　杨其光还与居巢之孙居羲为总角交。居羲，字寿苏②，又字秋海，居巢之孙，居燧之子，生于丹青世家，自幼耳濡目染，继承书画技艺，善花卉画，但是未有创造发展。居羲与居廉门生情谊

---

① 题款："癸亥初夏，雅集六榕，画为介如先生政。陈树人老少年，居秋海向日葵，高奇峰杜若，余补棕花一簇并题志，剑父。"图自：西泠印社拍·2017年春季拍卖会·中国书画近现代名家作品专场（二）。
② 按：《穗知远游南洋，谨赋五律一章，即以志别》，署名：番禺居寿苏秋海。清光绪十四年戊子（1888）作。参见冯兆年：《珠江送别诗》第14页。

深厚，同学画于居廉，及居廉作古多年，居羲与居廉门生的交往仍然密切，民国12年（1923）初夏，居羲与陈树人、高剑父、高奇峰雅集六榕寺①，在花塔之下，合绘《花卉》立轴多幅，如《秋卉图》，成为居氏后人与居廉门生难得的艺术合作见证。

居羲既是居巢唯一男孙，也是居廉嗣子。居廉先后娶妻妾四人，均无子女，收有养女居顺平。为择继立嗣，延续香火，将同胞兄弟居福（玉泉）的儿子居槎（少泉）过继为嗣子，并在啸月琴馆教导之习画，不幸居槎早亡，遂过继从兄居巢之孙居羲为嗣子。居羲同时兼任居巢、居廉二房宗祧，不但继承二房财产，也继承二房家学。

杨其光、居羲居止相近，常相往来，谈诗论画，交同骨肉，杨其光曾填词《朝中措·与居秋海论画》记其雅事。清光绪二十五年己亥（1899）六月，居廉门生周钧（子仲）自桂林请假回粤，杨其光与居羲专程拜访，虽然夏夜闷热多蚊，但未妨秉烛长谈。杨其光、居羲还喜一起寻胜探幽，同登广州城北南越国遗迹朝汉台怀古，与好友黄映奎（字日坡）②三人各赋诗词。碎杂的闲吟抒怀，杨其光以文雅的笔调，记录了与居羲的真挚友情，见证了居杨交情在第三代的延续。

杨其光出生在居羲祖父居巢辞世的次年，虽然与居巢在时空上没有交集，但通过杨、居二家长辈，杨其光对居巢是相当熟悉的。民国8年己未（1919），为居巢遗作《山水长卷》题引首，"今夕庵

---

① 按：文人雅集寺庙，历来为人文渊薮，清代有西关长寿寺、河南海幢寺，民国则有旧城六榕寺。六榕寺主持铁禅法师（1864—1946）工书画，喜交文人墨客。南社（1907—1922）广东分社（世称粤社）设于六榕寺，铁禅、黄节、邓实、蔡守、汪精卫、苏曼殊、尹笛云等为社友，民国6年（1917）在寺中举行首次雅集。民国15年（1926），广东国画研究会成立，亦以六榕寺为会址，人称"六榕寺派"。
② 按：香山（今中山）黄氏，代有人才。黄映奎（1855—1929），字仲照，号日坡，香山人，曾任《广东通志》分纂，有《杜斋诗录》四卷，词附。为黄佐从孙。子黄佛颐（1886—1946），字慈博，号慈溪，工诗词，着力研究整理乡邦文献。

《今夕庵粉本》，杨其光题（香港中文大学文物馆藏）

粉本，杨其光题"；题签："居楳生先生山水长卷。己未人日，杨其光署签。"①

　　从年龄而言，杨其光与居巢从弟居廉相差两个辈分，但代际差异并未成为他们忘年之交的鸿沟，杨其光尊称居廉为"古泉丈"或"居丈古泉"，并一同参加各种雅集。清光绪十二年丙戌二月初八（1886年3月13日），符翕邀请陈璞、杨永衍、居廉、萧骙常、何桂林、潘飞声、僧宝筏等人雅集河南约云楼②，杨其光跟随祖父杨永衍参加了是次酬酢。对于这次盛会，不但主人符翕作诗以记，新生代词人潘飞声、杨其光均有填词。同年，二十一岁的杨其光填词《齐天乐·祝居古泉丈寿》，为五十九岁的居廉祝寿。

　　同样是诞庆的书画往来，清光绪十八年壬辰（1892）二月十五日，时逢花朝，百花寿诞，居廉绘《白月季》扇面赠杨其光，题款："壬辰花朝日，为仑西六弟雅鉴。隔山老人居廉。"居廉对晚辈杨其光称呼为六弟，不以长辈自居的谦虚，其中不无亲热或期许之意。杨其光将居廉先父居少楠遗稿妥为保存，迭经潘飞声、梁又农传递，

---

① 《中文大学文物馆藏品专刊之三·广东书画录》，香港中文大学出版社1981年版，第138页。
② 按：约云楼在海幢寺侧鱼雷局内，时符翕任职两广总督张之洞在粤所开之洋务海防机构鱼雷局。

最终由陈步墀付梓，"辗转保存至兹弗失，是亦天假之缘"①，《居少楠先生遗稿》得以刊行问世，流传至今，杨其光功不可没。

人生古来七十稀，居廉七十岁后，杨其光尊长弥甚。清光绪二十六年庚子正月初七（1900年2月6日），新春气息仍浓，杨其光与居廉、陈鉴、梁松年同登河南五凤乡漱珠冈纯阳观祈福，并命长女杨景棠、三子杨景荣作陪。随着居廉年事渐高，眼力、手力不逮，杨其光代刻"居廉长寿"印鉴，期望古泉丈能延年益寿，这枚印鉴成为居廉晚年画作上的重要钤印。清光绪三十年甲辰（1904）二月十五是花朝节，在居廉人生岁月最后时期，绘《牡丹蜜蜂》立轴，题款"甲辰花朝为杰臣仁兄大人鉴正，隔山老人居廉"，并使用了杨其光所刻钤印："古泉七十以后作。"同年端午节，瑶溪再次锣鼓齐鸣、鞭炮声声、龙舟奔腾，但隔山樵子居廉无缘再见，他长辞人世了，享年七十七岁。

居廉《白月季》扇面（香港中文大学文物馆藏）

---

① 〔民国〕陈步墀：《居少楠先生遗稿序》，1913年。按：杨永衍晚年，家道逐渐没落，不复往年盛况，难以再为居家文献付梓，杨其光《花笑楼词》、居锽《居少楠先生遗稿》均由陈步墀印刷出版。

杨其光曾为"十香园"题匾额。"十香园"园名的形成，是有受当时的时代风尚影响的。清末民初，文化氛围从纯粹"中学"转向并重"西学"，二十世纪二十年代，东山名园林立，逵园、春园、隅园、明园和简园五大侨园，均以"园"为名。河南宅园的命名亦从"草堂"转向以"园"为主调，例如志园、识耕园、息园等新筑园林。

广州花香文化浓厚，种花在花埭、花洲，贩花于城内、西关，城内城外四季花放，终年香飘。因此广州的园林常以"香"为名：城内有新会画家郑绩梦香园，西关有声名远扬的荔香园，花埭有纫香园、桂香园、翠香园、茂香园、广香园、荣香园等，不一而足；远至顺德龙江望族温氏潄香园、东莞才女李映桃天香园等。景以文传，未入其园，品鉴园名，已觉市廛尘嚣远，草色花香近。

广州以"香"为名的园林不胜枚举，珠玉在前。词人杨其光为隔山草堂题写十香园就是顺应潮流之举，反映了时代进程下中西文化的转向，也是对居巢十香文化的延续，对居廉的崇敬和怀念，更多的是对居巢的未能安身立命、光大家业的感同身受。杨其光所题木匾，宽70厘米，高25厘米，自右而左阴刻"十香园"三个隶书大字，右侧竖向落款两列行书"辛酉春月"和"杨其光"，木匾左下方附印：杨其光玺（朱文）、仑西长寿（白文）[1]。辛酉，时在民国10年（1921），杨其光五十六岁，一生重于文化而疏于营生，健康每况愈下，心态消极，园匾钤印"仑西长寿"，与其为居廉篆刻"居廉长寿"印鉴时的状态相比，颇可玩味，心境接近赁庞城北天官里"十香簃"时期的居巢，忧思悲愁。在题匾十香园的两年后，民国12年（1923），杨其光遽然而逝，享年五十八岁。享寿及家业，均

---

[1] 按：长寿吉语印亦见于居廉学生，如伍德彝印，德彝长寿（白文方印）；高剑父印，高仑长寿（朱文方印）。

"十香园"木匾（图自十香园纪念馆）

辛酉夏仑西杨其光（为冕卿世兄题诗局部）

未能逾越先祖父杨永衍。而其所题"十香园"木匾，也与居氏之隔山草堂，幸运地保存至今。

"十香园"园名亦见证着居杨二家的词学交集。在居杨二家的书画交流之中，词学互动是重要一环。杨永衍继承居巢遗志辑《粤东词钞二编》，收录居巢词作二十五首，数量为各词家之最①，另收居庆词一首。居巢绘《采菱图》，杨永衍之子杨文桂题词《泛清波摘遍·题居梅生丈〈采菱图〉》；居巢填词《十香词》，杨文桂亦步亦趋，填词《十香词》，与居巢所咏十香花一致，潘飞声《粤东词钞三编》中有收录。在吟咏十香花词的创作范式上，杨文桂效仿居巢，此后，再未见岭南词人有所相沿。

"十香园"一名，朴实无华，意境优美，展现花间香气氤氲的园居香境，饶有词画气息，赏读园名，令人产生"象外之象"、"弦外之音"的联想，体现绘画派接恽寿平没骨花卉画风，亦上溯居巢

---

① 按：《粤东词家》二编所录词家作品数前六：居巢25首，潘飞声17首，郑权14首，叶英华13首，沈世良12首，叶衍兰（其孙叶恭绰，亦词家）12首。

赁庑城北天官里、购十香盆卉，颜其室曰"十香馚"的蜗居时期，展现居巢《十香词》、居廉《十香图》的文化活动，承载了二居在岭南词坛、画坛的文脉记忆，使得园名本身亦成为二居十香文化不可或缺的组成部分。居巢、居廉的十香文化，得到杨永衍家族三代的认同。杨文桂作《十香词》，有幸被词家潘飞声收录而流传；杨其光题"十香园"，则被居廉门生接受及推广，从而广为人知，亦属天假之缘。

隔山乡居允敬、瑶头乡杨永衍世系简表及居、杨家族十香文化源流示意图
（作者制图）

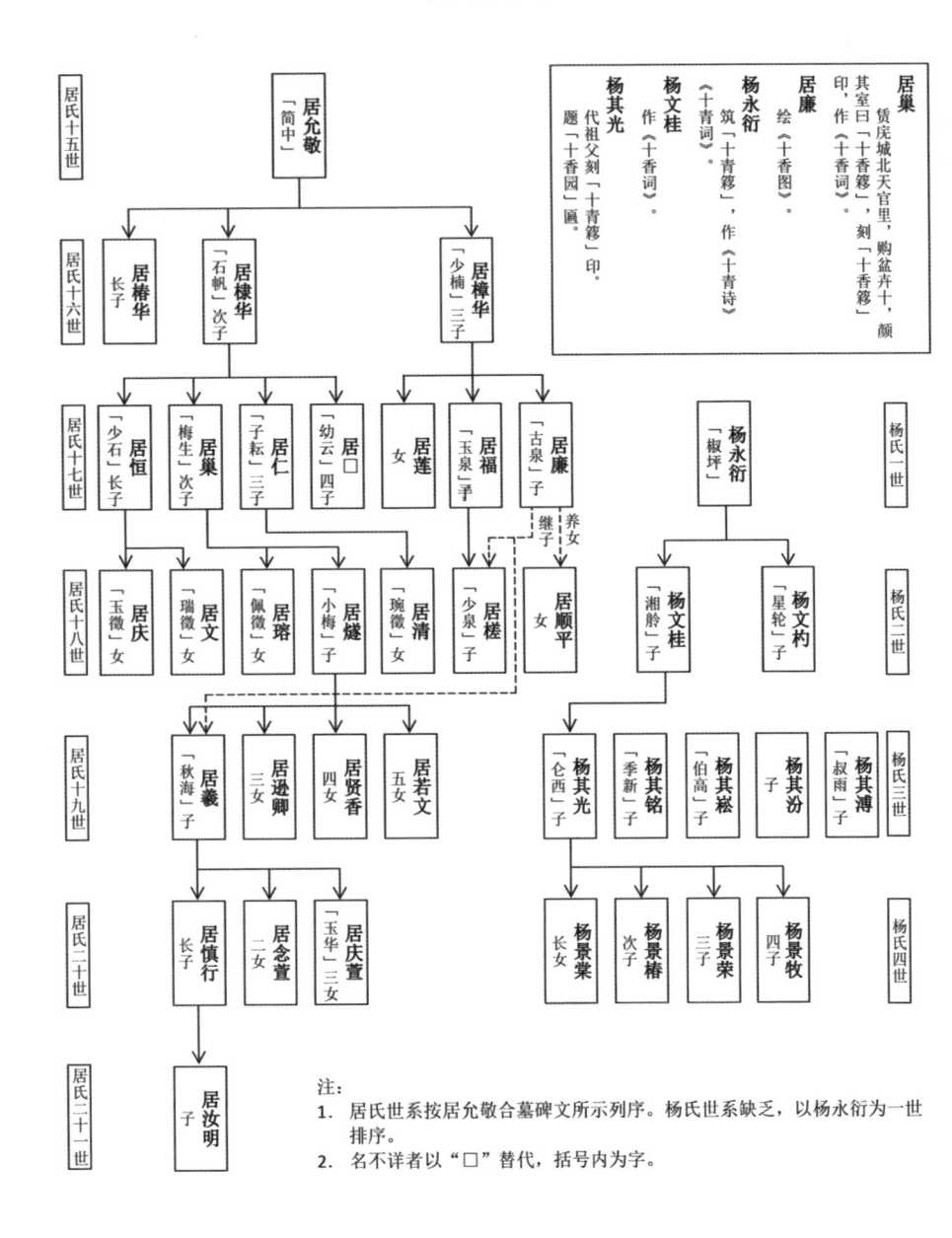

```
居氏十五世：居允敬「简中」

居氏十六世：
  居椿华「长子」
  居棣华「石帆」次子
  居樟华「少楠」三子

居氏十七世：
  居恒「少石」长子（椿华之后）
  居巢「梅生」次子（棣华之后）
  居仁「子耘」三子（棣华之后）
  居□「幼云」四子（棣华之后）
  居莲（女）
  居福「玉泉」耷
  居廉「古泉」子（樟华之后）

居氏十八世：
  居庆「玉徵」女
  居文「瑞徵」女
  居珞「佩徵」女
  居燨「小梅」子
  居清「琬徵」女
  居楚「少泉」子（继子）
  居顺平（养女）

居氏十九世：
  居义「秋海」子
  居逊卿（三女）
  居贤香（四女）
  居若文（五女）

居氏二十世：
  居慎行（长子）
  居念萱（二女）
  居庆萱「玉华」三女

居氏二十一世：
  居汝明（子）
```

```
居巢：赁庞城北天官里，购盆卉十，颜其室曰「十香馆」，作「十香馆」印，作《十香词》。
居廉：绘《十香图》。
杨永衍：筑「十青簃」，作《十青诗》。
杨文桂：代祖父刻「十青簃」印。
杨其光：题「十香园」画。
```

```
杨氏世系（以杨永衍为一世）：

杨氏一世：杨永衍「椒坪」

杨氏二世：
  杨文桂「湘龄」子
  杨文朸「星轮」子

杨氏三世：
  杨其光「仑西」子
  杨其铭「季新」子
  杨其崧「伯高」子
  杨其汾 四子
  杨其溥「叔雨」子

杨氏四世：
  杨景荣（长女）
  杨景椿（次子）
  杨景荣（三子）
  杨景牧（四子）
```

注：
1. 居氏世系按居允敬合墓碑文所示列序。杨氏世系缺乏，以杨永衍为一世排序。
2. 名不详者以"□"替代，括号内为字。

陈树人颂园有功

> 任他门第说乌衣，翠绕珠围愿总非。
> 贫贱夫妻仍本色，一篷烟雨种花归。[1]
>
> ——陈树人

今人朱万章在《居巢 居廉》一书总结到，在画史上，人们习惯将居巢、居廉并称"二居"。居巢为居廉的从兄（堂兄），也是居廉艺术道路上的导师。他们承继清初恽南田以来的没骨花卉画法，并创造性地将撞水撞粉之法发扬光大，在近代岭南画坛上具有里程碑的意义。居廉更开帐授徒，桃李满园。他的画法经弟子们的传承再得以延续，成为晚清、民国时期影响岭南画坛的中坚，一时被称为"隔山画派"或"居派"。居廉晚期弟子高剑父、陈树人后来留学日本，将日本画中对于环境的渲染、技法的革新等运用于传统国画的改良中，形成一种折衷中西的新派画。这个起初被称为"折衷派"的画派后来被冠名为"岭南画派"。以高剑父、陈树人、高奇峰为代表的画家被称为这一画派的创始人。如今，每当人们谈论"二高一陈"所创立的"岭南画派"时，几乎总要提到高剑父、陈树人的启蒙老师居廉，并由此上溯到居巢；在谈论19世纪末广东的美术状态时，也无一例外地要提到"二居"。他们所高扬的花鸟画写生传统及其"撞水撞粉"之法几乎主宰了广东画坛半个世纪。[2]

居廉生前，符翕题匾"隔山草庐"；居廉身后，杨其光题匾"十香园"。十香园一名得到沿用并推广，其弟子陈树人功不可没。

---

[1] 陈树人：《上元日，偕若文种花河南息园，冒雨而归》，民国16年（1927）作。陈树人：《专爱集》，中华书局1947年版，第7页。
[2] 朱万章：《居巢 居廉》，广东人民出版社2010年版，第1—2页。

陈树人（1884—1948），又名陈韶，广州府番禺县明经乡（今广州市番禺区化龙镇明经村）人。十七岁师从居廉习画，为居廉最后一位入室弟子，衣钵相传，经过两年潜心力学，在众多同门中逐渐显露头角。清光绪二十九年（1903），居廉慧眼识珠，撮合得意门生陈树人迎娶堂兄居巢的孙女居若文为妻。

陈居二人婚后美满，论画抒怀，相敬如宾。陈树人作诗集《自然美讴歌集》，赋诗言情，间有诗篇记录二人生活；另著诗集《专爱集》，一字一句，情深不负共白头，扉页题词真挚："此集之刊为纪念愚夫妇双周花甲，并贡献于大时代中之有情眷属"，著名诗人柳亚子为之作序。

陈树人于民国元年（1912）前后两次东赴日本留学，先后毕业于西京（京都）美术学校绘画科、东京立教大学文学科，与居巢一样，文学与绘画并重。留学前，陈树人已经加入孙中山领导的同盟会。毕业后，历任中华革命党美洲加拿大总部部长、广东省民政厅长、国民政府秘书长等要职，从政三十余年，为民国奔劳。

陈树人在广州择郊园居，筑有隔山息园、东山樗园[①]，故号"二山山樵"，继承广东名士黎简别号"二樵山人"遗韵。息园始建于民国12年（1923）秋，"在河南隔山乡购地十余亩，有树千余株，池亭桥榭，具体而微，名之曰：息园"[②]。

相对于樗园位于政要云集、名流往来的东山；息园北枕瑶溪，南邻刘王殿岗，西南距居廉隔山故园不过四百米。

[①] 按：樗园，署前路10号，建于民国十六年（1927），毁于二战，1988年于旧址建陈树人纪念馆。"樗"，出自《庄子》，喻无用之材，亦作自谦之辞。

[②] 陈树人：《自然美讴歌集》，世界书局1948年版，第13页。

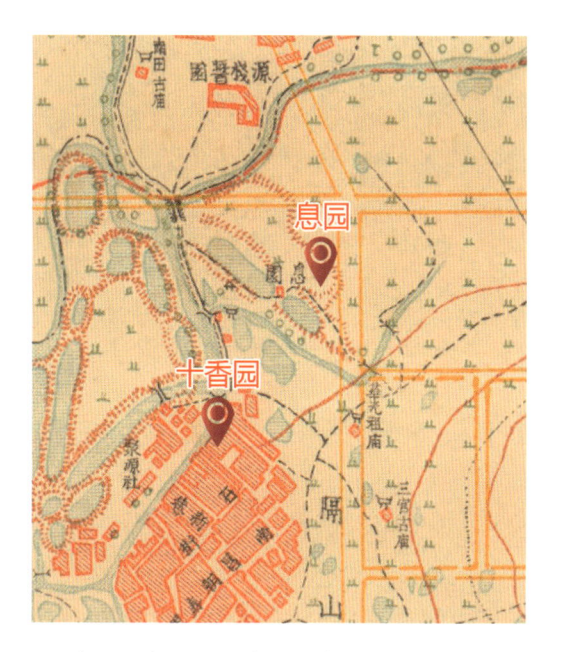

十香园与息园区位（1949年广州地图局部）

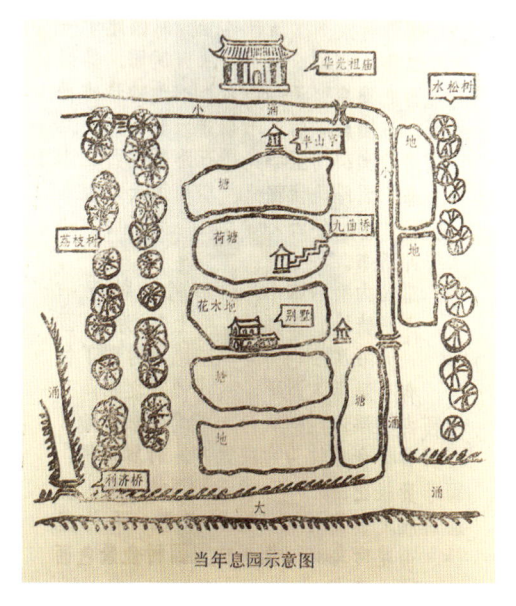

当年息园示意图[1]

---

[1] 麦汉兴：《广州河南名园记》，1984年9月，第22页。

陈树人在息园闲居，书画自娱。民国17年（1928）秋，息园落成五年后，规模初具，花木繁茂，陈树人游园，触景生情，绘《螳螂捕蝉图》立轴。此前居廉以初夏盛放的凌霄为主景绘有多幅《螳螂捕蝉图》，以扇面居多，间有立轴。清光绪二十五年（1899）之立轴，题款"道依八兄大人鉴正。七十二叟居廉"。该图中，凌霄花色鲜艳，如吐芬芳，老干盘旋，苍劲古朴，伴以拳石，古意倍添。居廉门生容祖椿（1872—1942）也绘有同样范式的《螳螂捕蝉图》立轴，题款："有木名凌霄，擢秀非孤标。偶依一株树，遂抽百尺条。旭初十四兄大人雅属即希正之，自庵弟容祖椿画。"容、陈二人，在画面的构图、设色、范式上都深受居廉影响。陈树人在息园的艺术创作，延至民国21年（1932）春。

陈树人之息园，不但供其主人闭户啸歌，也如同陈璞（1820—1887）的息园一样，承载着文人雅集交往的功能，"公余之暇，辄

从左至右：居廉《螳螂捕蝉图》立轴（1899）、
容祖椿《螳螂捕蝉图》立轴、陈树人《螳螂捕蝉图》立轴（1928）

邀僚友，游宴其间"①。居巢、居廉处于广东上流社会的边缘，不但没有交集于巨贾潘仕成、伍崇曜或名儒张维屏、陈澧等发起的雅集，即使在河南的文化活动中也是多为参与者。陈树人的影响力远迈其师，政坛声望及画坛名气蜚声广东，远及南京、上海。

　　民国12年（1923）末，陈树人在新筑的息园发起"清游会"，时人黄墅评论："广州清游会为画家陈树人在粤任民政厅长时所倡办。集朝野名流，商量艺事，固吾粤诗书画家之总汇地也。"② 参与者有高剑父、高奇峰、张逸、黎庆恩、黎葛民、黄祝蕖、张白英、容祖椿等人，会员一度多达三百人，荟萃了当时岭南文化界精英，盛况空前。

清游会同仁合作十香《岭南春光》（1926年，广州艺术博物院藏）

---

① 陈树人：《自然美讴歌集》，世界书局1948年版，第28页。
②《清游会书画展览会》，《天下》，1940年第18期，第25页。

民国20年（1931），清游会于南海进士彭光湛之别业彭园筑清游水榭，使之成为固定雅集场地。会员黄祝蕖（1877—1945）作《清游水榭记》描写过其环境："清游水榭占彭园迤西之一角，松窗竹槛，掩映葑郁，其地既深远，来者复皆有雅逸之致。"同年七月，陈树人等二十余人，期集于此，开轩闲眺，清游水榭对岸即为闻名于时的荔香园。

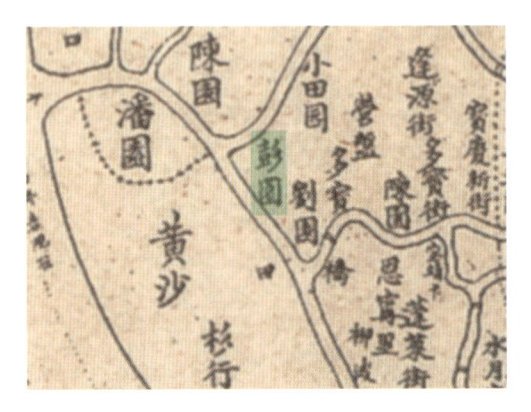

彭园（1888年，《广东省城全图·陈氏书院地图》局部）

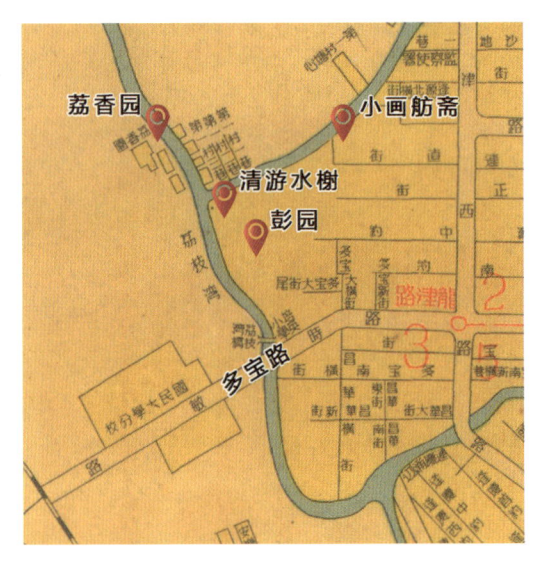

清游水榭（1948年，《广州市街道详图》局部）

荔香园

陈树人对"十香园"园名的接纳和认可，受到两方面的影响。其一，受到其挚友甚爱荔香园所熏染。清游水榭隔荔湾涌西望为荔香园。荔香园位于潘仕成海山仙馆废址[①]内的东南部，曾经归属顺德陈家所有，又称陈园，嗣后转手马来西亚侨商陈雨村。荔香园依水而居，枕水而眠，从一张"小船摇过荔香园"的历史照片中可见，门联："一湾溪水绿，夹岸荔支红。"门联不但展现荔香园景致，亦反映了荔湾水乡旖旎风光，以致时人多以荔香园门联描述荔湾的怡然野趣。荔香园一名，最迟于清宣统三年（1911）已经广为人知，在民国时期声名益显，文坛巨匠郁达夫（1896—1945）于民国15年（1926）冬曾游荔香园，但此时郁达夫失业未久，眼前的荔香园已经满园凋零衰败，郁达夫"颇动着张翰秋风之念"，一心想回上海。

其二，当时广州文人间对所居园楼取号有互相参考、借鉴。如潘定桂的三十六村草堂、杨永衍的鹤洲草堂、陈璞的尺冈草堂，影响居廉的隔山草堂，后者又影响张纯初的笔花草堂、高剑父的春睡草堂。潘有为筑六松园，张维屏随筑听松园；潘有为胞弟潘有原的

---

① 按：海山仙馆故园位置，可参考拙作《广州海山仙馆故址考》（《广州历史研究（第一辑）》，广东人民出版社2022年版，第337—376页）。

曾孙潘飞声河南龙溪乡筑花笑楼，杨其光河南瑶头乡随筑花语楼；廖仲恺题双清楼，其挚友随题双照楼；潘飞声著《说剑楼诗集》，黄景棠随著《倚剑楼诗草》，都是广州文人圈珠玉在前的室号相互影响的实例。从上可推，陈树人对"十香园"的认可，受到挚友喜爱的"荔香园"的影响。

十香园之名甚显。此前居巢、居廉世居的隔山乡雅称南昌，刘彤雅称隔山乡利济桥为待月桥，梁鼎芬雅称小港乡云桂桥为鸭知桥，杨永衍雅称瑶溪为桃溪，杨其光雅称隔山乡隔山草堂为十香园。前述隔山乡及景点雅称，能取代本名而家喻户晓的，则只有十香园。

居廉门生张逸、高剑父，受到先师隔山草堂一名影响颇深，分别名其室为：笔花草堂、春睡草堂（后改为春睡画院）。陈树人偏爱"园"字为名，如自建的广州息园、樗园和南京揖芬园。在十香园园名的沿用及传播中，陈树人起到非常重要的作用，乃至掩盖居廉在世时的隔山草堂一名。类似瑶溪二十四景，经过居巢、杨永衍等河南文人士绅的极力推广，诗传画颂，名闻遐迩，而同一时期的河南八景相形见绌，落寂无人知。

十香园园名在以陈树人为盟主的清游会中得到宣传、推广。民国19年（1930），高剑父远行印度，亲友赋诗饯行，诗词汇编为《壮游集》。诗集收录有清游会骨干黎庆恩《送高剑父之欧洲》诗："高生之师居古泉（原注：居廉，号古泉），十香（原注：园名，古泉所居）彩笔神能传。私淑梅生（原注：居巢，古泉兄，号梅生）得秀逸，写生妙到秋毫巅。"[①]诗中明确记述，高剑父恩师居廉所居宅园名为"十香"。

---

① 高剑父：《壮游集》，1930年版，第20页。

> 除夕遠懷賦贈劍父先生並索畫 王紹薪
> 嶺南今畫籍三傑數到高陳未可儔
> 師將百輩人晉劍父足千秋櫻花城郭懷同住鳥柏山塘賦近游
> 乞得尺縑吾願了歲闌呵凍筆彌遒
>
> 送高劍父之歐洲 黎慶恩
> 昌岡高生我舊識新派嶺南畫無敵汗漫將為世界游索我題
> 詩壯行色高生之師居古泉彩筆神能傳私淑
> 梅生兒儼古泉生得秀逸寫生妙到秋毫巔壯年篝笈歷三島盡

黎庆恩《送高剑父之欧洲》（高剑父《壮游集》）

> 十香園弔居古泉先生
> 我有宮詞亦秭官殷薇周粟兩無干秋聲滿紙淒涼甚
> 雨夜挑燈不忍看
> 蕭然琴館舊生涯不見當年玉畫义聽斷鵑聲寒葉底
> 西風吹落紫梨花 園有紫梨花一株
> 題畫
> 江村何事最堪論一箇魚籃一酒樽趁市人歸斜日晚
> 稻花深處不關門
> 車上雜作

黄祝蕖《十香园吊居古泉先生》（《凹园诗续钞》卷下）

清游会骨干黄祝蕖，所居曰凹园，著有《凹园诗钞》二卷、《凹园诗续钞》三卷，前后诗集反映了居廉园居名称的变迁。《凹园诗钞》卷下《腊月二十日河南纪游》九首其一："路过窑头又隔山，轻云细雨酿春寒。迟来不见居廉叟，留得山花作画看。"诗作未详写作年份，最迟当在刘云父作序的民国9年（1920）七月之前，此时，杨其光尚未题匾十香园。十香园一名出现于黄祝蕖随后续编的《凹园诗续钞》，卷中收录为高剑父饯行诗作《送高剑父之印度》；卷下收录《十香园吊居古泉先生》，作于民国19年（1930）秋，是目前所见最早以十香园为题目的诗作：

> 萧然琴馆旧生涯，不见当年玉画义。
> 　听断虫声寒叶底，西风吹落紫梨花（原注：园有紫梨花
> 　　一株）。

小画舫斋主人黄景棠创办《广东七十二行商报》，为广东商界喉舌，也是近代广东"报龄"最长者，新闻界知名人士李健儿（1895—1941）任商报主笔。擅长丹青的李健儿与岭南画坛艺人最为投契，民国30年（1941）著《广东现代画人传》，记及"古泉中岁后，筑小园于本乡隔山，颇幽雅，名曰十香园"[1]。十香园一名，在杨其光题匾后二十年间，已经在广东文化界得到广泛认同。

民国20年五月初五端午节（1931年6月20日），适逢先师居廉逝世二十七周年纪念日，离开广州已逾三年的陈树人与妻子居若文返隔山乡致悼，推开息园大门，繁花蔽庐，生意依然，陈树人遂赋诗《重返息园》。[2]

随后的一周，6月27日，陈树人购买居慎行花园；10月5日，购买居生房屋。陈树人将两次交易的契据存放于信封，信封正中竖向题写"十香园图则契据"七字，左下竖向印有"中国国民党中央

---

[1]〔民国〕李健儿：《广东现代画人传·附编·居古泉》，俭庐文艺苑1941年版，第3—4页。
[2] 陈树人：《自然美讴歌集》，世界书局1948年版，第50页。

执监委员非常会议缄"①。

卖花园契两张，除价银不同外，其余内容基本相同。卖主居慎行，居巢曾孙，居羲之子，居若文侄子。居羲在儿子居慎行卖花园前的一年辞世②，居慎行家境贫穷潦倒，出售"先人遗传名下之业"以济困。中人居逊卿，居若文三姐，民国8年（1919），陈树人、居若文远赴加拿大负责国民党党务，曾将长子陈复（1907—1932）交居逊卿代为照顾③。

清代、民国时期的房地产交易契据分为红契（官契）、白契（私契）两种，陈树人所存的三张契据属于白契，买卖双方未经政府验证而订立，由买主保存，作为产权证明。契据通常列出买家姓氏，名字则用堂号或化名代替，故买方陈树人署名"陈复兴堂"。卖花园契两张，卖屋契一张，两块用地面积合计21.29井，约0.355亩（237平方米），小于占地七八亩的东山樗园，亦远小于占地十余亩的隔山息园。陈树人的诗词集及其后人所辑《陈树人先生年谱》等书，均未有记载其购买十香园物业事宜，居慎行同父异母妹居庆萱，一直在此居住到2007年政府接收改造前，亦见陈树人为报答师恩、竭力给予妻子娘家以帮助之情。

民国13年（1924），"时当深秋"，陈树人、高剑父、张纯初、张白英同游隔山乡居廉故居，"巷尽处，有小门，涂乌漆，上悬十香园额，树人曰：'此即古泉老画师故居也。'"张白英所见，满园苍凉，"苔痕斑驳"，"花基杂植"，"未加以整饰"，"时觉西风瑟瑟，

---

① 民国20年（1931）5月27日，中国国民党中央执监委员非常会议在广州宣布成立，其主要任务就在于推倒蒋介石，完成国民革命。同时，决定在广州成立国民政府，与南京国民政府相抗衡。非常会议下设四个委员会，汪精卫任宣传委员会委员，陈树人任海外党务委员会委员。陈树人购买居慎行花园一事在非常会议成立一个月后。
② 刘晋生、关雅文主编，赵洁、钟玲副主编：《映象广州 珠体记忆》，广州出版社2010年版，第130页。
③ 陈真魂主编：《陈树人先生年谱》，岭南美术出版社1993年版，第23页。

凉意侵人，而落木鸣虫，顿兴凭吊之感"。七年后，陈树人购下十香园后重加修葺，周绍光记述了同门陈树人对十香园的保全之功：

> 先生于光绪中□殁，历经兵燹，馆址荒芜，门人陈君树人资助保全之，仍其旧观，复为修缮，加以点缀，以留景仰，乃使僻陋寂寥之馆，而成古茂雅邃之园，洵可爱也。①

回隔山乡过元宵，是陈树人、居若文所重视的节庆。民国16年正月十五（1927年2月16日），陈树人与居若文种花息园，冒雨回东山樗园，赋诗《上元日，偕若文种花河南息园，冒雨而归》。购下十香园的次年，民国21年正月十五（1932年2月20日），陈树人在十香园中度过元宵之夜，愁中对月，家事国事，感慨良多，赋诗《十香园元夜漫兴》②，这亦是陈树人唯一一首以十香园为题的诗，随后陈树人离粤北上，再一次重回隔山乡已经是十五年后的事：

> 良宵才见月初生，却被浮云又蔽明。
> 月自有光非定出，任云为雨利春耕。

同年夏天，陈树人长子陈复死于政治斗争，陈树人痛失爱子，舐犊情深，作《哭子复》八首。三年后由亲友代为茔葬于息园，园中筑"思复亭"纪念，身上流有居巢血脉的陈复回葬母亲家乡隔山。

表格"民国年间实物及文献中'十香园'出现次序"可见，"十香园"园名，由杨其光题写，并由陈树人及其清游会广为传诵，提升了居巢、居廉二居的美誉度、十香园的知名度。陈树人在全国的政坛、画坛的名望及地位，显然起着极其重要的推波助澜作用。

---

① 周绍光：《啸月琴馆记》，载《中央日报》民国38年（1949）9月22日。引自朱万章：《居巢居廉研究》，岭南美术出版社2007年版，第38页。
② 陈树人：《自然美讴歌集》，和平社1933年版，第58—59页。

民国年间实物及文献中"十香园"出现次序

年份	著者	内容	备注
民国 10 年（1921）	杨其光	题匾"十香园。辛酉春月，杨其光"	居廉世交好友
民国 13 年（1924）秋	张白英	《画人居古泉逸话》："巷尽处，有小门，涂乌漆，上悬十香园额，树人曰：'此即古泉老画师故居也。'"	清游会骨干会员 1939 年追述
民国 18 年（1929）秋冬	黎庆恩	《送高剑父之欧洲》诗句"十香（园名，古泉所居）彩笔神能传"。	清游会骨干成员
民国 19 年（1930）秋	黄祝蕖	《凹园诗续钞·十香园吊居古泉先生》	清游会骨干成员
民国 20 年（1931）夏	陈树人	"十香园图则契据"	居廉学生 清游会发起人
民国 21 年（1932）春	陈树人	《十香园元夜漫兴》	居廉学生 清游会发起人
民国 30 年（1941）	李健儿	《广东现代画人传》："古泉中岁后，筑小园于本乡隔山，颇幽雅，名曰'十香园'。"	

民国36年（1947），辞去公职的陈树人返回阔别已久的广州，居于西关多宝路昌华新街三十号二楼①，晚年重拾画笔，全身心投入作诗绘画的艺术世界中。是年五月初五端午节（1947年6月23日），先师居廉逝世四十三周年纪念日，陈树人瞻仰隔山乡先师居廉旧画庐，受到全体乡民欢迎，赋诗《由小港泛舟至隔山》：

几处人家已废墟，长林今亦尽平芜。
惟余一棹清溪水，来访吾师旧画庐。②

---

① 谭立辉：《陈树人晚年曾住在广州西关》，《文史纵横》，广州市人民政府文史研究馆编印，2018年4月，第2期（总第70期），第136—138页。
② 陈树人：《自然美讴歌集》，世界书局1948年版，第167页。按：《隔山乡全体民众欢迎会中口号》，民国36年八月二十日《申报》亦有刊登。

民国37年（1948）10月4日，陈树人病逝于广州，享年六十五岁。三年后（1951年），高剑父病逝于澳门，享年五十六岁。二高一陈的离去[1]，标志着岭南画派的第一代落下帷幕，第二代传人关山月、黎雄才、赵少昂等画家走向前台，青蓝相继，薪火相传，将岭南画派进一步发扬光大。

雨晴瓜蔓绿，风暖菜花香。息园园林之胜，殁于战乱，园中的陈复墓幸而留存。在隔山乡与陈树人相关的印记中，除陈复墓外，经陈树人出资修葺的隔山祖庭"十香园"，以及经陈树人推广宣传的园名"十香园"，至今仍洋溢着墨香、花香。

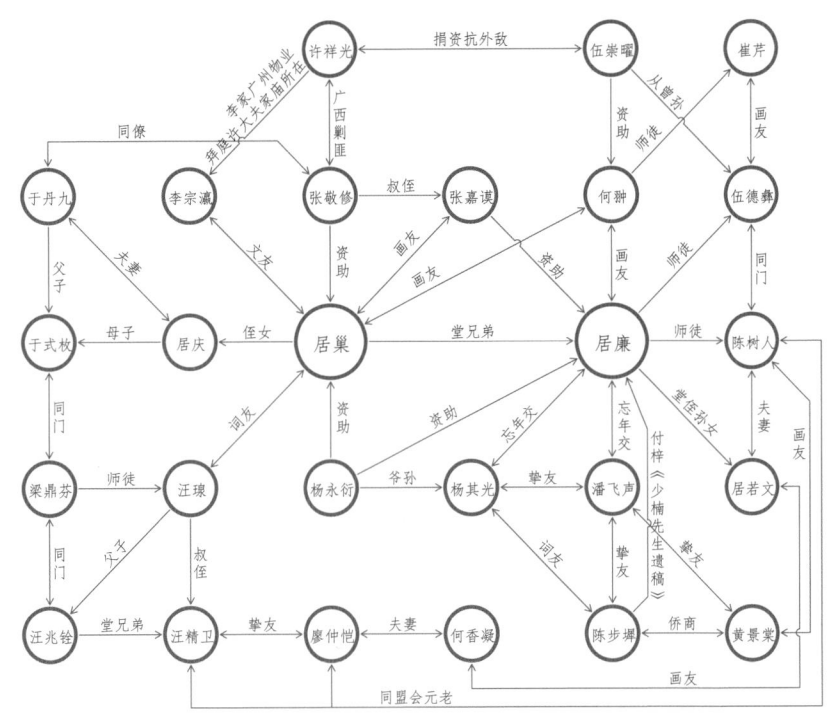

二居人物关系图（作者制图）

---

[1] 按：高奇峰1933年病逝于上海，终年四十五岁。

园名芬芳此有源

毕生作画隔山乡，廉让安居岁月长。

羽化忌辰同屈子，离骚花谱吐芬芳。

——麦汉兴《居廉逝世八十周年纪念》

"十香园"此名源于何处，河南文人麦汉兴有所记录。麦汉兴（1915—2000），世居河南，出身书香门第，昆仲五人，皆工书画。父麦公敏（1883—1938），岭南画坛名宿，南社画会成员，作画处曰竹实桐花馆，民国14年（1925）著《竹实桐花馆谈画》，收录广东画家七十二人，汪兆镛《岭南画征略》亦有援引。儿子麦汉兴画室因称"小桐花馆"，简称"桐斋"。麦汉兴熟悉乡间遗事，所绘花卉画有居廉风格，曾绘《居古泉先生五十一岁画象》，晚年将所藏居巢、居廉作品捐赠东莞可园。1984年，麦汉兴著《广州河南名园记》，记录居巢、居廉隔山乡居"十香园"一名由来：

> 十香园之得名，众说不一。有谓当时东莞富室"可园"主人，以婢女十人赠与古泉为妾，而古泉乃以茉莉、素馨、白兰、玫瑰等香花名之，同往园中，因而得名。但此说未必可信；有谓居老无功名利禄之心，而有叠石种花之好，故园中除树木数本外，多植奇花异卉，香花更不例外。其中有茉莉、素馨、白兰、玫瑰等共十种，因为园名。本文姑存其异。[①]

---

① 麦汉兴：《广州河南名园记》，1984年版，第17页。按："同往"疑为"同住"。

麦汉兴《居古泉先生五十一岁画象》[1]

2003年,张素娥编《居巢居廉年谱》,对麦汉兴两个不同版本的说法加以拓展:

十香园之得名,传说有二:

一谓因东莞可园主人张敬修,以婢女十名赠予居廉为妾,而居廉乃以粤人最为喜爱之茉莉、素馨、白兰、含笑、兰花等香花分别为她们取名,同住园中,缘此得名。但此说似难置信。事实上,居廉家境并不宽裕,以卖画为生,妻妾共四人:原配袁倚兰[2];继室高氏(原注:原为可园婢女),妾侍谭氏、刘氏。妻妾四人皆无生育子女。所以,至晚年,居廉立继子居槎和居羲二人。居廉迎娶可园婢女确有其事,但仅一名,而非十名,传说乃夸大其辞而失实。再者,依其在十香园内

---

[1] 居廉弟子麦汉永之弟麦汉兴先生提供,转自郭玉美:《居巢(1811—1865)画艺研究》,第4—14页。
[2] 按:根据居廉《绮兰女史小影》题款:绮兰女史小影,古泉先生属,小亭吴秉权署。(海珠区十香园纪念馆)"袁倚兰",应为"袁绮兰"。

简朴的居室看来,焉像一门拥有十妾的人家?

二谓居廉一生不贪求功名利禄,于十香园自言其居室曰:"居廉让之间(原注:按,语见《孟子》)。"平生只嗜好绘画、叠石种花,在十香园内种植了茉莉、素馨、白兰、鹰爪、瑞香、夜合、鱼子兰、珠兰、夜来香、含笑等十种芳香的花卉,园内四季花香常溢,故取名十香园矣。此说较为客观可信。又据香港艺术馆藏居廉《十香图册》中十种香花分别为:白月季、白紫薇、桂花、珠兰、含笑、夜香、白蝉、米兰、夜合、素馨。[①]

在中国传统文化中,将女性形象与芳香花卉相关联,古已有之,屈原作《离骚》,以芳草寓美人,开启中国艺术女性化意象的传统。唐代文豪白居易任职少府,赋诗《戏题新栽蔷薇》,戏称庭前蔷薇为妻:"移根易地莫憔悴,野外庭前一种春。少府无妻春寂寞,花开将尔当夫人。"宋人林逋以梅为妻,更成文坛经典。曹雪芹将小说《红楼梦》中女子列入情榜,其中《金陵十二钗》将十二钗分属十二花神。

而后十二花神也成为绘画范式,河南广彩有绘制,也有绘于河南画家居廉笔下。清光绪三年丁丑(1877),居廉绘《十二花神册》,分绘鸡蛋花、梨花、萱草、菊花、木芙蓉、茶花、朱顶兰、羊蹄甲、虾脊兰、水仙、芍药、玉兰,寓意十二花神,各画幅中均配有飞虫点缀,或匍匐于花枝上,或飞舞于花丛间,题款:"兰甫仁弟广鉴,丁丑居廉。"同年中秋,居廉绘《群芳竞妍册》,按时令以十二种芳香花卉分喻十二位女子:一、闺秀天一女史:水仙花;二、名媛国香:兰花;三、贫娃天天:桃花;四、美人姚紫姑:牡丹花;五、幼蛾红儿:垂丝海棠;六、村丽温香:玉兰花;七、女冠高彩丹:凤仙花;八、名妓佛见笑:荼蘼花;九、剑侠何菡萏:荷花;十、怨女四秋娘:

[①] 张素娥编:《居巢居廉年谱》,广州出版社2003年版,第72页。

秋海棠；十一、病妇金英：黄菊花；十二、少寡素娘：白梅花。最后一页题款："光绪丁丑中秋，隔山居古泉写花，香园蔡小亭书传。"每页附有香园蔡小亭以十二女子为题的小文，一花一文，书画合璧，画册成为居廉好友张嘉谟的珍藏。

居廉《群芳竞妍册》（图自苏富比拍卖）

百年余韵十香园

居廉《十二花神》册页（东莞可园博物馆藏）

两套十二花神图册绘成后的十年，清光绪十三年（1887），居廉六十大寿，潘飞声赠贺寿诗。在图册之中，居廉以画笔将香花比喻女子；在图册之外，居廉更是拥有多名姬妾环侍的生活：

隔山连日管弦声，簇簇黄香照画屏。
想见绮筵齐献寿，群花围住老人星（原注：君多姬）。[①]

姬，旧时称妾，半个世纪后的李健儿补注居廉"妾"的来处："鼎铭赠婢为之妾，多至数人。故古泉晚年，其家群雌粥粥也。"[②]鼎铭，即张嘉谟，既收藏有居廉《群芳竞妍册》图册，亦将婢女许配居廉。居廉先后有四位夫人，居庆萱口述，"他的原配夫人袁氏，早故；后娶继室高氏，确曾是张嘉谟家的婢女。而袁氏、高氏均无生育。高氏去世后，又先后娶刘氏、谭氏"[③]。原配袁氏，即袁顺，字绮兰，善写兰。袁顺去世，续娶张嘉谟婢高氏为妻，仅一人，且来自道生园，并非来自张嘉谟五叔张敬修的可园。高氏去世，续娶刘氏、谭氏两位夫人，未致"群雌粥粥"。又，夜合一名，尚且"其言不雅，荐绅先生难言之"。以拥有的十名妻妾之别称命名"十香园"，园名香艳露骨，宛如唐代薛校书枇杷门巷，妖冶风骚，对于传统文人而言，有辱斯文。综上，关于"十香园"之得名于居廉的十位妻妾的说法不成立。

对于十香园得名自居廉在园中种植十种香花的说法，麦汉兴只记录十种香花中的四种："其中有茉莉、素馨、白兰、玫瑰等共十种。"张素娥完整表述为："茉莉、素馨、白兰、鹰爪、瑞香、夜合、鱼子兰、珠兰、夜来香、含笑等十种芳香的花卉。"张素娥的记录

[①]〔清〕居廉辑：《啸月琴馆寿言》，1887年版，第3页。
[②]〔民国〕李健儿：《广东现代画人传·附编·居古泉》，俭庐文艺苑1941年版，第3页。
[③] 居庆萱口述，韦承红整理：《关于二居的一些不实之辞》，广州美术学院岭南画派研究室编：《岭南画派研究（第2辑）》，岭南美术出版社1990年版，第66页。

没有注明引用出处，但是十种香花的品种及花卉名称写法与成文在前的居庆萱《清代画家居巢、居廉画史资料简介》手抄本一致，唯排序有别：

> 十香园的命名就是因为园中植有十种香花：一曰素馨、二曰瑞香、三曰夜来香、四曰鹰爪、五曰茉莉、六曰夜合、七曰珠兰、八曰鱼子兰、九曰白兰、十曰含笑。[1]

居庆萱，字玉华，生于民国17年（1928），居巘继室王振坤所出，居巢曾孙女，其出生时，已经距离居廉辞世将近四分之一世纪。在如上所表述之中，居庆萱并未明确种植年份，以及种植香花的园丁是居巢、居廉，或是另有其人，但是"十香园"得名于园中种植十种香花的说法，深刻影响后来的研究学者。2007年，朱万章《居巢居廉研究》所记："居廉还乡后不久，即用多年积蓄在所居住的隔山修建了一座供自己写画与授徒的庭园，因种了素馨、瑞香、夜来香、鹰爪、茉莉、夜合、珠兰、鱼子兰、白兰、含笑等十种香花，故名'十香园'（原注：在居廉和朋友的书画诗词中亦称之为'隔山草堂'）。"[2]朱万章十香的花卉名称写法及排序与居庆萱所记完全一致。

十香园啸月琴馆南墙外侧镶有十香陶塑，其《十香序》由书法家卢有光撰写于2012年11月："十香序。梅生、古泉师归故里，而花田旧庐，毁于兵燹，乃蹴居会城之北，惟性喜种植，购盆栽十种，列阶砌中，以慰晨夕，颜其室曰：十香簃。十香卉者，乃：素馨、瑞香、夜来香、鹰爪、茉莉、夜合、珠兰、鱼子兰、白兰、含笑。壬辰仲冬，端州卢有光于羊城之南。"第一句采用居廉纸本设色版

---

[1] 郭玉美：《居巢（1811—1865）画艺研究》，香港中文大学1996年版，第44、150页。
[2] 朱万章：《居巢居廉研究》，岭南美术出版社2007年版，第38页。

十香陶艺

《十香图》跋，唯主角多添居廉；第二句采用《清代画家居巢、居廉画史资料简介》手抄本。序言拼凑，只说明十香籤由来，却未阐释十香园一名渊源。

拨开今人记录的迷雾，回看前人对于十香园花卉种植情况的记录。清宣统三年（1911），高剑父追述，居廉"筑小园于隔山，有花竹鱼鸟之胜，自颜曰啸月琴馆"①，未提及十香花。民国13年（1924）秋，距离居廉去世二十年，张白英所见园中花木，"四时香花"，植有紫薇、茉莉、芭蕉，以及"当是古泉手植之物"的紫藤，除茉莉外，均不在居巢及居庆萱所记的十香之列中：

> 往年偕陈树人剑父纯初辈游隔山，此地风景幽邃，石堤曲曲，水松重重，引人入胜。入村，进一古屋，石门甚矮，内为深巷，苔痕斑驳，右转，巷尽处，有小门，涂乌漆，上悬十香园额，树人曰："此即古泉老画师故居也。"叩扉进，

---

① 高仑：《居古泉先生小传》，《国运》，1911年第2期，第30页。

前为小厅,廊外为小园,地可一亩,遍筑花基,基高可五六尺,两面嵌蓝瓦窗。因基导径为曲折,径铺凹花红砖,苔痕深绣砖底。花基杂植,四时香花。时当深秋,只见黄叶飘径,残花坠阶。紫薇未凋,茉莉初谢,芭蕉花发,红映画帘,紫藤阴浓,绿侵书幌,自有一种幽逸之致。前厅与后厅正对,相距可二丈,而藤架自前厅之檐,直引至后厅之檐,藤粗如臂,当是古泉手植之物,花时必灿烂可观。花基外尚有余地,则分畦植树,多果类,墙阴有小亭,红栏可凭。墙边种草茸茸,周转,至于后厅,门悬谢里甫行书木联曰"月在离枝树上,人行末利花中"。此屋少人居住,厅中陈设,虽未加以整饰,然尚有雅意。旁一小房,榻旁置菜油灯及陆剑南诗。树人曰:"吾每返乡,辄喜下榻于此,盖犹是当年习画时风味也。"纯初亦指曰:"此为吾列画席处,此为某某之画席,古师画案在前厅。"余等小坐,复游园一周,时觉西风瑟瑟,凉意侵人,而落木鸣虫,顿兴凭吊之感。[①]

冼玉清《居廉故居及其他》一文,回忆抗战前(1937年前)所见十香园情形,景石印象尤为深刻,而简略于花木记载:

> 我也是居廉画的爱好者。抗战前曾到河南隔山乡居廉故居十香园游览。园门挂着一副木联,刻"月在荔枝树上""人行茉莉花间"十二个字,这十二个字表现南国风光,可谓风韵独绝。园里太湖石、蜡石,与及奇花异草,错置其中。园南有二室,甚雅洁。一为啸月琴馆,是居廉绘画的地方,一为紫梨花馆,当中供居廉小像。园北亦有二室,一为客厅,

---

[①] 张白英:《画人居古泉逸话》,《大风旬刊》,1937年第52期,第1636—1637页。

一为吉祥花馆，这是居廉授徒教画的地方。①

抗战前，十香园相对完整，居巢、居廉往事相距不远，但是，不论张白英或冼玉清——作为深谙隔山旧事、对花木敏锐的画家，均未有提及见到园中种植或曾经种植十香花。抗战时期，今夕庵、啸月琴馆被毁；"文革"时期，画具被抢，书画被焚。历经岁月洗礼，十香园的建筑、花木，虽然已非居巢、居廉生活时期的面貌，但后经修复，1983年被公布为广州市文物保护单位。1984年，居廉逝世八十周年纪念日，6月4日端午节下午，麦汉兴参观十香园，景石依然较花木为吸引：

> 会后到十香园（原注：在隔山乡怀德大街）参观居廉先生故居、遗物、真迹等。十香园总面积为六百三十平方公尺，因年久失修，除紫梨花馆及隔邻一室（原注：现挂十香园横匾）外，其余大门楼、啸月琴馆、居巢住所、门枋等，均为广州沦陷时所毁。

> 园中尚有太湖石，虽未列广州十名石，但亦通、松、透、漏，乃居氏亲手砌叠。石后原栽有古柏一株，树径盈尺，生态甚为苍劲，一九七七年为台风所毁。现在太湖石下侧还有黄色蜡石一方，亦是居氏遗物。②

2005年，78岁的居庆萱与姐姐居玉萱等将"十香园"无偿捐献

---

① 冼玉清：《居廉故居及其他》，《更生记；广东女子艺文考；广东文献丛谈》，广西师范大学出版社2014年版，第195页。《广东文献丛谈》成书于1965年。
② 麦汉兴：《居廉逝世八十周年纪念》，麦汉兴著，广州市海珠区文联、海珠地区炎黄文化研究会合编：《桐斋随笔》，广州市海珠区文联、海珠地区炎黄文化研究会1999年版，第253页。

给国家。2006年，居巢、居廉和23位居氏先人的遗骸①自"十香园"迁葬广州中华永久墓园"香园"艺术墓区。2007年，广州市海珠区启动"十香园"修复工程，根据开工之前的花木调查记录，"昔日秀雅清幽的园子已寂寥凋零。几处院墙坍塌倾颓，残旧的青砖堆在杂草中，有些荒凉。但满园花木都长得枝繁叶茂，绿意逼人，依然生机勃勃。……'十香园'中现状植物生长状态良好，保留有鸡蛋花、铁树、万年青、紫藤等古树。居廉后人又栽植了一些颇具实用性的岭南乡土植物，以果树居多，如蒲桃、芒果、木瓜、黄皮、人参果等"，并有苦楝、黄金间碧竹。②

时人所见"十香园"花木

时间	记录者	所见花木	出处
民国13年（1924）秋	张白英	"花基杂植，四时香花"，紫薇、茉莉、芭蕉、紫藤、果树、草、苔痕。	《画人居古泉逸话》
约民国19年（1930）	黄祝蕖	"园有紫梨花一株。"	《十香园吊居古泉先生》
抗战前	冼玉清	"奇花异草"	《居廉故居及其他》
1984年	麦汉兴	"园中尚有太湖石，石后原栽有古柏一株，树径盈尺，生态甚为苍劲，一九七七年为台风所毁。"	《居廉逝世八十周年纪念》

---

① "20世纪50年代后期，国家为建设广州美术学院，在附近征用土地，居巢、居廉等几十个族人的遗骨被放在罐子里，埋在十香园内。遵照居氏后人的意见，政府部门在清明节举行了迁葬仪式，工作人员细心地找到居巢、居廉和23位居氏先人的遗骨，安放到中华新塘墓园典雅大气的'二居'墓中。"见刘晋生、关雅文主编，赵洁、钟玲副主编：《映象广州 珠体记忆》，广州出版社2010年版，第131页。
② 叶青、李杜军：《再续十香"缘"——从广州十香园修复工程看名人故居的重建设计》，《中国园林》，2010年，第3期，第78—80页。

（续表）

时间	记录者	所见花木	出处
1991年	戴胜德	"石径、两旁栽满了花。此是花廊，当年的景致是一架紫藤，月色朦胧，回廊两侧一竹一兰一石相间。……茂竹是新栽的，摇翠似旧，只是馨兰不复在了。园内乔木无多，多是盆栽的芍药、菊花、玫瑰、茉莉……最可惜的是居廉手植的香柏在七八年一场台风中被吹折了。……十香园的花木是新栽的，石头仍然是居廉留下的。"	《十香园漫笔》[3]
2003年	张素娥	盆花小品，植黄皮、木瓜、白梅、含笑、松等树。有紫藤花棚；原有居廉所植风兰，被盗。	《居巢居廉年谱》[4]
2007年	叶青 李杜军	"'十香园'中现状植物生长状态良好，保留有鸡蛋花、铁树、万年青、紫藤等古树。居廉后人又栽植了一些颇具实用性的岭南乡土植物，以果树居多，如蒲桃、芒果、木瓜、黄皮、人参果等。"并有苦楝、黄金间碧竹。	《再续十香"缘"——从广州十香园修复工程看名人故居的重建设计》

居庆萱的"十香"：素馨、瑞香、夜来香、鹰爪、茉莉、夜合、珠兰、鱼子兰、白兰、含笑，与其曾祖父居巢所咏"十香"：夜合、珠兰、夜香兰、含笑、素馨、茉莉、米仔兰、指甲花、丹桂、白月季，相同的有七种。

张白英在居廉逝世20年后游十香园，花木大致保留原貌，但

---

[3] 戴胜德：《十香园漫笔》，《幽香》，花城出版社1991年版，第19—21页。
[4] 张素娥编：《居巢居廉年谱》，广州出版社2003年版，第70页。

是文中并未提及寿命较长的夜合、含笑、米仔兰、丹桂、白兰，而园中所见寿命很长的紫薇、紫藤，应是居廉时期的花木，虽然有香味，却不在居巢及居庆萱的"十香"之列。清光绪二十一年乙未（1895），居廉六十七岁，绘《紫薇》团扇，题款："道生仁兄大人鉴正，乙未初春，隔山老人居廉。"清光绪二十五年己亥（1899），居廉七十一岁，绘《紫藤》扇面，题款："己亥春二月，为少亭二十二兄大人鉴正。隔山老人居廉。"园中的紫薇、紫藤，成为居廉彩笔之下的写生对象，也应该是张白英日后所见。在十香园维修前，紫藤仍然存在，紫薇则失诸记录。

居廉《紫薇草蜢》团扇（1898年作，图自华艺国际2017秋季拍卖会）

居廉《紫藤》扇面（1899年，图自中国嘉德香港2022秋季十周年庆典拍卖会）

香，虽然是虚无缥缈的，但能让闻者由景至境、情景交融，构建出虚化的艺术意境。居巢、居廉作为享有时誉的花卉画家，重视居住环境植物香境的营造，置身于花香果香之间，创造艺术意境，激发词画创作热情。居巢园居隔山，今夕庵案头添置小盆莲，清香可人；室外小园，夏有荔枝果香、茉莉花香，因有"月在荔枝梢上，人行茉莉花间"门联，冬有梅花暗香浮动，因号"梅生"。客居广西桂林，居巢吟咏樱桃芍药，因名室号"樱桃转舍"；赁庑广州城北，居巢吟咏盆卉十芳，因名室号"十香簃"。居巢孙居羲，晚年植紫梨花一株于园中，寒香袅袅，因名室号"紫梨花馆"。居廉植紫薇、紫藤、芍药等各式香花，添置牡丹盆栽，四季有香，令人心旷神怡，从而将隔山草堂原本有限的物质空间体验得以延伸，呈现出虚实结合的艺术境界。

从前述可知，不论居巢、居廉记录的隔山园居，抗战前时人亲见的保存较完好的十香园，又或抗战后遭到破坏的六十多年间的十香园，均未有居巢或居庆萱所记的十种芳香花卉的大部分或全部。而居巢、居廉二人在不同时期对芳香花卉亦有不同取向，名单因时变化，且不局限于十香之内。

1990年，居庆萱关于"十香园"得名的另外一个版本说法，带有不确定性的推断，"可能是受当时文人艺士间流行的风气影响，居廉将这个院落名之曰'十香园'"。在此之前，居庆萱关于十香园得名于园内种植十种香花的说法已经影响深远。

清光绪二十六年庚子（1900）中秋，七十三岁的居廉在隔山园居为邻乡杨其光绘《丹桂瑞禽》立轴，圆月挂夜空，孤鸟宿桂枝，题款："庚子中秋，为仑西大兄世大人鉴正。七十三叟居廉。"1975年，又逢中秋圆月，隔山园居和居巢、居廉时期的庐舍画室、花木景石，迭经战乱，难复当年，晚年的居巢孙媳王振坤（1895—1981）与女儿居庆萱园中叙旧，梁砺存根据岳母及妻子的追忆，绘画《十香园》

图,题款:"十香园。此图系根据居巢孙媳、八十一岁老人王振坤及其女儿居庆萱忆述绘成,虽一草一木之微,务求其真,四易其稿,皆不殚其烦也。一九七五年中秋节,梁砺存并记于十香园紫梨花馆。"梁砺存所绘《十香园》图,重现了居巢、居廉的园居旧貌;杨其光所题"十香园"匾,延伸了居巢、居廉的词画艺术。十香园,既是花香绕梁的园居环境的艺术写照,也是开放多元的地域性格的真实反映。

居廉《丹桂瑞禽》(1900年,图自佳士德2013年秋季拍卖会)

梁砺存《十香园》(1975年,岭南画派纪念馆藏)

十香园一名,渊源有自。清咸丰四年(1854),广州河南战乱,祖籍江苏的居巢,暂避城北,赁庑天官里,继承江苏画家恽寿平《十香图》范式,"因购盆卉十种,列阶砌中,以慰晨夕,颜其室曰'十香馆',各赋一词",刻"十香馆"印。居巢欲绘《十香图》,"未成而归道山",居廉受杨永衍所嘱托,并承兄遗志,续绘图册,一花一词。居巢所购十香,源自西亚的素馨、茉莉、指甲花,和岭南本土的夜合、珠兰、夜来香、含笑、鱼子兰、丹桂、白月季,洋花土卉,共处一室。杨永衍与居巢,既是邻乡而居,又是词画知交,他于瑶溪乡中半园筑"十青馆",刻"十青馆"印,作《十青诗》、《十青词》,承居巢遗志,辑《粤东词钞二编》;子杨文桂,词人,仿居巢而填词《十香词》;孙杨其光,词人,民国10年(1921),为居巢、居廉隔山乡隔山草堂敬题木匾"十香园"。经过政坛、画坛声望卓著的居廉门生兼侄孙女婿陈树人的宣传、推广,十香园雅称得到世人认同及接纳。

"十香园",是象征旧学的"草堂"转向象征新学的"园"在社会变革下的时代见证;在时间及空间上,是居巢城北赁庑十香馆的延伸。词家居巢的《十香词》与画家居廉的《十香图》，词画双辉，共同展现岭南芳香花卉视觉、嗅觉之自然美，并上升至艺术美。岭南花、岭南词、岭南画，呈现的更是一幅多元文化交融的图卷。

将视线移到更早的南越族原住民时期，开放多元的地域性在岭南生生不息两千多年。从古代与南洋、南亚、西亚的海外贸易，到近现代与欧美的海外贸易，本土与异域、好古与趋新，相互碰撞又相互磨合。立足西风席卷、天摇地动的近代时空分水岭上，西医中医并存，话剧粤剧齐舞，洋花土卉共荣。开放多元的地域性体现在完善于清末民初的粤剧、广作、岭南盆景、岭南建筑，乃至岭南词、岭南画等一系列岭南文化表现形式之中。诚如小说《西游记》开篇所言，"盖自开辟以来，每受天真地秀，日精月华，感之既久，遂有灵通之意"，岭南人文地理，孕育了岭南人多元而非单一、创新而非守旧、开放而非闭塞的精神品格。

居巢、居廉的艺术成就，既源于家族传承、个人努力，亦得益于岭南人文地理的丰厚土壤，互为促进、互为因果。居少楠、居巢、居仁、居庆、居文等人长于诗文，其中居少楠、居巢两叔侄，延续岭南文学，成为文坛二居；居巢、居廉、居庆、居瑢、居燧、居槎、居羲、袁顺、王振坤、居汝明等善于书画，其中居巢、居廉两兄弟，拓展岭南画学，成为画坛二居。居廉之画，发扬光大从兄居巢之画艺，融汇中西，自成一格，追随者日众，"隔山派"名气日响，乃至园居隔山草堂——"十香园"成为岭南画派的摇篮。

花木有荣枯，人事有代谢。正是由于岭南人的兼容并蓄、融会贯通、创新求变的人文精神，岭南文化才得以薪火相传，代代兴旺。诚如高剑父所撰对联"文随时变，道与世更"[①]，亦是从文化的角度对岭南花、岭南词、岭南画派的发展脉络最为贴切的描写。

[①] 按：高剑父为颐养园所题。颐养园，民国11年（1922）创建于二沙岛西端，是广州最早的疗养院。

附 录

居廉仿金农十香

2021年，广东书画拍卖市场展出标示为居廉《十香图》册的画作。图册十页，分绘梅花、瑞香花、梨花、牡丹花、李花、月季花、山茶花、西府海棠、菘菜花、水仙花。所绘折枝花卉，未如居廉日常花卉写生图册之点缀拳石飞虫，风格近似题有居巢《十香词》之《十香图》册；未见居廉题款，今人补加封面："居古泉拾香图册。癸未秋深，敬礼题于百居堂。"花卉十种，芳香，然而如市价不菲之牡丹、整体的鲜艳花色、部分不能盆栽等，与居巢《十香词》所咏大相径庭。

清同治四年（1865），居廉绘《临金农书画》扇面（广东省博物馆藏）；清光绪二十一年（1895），绘《月瑰》镜片，题款"乙未花朝，写冬心先生句，隔山老人居廉"，亦见居廉私淑金农，且持续不下三十年。本《十香图》册之中，梅花、梨花、牡丹花、菘菜花、水仙花五种与金农版本《十香图》卷一致，占去一半，大有仿金农意。

因本图册未经权威辨伪，附缀书后，用备稽核。

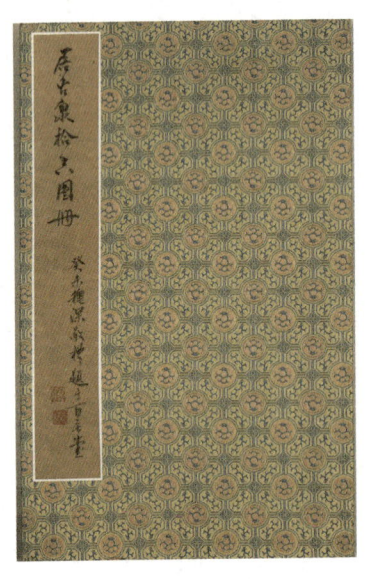

居古泉十香图册

附 录

梨花①

山茶花

瑞香花

西府海棠

① 感谢广东小雅斋董事长张汉彬先生提供电子版图片。

寻芳十香园

月季花

李花

牡丹花

菘菜花

附 录

水仙花　　　　　　　　梅花

结　语

十分春色，草堂傍隔山，树木树人树德。

香馥桃李，小园枕瑶溪，赏花赏石赏心。

岭南才女冼玉清喜花，写有名篇《花城》的作家秦牧记道："她有时也在髻上簪一朵鲜花。你和她接近了，会隐约感到她有一点儿封建时代闺秀作家的风范，仿佛和李清照、朱淑真、陈端生等人一脉相承。"[1] 冼玉清不但簪花，亦种花。民国22年（1933），冼玉清邀约江孔殷、张白英、区朗若等好友作客位于岭南大学（今中山大学）的寓舍"碧琅玕馆"，众人赏香豆花，赋诗为乐。江孔殷诗咏："花生棚架鲜生垣，香雾沾衣一品尊。"时人李健儿记："园多植美国种豆花，三月花开，援篱挂蔓，五色如锦屏，清馨传数里。书室为花气所薰，堪名香馆。"[2]

清代近世，河南花洲，欧美文化与岭南文化互相激荡，精英文化与通俗文化互相交融，不论居巢、居廉画室的十香园，又或冼玉清书室的香馆，花香馥郁之间，清新活泼，博采兼容，与时俱进地

---

[1] 秦牧：《秦牧全集 第10卷 集外集1增订版》，广东教育出版社2007年版，第472页。
[2] 〔民国〕李健儿：《广东现代画人传》，俭庐文艺苑1941年版，第104页。

传承岭南文化的内涵与精髓，因此具有不老的生命力。

岭南文化是一个宏大的课题，选择岭南花卉切入研究是一个有趣的方向。八年前的南国书香节，由学而优书店陈定方女士邀请主讲"花城拾翠——广州传统花木文化"，旁及十香园的名称渊源，我亦在家中阳台种植有居巢版十香花，其中的素馨源于庄头村好友所赠。因缘际遇，由讲座而文章，再延展为这本小书，力求所述有所据。

"瓶间纸上盈盈处，知是花香是墨香。"前后拖沓三年，在"纱蝉叫，荔枝熟"的季节，将书稿交付出版社，感恩王美怡、黄惠雄、陈意微、李若瑄、夏素玲、麦智敏、梁基永、麦树强、谭立辉、柯周荣、陈子敏、康志斌等好友鼎力支持，令此书得以不断充实、完善，在此深致谢意。感恩六叔吕文照，引领进入园林行业，与岭南百花由是更为亲近。全赖妻子陈仪慧的督促和帮助，得以在谋生之余，全心投入史料搜集、考源校讹，促成本书有了面世的可能。

吕兆球
2023年5月4日
于广州市琶洲村芒果园